人間関係の心理学

愛情のネットワークの生涯発達

高橋惠子

東京大学出版会

Psychology of human relations:
Affective networks across the lifespan
Keiko TAKAHASHI
University of Tokyo Press, 2010
ISBN 978-4-13-011129-4

はじめに——本書の主題と構成

人間関係とはなんだろうか。この問題を考え、資料を集め、さらに考えてきた成果をこの一冊にまとめてみた。本書の主題は、親しい人間関係の仕組みとその発達について、主に発達心理学の理論や資料を使って明らかにすることである。これは、人間関係についての重要な議論や将来の課題を整理することでもある。

人は社会に生まれ、そして、社会の中で生活し成長する。したがって、人の心の状態や幸福感、つまり、生活の質は、人間関係のあり方と深くかかわることになる。生活の質は人間関係の内容に反映されるし、生活の質は人間関係に左右されもする。順調な人間関係は人を幸せにするであろう。乳児の満面の笑みを思い出してみるとよい。あの曇りのない笑顔は、自分が愛されていることを微塵も疑わない信頼感がもたらしているといえよう。しかし、親の顔色をうかがう幼児、学校に行けなくなった子ども、クリニックを訪れる青年や成人では、人間関係が重荷になっていることが多い。

本書では、人間関係を「愛情のネットワーク」として考えることを提案している。このように考えることで、それぞれの人の人間関係がうまく理解できることを、できるかぎり実証的証拠に基づいて述べている。本書をお読みいただく時には、あなたの人間関係を実際のデータとして使いながら、読み進まれることをお勧めしたい。そのことによって、本書の議論が身近なものになるはずである。

まず、あなた自身の人間関係を思い起こしてほしい。自分にとって大切な人は誰かをすべて思い出してみてほしい。少なくとも数人の重要な人が浮かぶであろう。大切な人が数人いるのは、それぞれの人があなたにとって重要な役割を分け持っているからである。つまり、選ばれた数人があなたにとって必要なそれぞれの心理的な役割を分け持ち、全体としてあなたを支えている。このような人間関係の集合を「愛情のネットワーク」と名づけた。成り立ちからいえば、「愛情のネットワーク」はそれぞれの人の個人史の産物である。そして、使われながら、必要に応じてこれからも変わっていくものである。

なぜ人は人を好み、人とうまくかかわれるのか、そして、なぜ「愛情のネットワーク」を造るような能力を備えるようになったのか、これはヒトとしての進化の産物であろうというコンセンサスが得られている。このような性質や能力を生物学的遺産として受け継いできたヒトは、自分にとって必要でユニークな「愛情のネットワーク」を作ることができる。しかし同時に、人が社会・文化・時代の大きな傘の中にいることも事実である。人間関係は文化や習慣、時には、経済不況などの社会事情にも左右されるが、人は自分にユニークなネットワークを作ろうとする意志と能力を持つ。もし傘が不都合であれば、人々は傘そのものも変えようと力を集めてきたことを歴史が示している。

これが本書の基本的な考え方である。このような考え方に立って資料を集め、さらに、理論を精緻化してきた。その成果と議論を各章で述べている。

第1章では人間関係の起源を考えている。ここで論じるのは、ヒトの進化の問題である。第2章と第3章では人間関係をどのように考えるべきか、人間関係の本質的な性質について述べている。第1～3章が、本書の人間関係についての基本的な考え方を述べた部分である。

第4章と第5章では第1～3章で述べた人間関係の性質を実証的にとらえるために、私の理論、愛情の関係理論を説明し、この理論を使った研究が明らかにした人間関係についての証拠を紹介する。「愛情のネットワーク」とはどのような構造を持つか、どのように作られるのか、乳幼児から高齢者までの生涯にわたる発達について明らかにする。

第6～8章では、愛情の関係理論によって、人間関係についての他の理論とその証拠、そして議論に、新しい光を当ててみた。第6章では愛着理論、第7章では母子関係、第8章では高齢者の人間関係を扱っている。

第9章と第10章では人間関係と社会、文化、歴史、時代の問題を扱う。「愛情のネットワーク」を作るという作業はきわめて個人的な作業であるが、私たちが生きている時代や社会の中でその作業がなされている、という問題を扱う。第10章では人間関係の今日の問題を取り上げている。

本書が、人間関係の発達についての科学を、一歩でも前進させることができればよいと考えている。しかしなによりも、人間関係の問題を考えて見ようという人たちのお役に立つことができれば、嬉しい限りである。

目　次

第10章　人間関係の現在と課題 …………………………… 219

第1章　人はなぜ人に惹かれるのか

文学、音楽、絵画、演劇、映画、舞踏などのあらゆる芸術、宗教、そして諸学問の主要なテーマのひとつが人間関係であるといってよいであろう。いずれもが、人間関係に関心を寄せ、その機微、面白さ、難しさを記述し解明しようとしている。なぜ、これほど人は人に惹かれるのであろうか。まず、人への関心の起源から探ってみよう。

1　人への関心

人は人に結びつくための生物学的遺産を受け継いで生まれてくると考えられている。それは、生まれて間もなくから、乳児が人の視覚的な特徴、人の声、そして、人の反応の仕方などへの特別の、しかも積極的な関心を示すからである。動物学者のアドルフ・ポルトマンが指摘したように、他の霊長類に比べて「生理的に早産で」「他の哺乳類なみに発達するには妊娠期間がさらに一年は必要だ」といわれるほど、運動能力の点では無能力な状態で生まれるのがヒトである(226)。這えるようになる生後九か月頃までは自分では移動することもできない。このような乳児は、自分では動かなくても周りの様子を知ったり、働きかけたりするために、視覚と聴覚をよく発達させて生まれ、それを総動員して周囲の人々や物と交渉しながら生活しているのである。これはなんともうまい仕組みである。

●人の顔への関心

人の顔の図式を好む

まず注目されているのは、乳児が人の顔の図式に、あるいは、目、鼻、口が顔のように配置された図に、とりわけ関心を示すことである。これは一九六〇年代の初頭から、ロバート・ファンツが一連の実験で明らかにしたものである。この研究は新しい科学上の発見をいち早く広い範囲の読者に知らせようという、『サイエンティフィク・アメリカン』誌上で報告されている(67)。乳児が高い能力を持つことなど信じていなかった当時には、衝撃的な報告であったに違いない。

ファンツはのぞき箱の装置を使った実験をした。図1-1のように、乳児は大きな箱のようなものを見上げる姿勢で寝かされている。もっとも幼い乳児は生後一週頃から調べられている。箱の内側(乳児から見た天井の部分)に、数種の図版を二枚ずつ組にして示し、二枚のそれぞれを見つめる時間の長さを、箱の上部に開けたのぞき穴から見て測ったのである。実験の結果のひとつを図1-2に示した。グラフはそれぞれの図版の注視時間の割合を示している。これによれば、乳児は図版を識別して見ていることがわかる。そして、色を塗っただけの無地の図版に比べ、細かいチェック柄の図版やダーツの的のような同心円の図版などの、情報量の多い複雑なものをより長く見る傾向があること、そしてもっとも興味深いことに、人の顔のような図版にとりわけ強い関心を示したことがわかる。しかも、生後二か月と三か月ではほとんど差がない。つまり、この傾向は生後二か月ですでに見られ、しかも一か月後も変わらないのである。さらにまた、人の顔の目、口などのパーツの配置を変えた図版を作って注視時間を比べたところ、正常な配置の顔の図版をより長く見たことも報告されている。その後、日本も含めて多くの研究者がさらに厳密な実験方法を工夫し、もっと幼い乳児について調べたが、結果は同じであった。乳児が視覚的な識別能力を持つこと、そして、人の顔の図式を好むこと

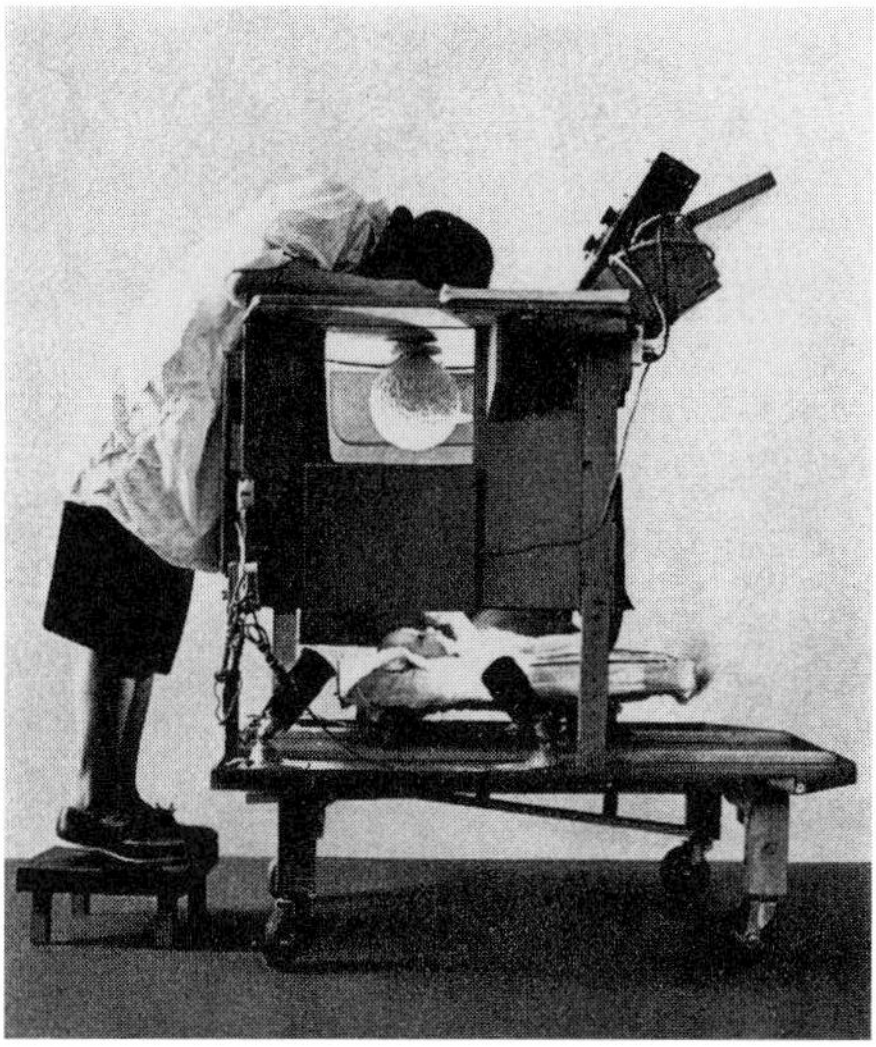

図1-1　ファンツののぞき箱装置(67)

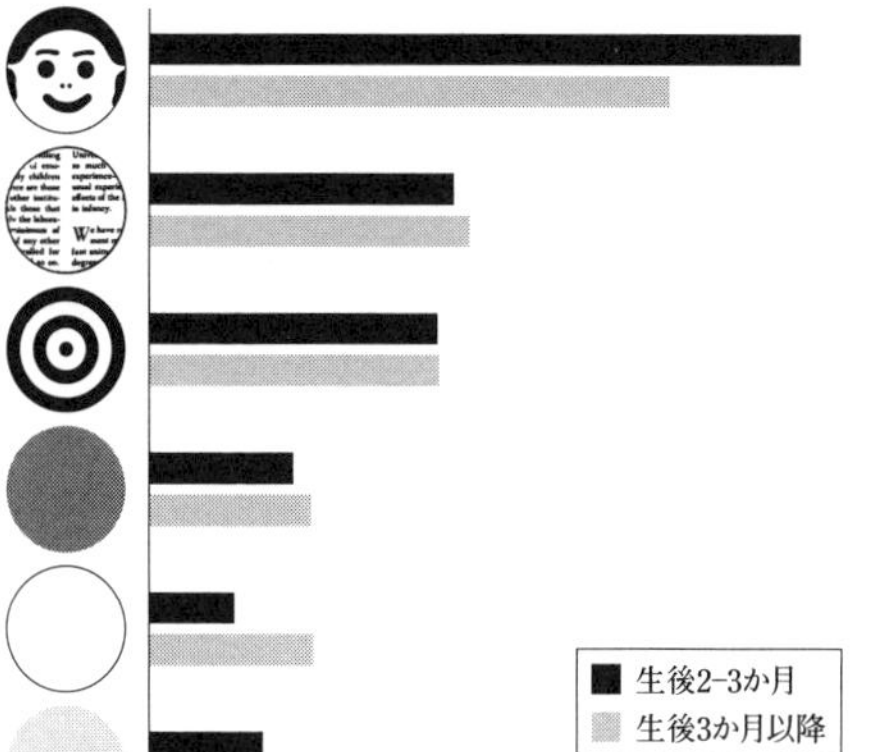

図1-2　顔図形への好み：注視時間の割合(67)

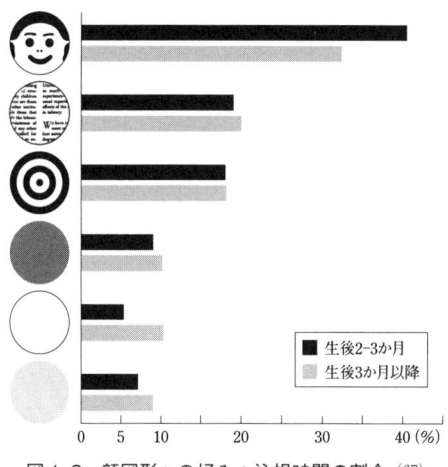

は確かな事実だとされることになった。
こうして現在では、人の顔の図式の識別や、顔のパーツが正常に配置された図式を好む傾向は、生得的だ、つまり、生物学的遺産であると考えられている。授乳されたり、オムツを替えられたり、抱っこされたりして、おとなの世話を受けなくては生きていけない乳児が、そのような養育をしてくれる人の顔にもっとも惹かれるようになっているというのは、うまい仕組みだといえよう。新生児は強度の近視で、二〇センチメートル以上離れたものはぼんやりとしか見えないといわれているので、世話をする時の養育者の顔は、乳児がもっともよく見える範囲にあることになる。しかも、この顔には動きがあり、音（声）があり、さらに的確な世話を伴っているとなれば、ますます乳児は顔や顔の持ち主を気に入るに違いないのである。

人の身体の図式を持つ　では、乳児は人の身体全体の特徴についての図式は持っているのであろうか。これについての研究はまだ多くはない。ジャック・メーラーらは、人が歩く時の身体の重要なポイントを一一個の光点だけで表すアニメーションを使って確かめている。おとなでは暗闇で光る点の動きだけでそのアニメーションが人のものかどうか、歩いているか、走っているかなどがわかるというものである。そして、これを乳児で調べてみたところ、生後三か月で人のアニメーションを識別できたとして、身体図式の識別能力も生得的に備わっているのではないかとされている。(186)

●人の話し声への関心

聴覚の発達　新生児は聴覚器官がきわめてよく発達しているというのが定説になっている[96]。たとえば、生まれて数分でも音源のほうに身体を向けたと報告されている。さらに研究が進んで、聴覚は妊娠二〇週頃には働き始め、この時期の胎児がモーツァルトとロックのような音楽の違いに反応したというような報告もあるが、あやしい話も多く、直ちに胎教と結びつけたり、「生まれてからでは遅すぎる」などと若い親を煽ったりするのは慎むべきであろう。なにしろ母胎の中の話であるし、音楽を聴いている母体の情動的な変化の影響なども統制するのは難しいので、胎児の能力についての証拠や議論は慎重に扱う必要があると私は考えている。

聴覚の研究では、空の哺乳瓶やおしゃぶりにセンサーをつけて乳児に吸わせて、吸う回数や強さを調べるという実験装置の工夫によって、識別能力や好みが判断されている。これによれば、音色や音高が変わるたびに「前とは違う音だ」というかのように吸啜回数が変化することがわかったのである。

話し言葉への関心　生活の中にあふれている音の中から、生後一日の新生児でも、人の話し声を選りわけて強い関心を向けるという報告がある。生後二か月では、音響的に話し言葉と同程度に複雑にした人工音と比較しても、なお言葉への関心のほうが強かったという[318][319]。話し言葉特有の音響の特徴を知覚するための能力が準備されていると思わせる結果である。

さらに注目されるのは、ごく幼い乳児でも、家族の話す言葉（つまり、乳児にとっても母国語になる言葉）と外国語を識別したという報告がいくつもあることである。たとえば、メーラーらは生後四日の新生児が、母国語であるフランス語と外国語であるロシア語を識別したと報告している。[187] さらに、生後二五～五六時間、平均四三時間の新生児が、母国語を母親以外の女性の声で聞いた時の反応を見ると、母国語への関心は減少しないのに、外国語については途中から興味を失ってしまったという。[197] これらの結果は、母胎内で母親の会話を聞いていたために、母国語に反応していると解釈されている。[153] さらに、どのような音韻的特徴を手がかりに新生児が異なる言語を識別しているのかが検討されている。メーラーらは、言葉のリズムが似ているか否かに反応しているのではないかとしている。この研究では、音節ベースであるフランス語を母国語とする生後五日の新生児が、強勢ベースのリズムがある英語と拍ベースの日本語とを識別したことが報告されている。しかし、同じ強勢ベースの英語とオランダ語は識別できなかったという。[209] 日本の新生児が特に日本語特有の音韻的特徴を聞き分けるのが上手なのかどうか、研究が待たれるところである。

では、新生児は自分の母親の話し声を、いつ頃から識別できるようになるのであろうか。結論的にいえば、これもきわめて早い時期からであるという報告が多い。生後平均三一時間（一九～七三時間）の新生児が、母胎にいる時のようなザーザーという雑音と一緒に聞かせると、他の女性の声よりも母親の話し声を好むという結果が報告されている。これは胎内から聞きなれている声であるからだと解釈されている。[252]

●応答的な反応への関心、期待

以上のように、乳児は人に結びつきやすい生物学的性質を備えていて、周りの人々や物に働きかけているのであるが、単に自分が発信するだけではなく、視覚、聴覚、あるいはその両方を用いて、人や環境と交渉をしようという性質があることも明らかにされている。そして、以下に紹介する研究では、交渉することを好む、つまり、社会的交渉をするという性質そのものも、生物学的に準備されていることを予想させるのである。

社会的反応の萌芽　一九七七年に科学専門誌『サイエンス』に載った、生後数日の新生児が舌や口の動きを模倣するという報告は、衝撃的であった。図1-3がその有名な写真である。その後、アンドルー・メルツォフらは、生後四二分〜七一時間の四〇名の新生児に、おとなの開口と舌の突き出しを見せた時に、写真のように同じ動作をするかをビデオに撮って詳しく分析し、さらに確信を得る結果を得た[188][189]。これは新生児がまるでまねているように見えるので、「新生児模倣」と呼ばれることが多い。これが模倣しているといえるか、単に、共鳴しているだけではないかという議論もあるが、口を開いたり、舌を突き出したりできる新生児が、つられるように同じ動作をしているのは確かで、相手に自分の行動を合わせているという意味では社会的反応の萌芽とはいえるであろう。また、母親が対面で乳児をあやすのを観察すると、二人が交代に反応し合っていることに気づく。相手の反応を待って、次に自分が反応するという、ターン・テイキングを心得ているかのように見えるのである。これも社会的反応といってもよいであろう。

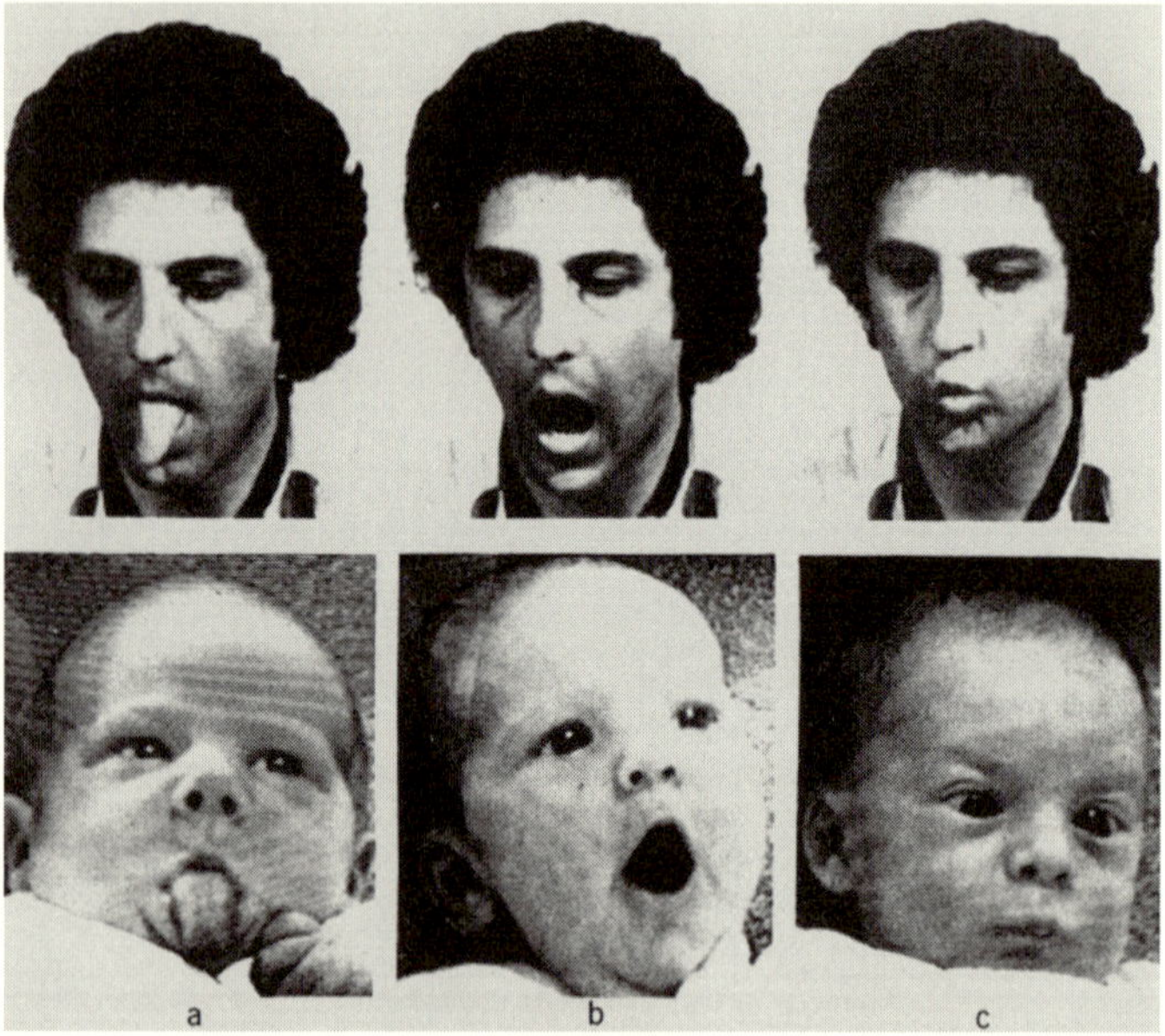

図 1-3　新生児模倣（188）

実験者（上）の舌，口の動きのそれぞれを模倣する 2〜3 週児（下）のビデオ映像．

応答への期待　乳児は自分の行動に応答されることを好む。応答性の刺激を好むことは、次のような実験で確かめられる。モビール（ベビーベッドの上に吊り下げる玩具）の下に三か月児を寝かせ、気づかれないようにモビールと乳児の足を紐で結んで、様子を観察する。機嫌のよい乳児が手足をばたつかせると、それに伴ってモビールが動く。すると、やがて乳児の手足の動きが増加する。そこで気づかれないように結んでいた紐を切って、モビールが手足の動きに連動しないようにすると、乳児は不満の声を上げたのである。あたかも自分の動きによってモビールが動くことを理解しているかのようである。しかし、これを三か月児がそのような仕組みを学習した結果だとするのは無理があろう。自分の行動に応じて応えるような刺激、つまり、応答性の高い反応が好きだという性質を持っていると考えたほうがよさそうである。この応答性を好むという性質も繰り返し実験や観察で確かめられている。一か月児は、知らない女性が自分に話しかけている声と、別のおとなに話しかけている声とを識別したという。また、三、四か月児になると、母親が自分に話しかけているかどうかを識別したという報告もある。

乳児は自分の行動や送った信号にはすぐにフィードバックがあると期待しているのだと、わざわざ〝期待〟という言葉を選んで使う研究者もいる。たとえば、乳児は自分の笑い顔に対して、母親が表情のない顔を見せると、不機嫌になったり泣いたりすることが報告されている(69)。子どもに応答しない無表情な母親を嫌う傾向は、他の研究でも一貫して報告されている(229)。また、九～一〇週児がライブで反応する母親の映像には見たり笑ったりで反応することが多いのに対し、このライブ反応を録画して再生した母親の映像には不機嫌な表情をすることも報告されている(199)。

応答的な交渉の重要性　ここまで述べてきて十分に予想されることであるが、自分の反応にすぐに応えない母親には乳児が反応しなくなるという報告を紹介しておこう。ジェームス・ロバートソン(228)は、当時の多くの研究が養育行動の質が子どもの発達に与える影響が大きいことを示していたことを受けて、家庭訪問をして母親と乳児の交渉を丹念に観察した。そのうちのひとりのジョンは、生後一〇日目には活発で幸せそうな表情をした新生児であり、母親もこの次男の世話を楽しみ、自信を持っている様子であったという。その後も発達は順調であったが、生後八週目に父親が重い病に倒れると状況が一変する。配偶者の重篤な状態に気を取られた母親は、ジョンの世話を十分にすることができなくなった。観察記録は、ジョンの笑いや発声に母親が応答していないことを明らかにした。そして、母親が応答しない一週間で、ジョンは活発さを急激に失っていったという。二週間後（生後一〇週目）に父親が快復し、母親は以前のようにジョンの世話をするようになった。しかし、その時のジョンの反応はきわめて鈍いものであった。あやされればやや遅れて笑うことはあったが、以前のように自発的に笑ったり、発声したり、手足を活発に動かしたりしなくなり、この二週間がその後のジョンの成長をも損なうことになったとされている。生後一年まで観察したところ、他の子どもに比べて発達に二か月程度の遅れが見られたという。これは子どもが母親の期待するように応答しなくなると母親も働きかける回数を減らすために、両者間の交渉が低調になったためだとロバートソンは指摘している。

乳児が他者と交渉しようとする傾向は、やがて人間関係が成立することを予感させる。一般には乳児ともっとも上手にかかわるのは人であろうからである。乳児は生物学的に準備された性質のために人にとりわけ惹かれる。周りの人は幼い子どものようにかかわるのがよいかについての知恵や技術を工夫し、世代から世代へと習慣として伝えてきている。このような両者の間に双方向的なやりとりが生まれ、これがやがて関係を成立させるというわけである。そしてそれがうまくいかなければ、ジョンの事例のようにせっかくの生物学的遺産が十分に活かされないことになる。

2　進化と人間関係

●生物学的遺産

ここまでいろいろな証拠を検討してきた。環境の中から人の視覚的特徴を取り出し、注意を向けること、言葉を音の中から識別し、関心を持つこと、人や環境との相互交渉を好むことなど、いずれもが乳児が他者とつながる可能性を示しているといえるであろう。この性質は誕生直後からヒトの子どもに共通に見られることから、ヒトの脳にあらかじめ組み込まれた、ヒトという種に特有の生物学的な性質を仮定するというのが、現在の多くの研究者のほぼ一致した見解である。それ以外には、なぜ誕生時からこのような性質を備えているのかをうまく説明できないというわけである。

精神のモジュール性　チャールズ・ダーウィンに始まるいわゆる進化論の立場に立つ研究者は、特に好んでこの説明を採用している。そして、これは、脳は汎用性があるというよりも、その多くの部分は特定の機能を果たすように決められている装置の集まりだとする、最近の脳神経科学の見解にも後押しされている。この装置は、認知心理学者のジェリー・フォーダーにならって「モジュール(module)」と呼ばれる。フォーダーは『精神のモジュール形成』(72)という本を著し、認知過程は、記憶力などというような汎用的な能力でとらえるよりも、「領域固有的であり、生得的に決定されていて、専用の神経回路を持ち、独立性があり、そのつど組み立てられるものではない」というモジュール性を仮定するのが妥当だとしたのである。モジュールとは、特定の機能を処理するためにできあがっている、ひとまとまりの神経回路をいう。ある独立の機能を果たす機械の部品のキットを考えるとよいであろう。たとえば、電化製品が故障した時、故障部分だけをそっくり取り替えればよいというような例で考えるとわかりやすいだろう。

脳のモジュール性仮説を支持していると思われる証拠は多い。大脳皮質の特定の部位が事故や病気で損傷を受けると、その場所の機能だけの障害が見られる。視覚は正常であるのに、顔の識別だけができない、色の識別だけができない、あるいは、失語症が部位の損傷によって多様な症状を持つなどの症例が報告されている[238]。もっとも説得力のある報告はアントニオ・ダマシオによるフィニアス・ゲージの事例である。

ダマシオはロングセラーである『生存する脳[50]』の中で、ゲージの事例によって、脳の部位の機能が特殊化されていることを指摘した。一八四八年、ゲージと仮に呼ばれる二五歳の青年は、工事現場の爆発事故によって飛んできた鉄棒が左頬から頭蓋に突き刺さり、大脳の前部を貫通するという大きな怪我を負った。ところが、驚いたことにゲージは事故の直後にも歩き、会話をし、知的能力や言語能力は無傷であった。しかし、「ゲージはもはやゲージではない」と友人たちが嘆いたほど人格が著しく変化してしまったという。かつてはバランスのとれた穏健でまじめな人であったのが、激昂しやすく、無礼で気まぐれで優柔不断な、ろくでなしにと変わったというのである。その後、ゲージの頭蓋と鉄棒は墓から掘り出され、現在はハーバード大学医学部の博物館に展示されているそうである。彼は明らかに前頭前野と呼ばれる部位にダメージを受けたことが確かめられている。そして、このことが前頭前野の機能がどのようなものであるのかの探求に、研究者を駆り立てることになったのである。前頭前野は、ゲージやこの部位を損傷した人々の例から、過去に学んだ社会的な習慣や倫理に関連した感情を処理するのではないかと仮定され、現在も解明が進められている。

脳の多くの部分はきわめて特殊的にモジュール化されているという仮説は有力なように見える。この仮説によれば、生活している環境からの入力によって、乳児の人を識別する知覚的モジュール、言語に関心を持つ言語モジュールなどが起動されるのだということになる。しかし、現段階ではモジュール性仮説にはまだ検討するべき点が多々残っている。

生物学的制約　その論点の第一は、生得的であることの程度、意味についてである。領域固有的にきっちり生得的に決定されてしまうのか、ゆるい制約程度だと考えるのか。私は、ロシェル・ゲルマン(78)がいうように、発達の骨格を決める程度の（skeletal）生物学的制約だと考えるのがよいという立場である。生物学的遺産（これは遺伝型と呼ばれることがある）が根底にあったとしても、実際には人は、文化によってさまざまな発達の姿を見せるからである（私たちが観察できるのはこの表現型と呼ばれるものである）。第二は、どのような種類のモジュールを仮定するかという問題である。たとえば、ダン・スペルベルのように多数のモジュールを想定し、知覚、数などのモジュールを仮定した上に、それらをまとめる上位の概念モジュールを想定する立場もある(253)。しかし、かつて欲求（英語では desire, need, motive, urge などという単語が使われてきた）の種類を山のように想定した歴史があり、モジュールがいくつあるかという議論だけでは生産性がないように思われる。そして第三は、単純な遺伝子決定論に陥らないようにしたいという問題である。ジャン・ピアジェが指摘したように、人は自分の発達を構築する能力を持つことを忘れるべきではない。分子生物学者の福岡伸一は、ひとつの遺伝子部品を人工的に破壊した、いわゆるノックアウト・マウスを使って調べたところ、おそらく「なんらかの方法で」その欠如した部分が補われ、予想される機能不全が起きなかった事例を報告している。彼は、生命は機械ではなく、それ自体で平衡を保とうとするダイナミックなものだと考えている(77)。これはピアジェの均衡化(224)、生命誌の理論を展開する中村桂子の自己創出する生命(204)、免疫学者の多田富雄が「免疫オーケストラ」「超システム」と表現する身体の可塑性(263)などと同じ、生命の自己調整的な性質に注目している発想である。

近年では、ｆＭＲＩ（functional magnetic resonance imaging ＝機能的磁気共鳴画像）やＰＥＴ（positron emission tomography ＝陽電子断層撮影法）などのテクノロジーの進歩によって、実際に作業をしている時の脳の活動（実際には、血流の変化や血中の酸化へモグロビン比率の変化）を画像にして見ることができるようになった。これらの技術の進歩は、精神活動が脳でなされていることを示しているように見えるのであるが、その部位がある活動にかかわって働いていることを示したとしても、心の理解からはまだ遠い話のように思われる。機械ではない生命の研究では、〝科学的〟だというお墨つきの情報には用心がいる。神経心理学の山鳥重は、脳研究の成果は常に臨床データと照合しつつ検討することが必要であり、研究成果には「常に眉につばをつけて」接する必要があると警告している[329]。

私は進化論的議論に諸手を挙げて賛成してはいないが、あまりにも早くから見られる乳児が示す性質は、ヒトという種が生き延びるための装置として進化させてきたものではないかととりあえず考えているのである。

●ヒトの進化

次に検討するべき問題は、なぜ、乳児は人に惹かれるような性質をもって生まれてくるのかである。ヒトはなぜ、このような性質を進化させたのか。そして、ヒトはなぜ、その性質を確かに活性化するように、幼い子どもを養護する文化を作ってきたのであろうか。

哺乳類としてのヒト　ヒトという種の生物界での位置づけは、まず、哺乳類であることが重要である。哺乳類では母親だけが出産と授乳をする。そして、哺乳類の中でヒトの祖先は霊長類（六五〇〇万年前に登場した）に属する。霊長類は森で樹上生活をしていたために、手先の器用さ、優れた視覚（立体視、色覚）、体重に占める脳の大きさを進化させたとされる。およそ五、六〇〇万年前にアフリカ類人猿のうちのヒトの祖先は、ゴリラやチンパンジーが森に残ったのに、森から草原に進出した。そこで、草原で狩猟採集生活をして生き延びていくための進化を始めたとされている。ヒトの化石や遺跡が新たに発見されるたびに、点と点を結ぶように解明や仮説の修正がなされるという話なので、わからないことが多い。現在のヒトの特徴のひとつは二足歩行をすることであるが、長谷川寿一らによれば、二足歩行がいつ始まったかもまだ確かではなく、約三七〇万年前の遺跡で発見された二足歩行の足跡がもっとも古い証拠だという[94]。

社会脳仮説　ヒトの進化と脳の容量の変化を見ると、ヒトの脳の容量は進化の隣人であるといわれるチンパンジーに比べても大きく、数百万年の間に脳容積を増加させてきたことがわかる。そして、現在のヒトの直接の祖先、ホモ・ハビリスは、およそ二〇〇万年前に、やはりアフリカに登場した。草原で狩猟採集生活を続けてきた結果、この時にはすでに社会生活の基本的な様式はできあがっていたと推定されている。分業、食物の分配、一夫一婦制、共同体を維持する心理学的な技術はかなり進歩していたはずであると、動物行動学者のニコラス・ハンフリーは推定している[112]。たしかに草原では、ヒトのように非力な動物が捕食者から身を守り、食物を確保するためには、同じメンバーが一緒に暮らす集団生活なくしては生き延びられなかったであろう。そしてヒトのさらなる飛躍的変化は、およそ一万年前に農業を発明したグループがあったことによるという。農耕が始まると、定着してみのりを待つ生活をすることになり、定着生活は一層人に共同で暮らすことをうながし、人が人と結びつくような性質を進化させたことが予想される。ヒトの脳（特に大脳新皮質と呼ばれる脳の外側にある部分）がチンパンジーに比べても大きいのは、社会生活をうまく処理するためにこの部位を進化させるという淘汰圧が加わった結果だと説明されている。進化論人類学者のロビン・ダンバーはこの仮説を検討し、霊長類が大きな群れで生活するほど新皮質の割合が大きくなることを見出した[56]。

つまり、ヒトは五、六〇〇万年前から、生き延びるために共同生活を余儀なくされるようになり、複雑な社会生活をうまく処理するためにそれを司る大脳新皮質を数百万年かけて進化させてきた、という仮説が立てられているのである。これを社会脳仮説と呼ぶ。それを現在のヒトが受け継いでいて、誕生時から人に惹かれるようになっているのは、進化の結果だと仮定してみてはどうか、というのである。この興味深い仮説はこれからの検証がさらに待たれる。日本でも解説書や関連研究の出版が相次いでいる[74][107]。ヒトは生存するために人に関心を向ける仕組みを備えて生まれていると考えるのである。

●文化・歴史的遺産

しかし、子どもの受け継いでいる生物学的遺産は、おとなの養育や周りの人や物とのさまざまな交渉に応えられて、初めて十分に働くようになることを忘れてはならない。そして、それぞれ親は自分なりのやり方で子どもの世話をしているつもりであろうが、人の振る舞いの多くは、その人の属している社会や、もっと広く人間社会に普遍的な習慣・知恵・道徳観などを集めた文化・歴史的遺産の中から選択されているに過ぎない、というのが文化心理学の見解である。つまり、発達は生物学的遺産と文化・歴史的遺産の相互交渉によって起こるとされるのである[95][230]。

私はこの相互作用が重要だとは認めるが、文化遺産がすべてを握っているというような単純な文化決定論は、人の発達にも歴史的事実にも合わないと考えている。重要なことは、第一に子どもがおとなにどのようにしてほしいかを求めているという、発達における子どものイニシアティブを認める必要があること、さらに、第二に子ども自身が内発的に発達を生成する能力が高いこと、そして、第三に人は文化・歴史的遺産の手のひらに乗っているだけではないことを強調しておきたい。人が必要に合わせて創造したものを文化と名づけたことに立ち戻っておきたい。この問題は第9章で詳しく検討することになる。

第2章　人間関係とはなにか

人間関係とはなにか。どのような性質を持つのだろうか。なにをもって人と人の〝関係〟が成立したといえるのであろうか。

1　人間関係の始まり

第1章では、乳児が生まれた時から人に惹かれる現象に注目した。乳児が人に関心を持つのは、ヒトに特有な知覚的な特徴（特に、顔、声、動き）に惹きつけられるような生物学的遺産を受け継いでいるためだと考えざるを得ないことを述べた。そして、生き延びるために進化の過程でこのような性質が作られてきたのだと仮定しておくことにした。乳児はこの知覚的な刺激への好みによって、周囲のおとなに働きかける。これは人間関係への兆しだといえよう。しかし、これをおとなが受け容れなければそれまでである。おとなの関心を自分に向け、その上うまく世話をしてもらうために、つまり、生存を確保するために、乳児は人の側にいるのが好きで、人があやすと笑い、抱っこをせがんだりするという性質をも備えて生まれていると考えたほうがよい。たしかに、眠かったりして気分がすぐれない時や、よく知らない場所にいる時には、抱っこを要求し、人が席を立つと行かないでというようにぐずり、自分が動けるようなら這ったり歩いたりして後を追う。泣いていても、人が抱き上げればご機嫌にもなる。つまり、乳児はあらゆる方法で、人の近くにいたい、愛情を注いでほしいと訴えているように見える。人の持つ刺激的な特徴の好みだけではなく、一人でいると不安になるという〝感情〟を備えていることがわかる。このような感情が加わって激しくせがめば、養育者はそれに確かに応えるであろう。

誕生後すぐから人一般に関心を示していた乳児であるが、早ければ生後六か月頃からは、世話をしてくれるのは誰でもよいというわけではないと主張するようになる。誰かが特に好きだということを行動で示すようになるのである。その誰かは母親であることが多いが、父親、そして母親に代わって世話をするアロ－マザーズ、つまり、祖母、おば、姉などの場合も少なくない。この時期になると、この特別な人以外の他人が近づくと嫌がり、あやしたり抱き上げたりしようものなら不安そうにしたり泣いたりもする、いわゆる人見知りをするようになるので、乳児には特別に気に入った人があるのだなとわかる。そしてその特別な人も乳児の気持ちに応えるので、二人の間に人間関係が成立することになる。このように人間関係の成立には〝感情〟が不可欠であると考えざるを得ない。

2　人間関係と感情

●感情とはなにか

人と人との関係を媒介する感情とはなんであろうか。感情は情動、情感、情緒、気分などとさまざまな言葉で表される。ここでは感情の性質をうまくとらえていると思われるアンドリュー・オートニーらにしたがって、「感情とは、人が心的過程で行うさまざまな情報処理のうちで、人、物、できごと、環境についてする評価的な反応である」としておこう(220)。評価的な反応とは、そのことが好きか嫌いかというような判断のことをいう。つまり、感情とは、心の作業のうちの評価的な判断のすべてを指す。どのような心的過程も評価的な反応を伴わないことはまずないだろう。したがって、人についての心の作業にも感情が伴うのは当然だと考えられる。

一次感情　感情はその成り立ちから、一次感情と二次感情の二つのグループに分けられる。そして、一次感情はヒトが生物学的に受け継いでいるプログラムのひとつだと仮定されている。これに対して二次感情とは、経験や学習によって獲得される。

一次感情は、進化の過程でヒトという種に備わったと考えられ、これが前述のように人間関係の出現にも重要な役割を果たしていると思われる。一次感情には喜び、悲しみ、驚き、怒り、恐れ、嫌悪の六種が含まれる。これにさらに、軽蔑、興味などを含める研究者もある。この種の感情は誕生後間もなくから観察され始めることから、それを引き起こす状況やその表出の仕方に多少の差異があるにせよ、このような感情がヒトという種にあらかじめ備わっていると考えられるという意味で、一次的、基本的だとされる。

乳児の感情の研究者であるキャロル・イザードは、顔の三つの部位（口元、目鼻、額）の動きに注目して、それぞれの感情を表情で測定する方法を考えた。これを使って調べてみると、生後約一年で、一次感情のほとんどすべての種類が観察されたという[120]。ただし、すべての一次感情が同時に出現するのではなく、もっとも初期に現われるのは快（喜び、幸せ）か不快（嫌い、苦痛）であり、その後にだんだんと他の感情も表出できるようになる。また、感情についての文化比較研究をしたポール・エクマンらは、一次感情を表現している表情の写真をいろいろな文化で暮らす人々に見せて、どの種類の感情が表出されているかをたずねてみた。その結果、表情から一次感情のそれぞれを読み取る課題の正答率はどの文化でも高く、一次感情が人に普遍的であることが確かめられたとしている[61]。

一次感情と適応　なぜ一次感情を持つという進化がヒトに起こったのであろうか。それは、感情が、さまざまな状況において瞬時に状況を評価し、直面している状況へのすばやい対処をうながす働きをしているためであるからだとされる。つまり、感情は人に状況についてとっさの判断をさせて、人の身を護る働きをしているからだというのである。認知科学者の戸田正直は、「感情は人間の環境適応の仕組みである」としている。戸田によれば、ヒトの祖先が暮らしていた野生環境では、感情は安全を確保するために必要なすばやい反応をする役割を担ってきたという。野生環境では「最適の対処行動は何か」などとのんびり考えていたら、ヒトは野獣の餌になってしまう。つまり、とっさに適切な行動がとれるような遺伝的プログラムをもった動物だけが生き延びることができ、そのプログラムこそが感情であったという(304)。

読者はなぜ今さら「野生環境」を持ち出すのかと思われるかもしれないが、第1章でも述べたように、生物の進化の歴史から考えれば、ヒトが狩猟生活をやめ、農耕を始め、「人工環境」に住むようになったのは、たかだか一万年前でしかないのである。これに対して、ヒトとしての進化は脳の大きさが現生人類とほぼ同じになった二〇〇万年前あたりから起こってきたと考えられ、この間にヒトの遺伝子に感情を持つというデザインがほどこされたと推理するのである。

現代社会においても、あるものを好み、あるものを嫌うという感情にもとづくとっさの判断が、ヒトの適応、つまり、個体の生存や種の維持にとって重要な働きをしていることは確かであろう。たとえば、私たちは見慣れぬ色や形の物は直感的に「気味が悪い」「嫌だ」と感じて食べず、それによって危険を避けることができるであろう。また、おとなでも暗い夜道は「不気味」に思えて急ぎ足になるだろう。同じように、乳児がひとりにされると泣いたり、知らない人に触れられると嫌がったり、暗闇を怖がるのは、幼い子どもたちにとってこのような状況が危険であると瞬時に評価するようなプログラムが、身の安全を確保するために備わっているのだと考えたらどうであろうか。

● 生き延びの装置を安定させる感情

安全装置としての感情　第1章で述べた人の知覚的な特徴を好むという性質に、ひとりにされると不安になる、誰かといれば安心するという感情が加われば、乳児が生命を維持していくための装置は磐石なものになるだろう。世話をされなければ生き延びられない乳児には、こうして人間との関係を作り上げるために二重の安全装置を備えていると考えられる。また、それは養育者である母親を確実につなぎとめる装置でもある。

自然人類学者のサラ・ハーディは、養育に要する期間が生後四、五年もあり、その間も生産活動をしなければ生きていけないヒトの母親は、子どものきょうだいや親戚などの親代わりのアロ－マザーズが見つかれば、その人たちに子どもを託して子どもから離れていたと指摘している。その証拠に、現在でも中央アフリカや南アメリカの狩猟採集社会では、このような現象が広く観察されるという。(108)(11) また、進化生物学者の佐倉統(239)は、「古今東西、人間は常に子育てを忌み嫌い、手抜きをしてきた」とし、代理の養育者がいれば、母親は養育をしなかったといい、上流階級の家庭が乳母を雇っていた例を挙げている。庶民では子守を雇って母親が生業を続けたり、少女が子守に出されたりしたのは、生活上やむを得ずとはいえ、ヒトの母親が常に子どもの傍らにいて子育てに専念していたわけではないことを示しているといえよう。つまり、母親に母性があるとか、育児は女性の天職だとかという考え方は、たかだか最近数百年の間に作られた文化であることがわかる。

このように不確かな養育状況におかれがちなヒトの乳児では、養育者を確実に得るためには、知覚的に人に惹かれる性質を持つだけでは十分ではないといえよう。放置されることを恐れる、人と一緒にいると嬉しい、というような感情を備えることによって、おとなからしっかり養護してもらえるようにしている。つまり、不安定になりかねないおとなのかかわりを、感情によってしっかりつなぎとめようとしているのである。

複雑な人間関係と感情　私たちが日頃接している身近な人間関係には、複雑な感情が深くかかわる。特に、愛情、自尊心、誇り、共感、同情、傲慢、恥、困惑、罪悪感、嫉妬などの二次感情と呼ばれる感情は、人間関係そのものであるといってもよいかもしれない。二次感情は一次感情とは異なり、経験をとおして獲得された感情である。つまり、これらの感情を持つかどうか、なにに対して持つか、それをどのように表現するかなどについては個人差があり、さらには住んでいる社会の規範や習慣によって奨励されたり、抑圧されたりもするので、個々の人間関係を多彩に特徴づけることになる。

プラスやマイナスの、そして時にはその両方の感情が関係する。プラスの感情が伴う関係は人を安心させ、幸福感で満たす。マイナスの感情が伴う関係に人はとまどい、悲しむ。長引けば精神的障害が引き起こされることもある。クリニックを訪れる人々の悩みの多くが人間関係にかかわるものであり、あるいは、それが直接の原因であることも多い。さらに、マイナスの感情がいさかいを生むこともある。マイナスの感情のために相手を攻撃したり、あるグループの人々への憎悪が紛争や戦争に利用されたりするのは、歴史が示すとおりである。そして、さらに人間関係を複雑にするのは、好きだけれど嫌い、可愛さあまって憎さ百倍などと、プラスとマイナスの相矛盾した感情が同時に起こることである。多くの人間関係はこのようなアンビバレントな性質を持つので、複雑であり興味深いが、時には厄介なものにもなる。

3　人間関係と自己

ここまで見てきたように、人は他者に大いに関心を持つ。しかし、私たちがもっとも関心を向けるのは自分自身についてであろう。人は他者に関心があり、他者と一緒にいることを好み、他者に助けられてもいるのであるが、一方では、人は他者に妨げられるのを嫌い、他者と離れていたいという気持ちをも持つ。このように他者への接近傾向と回避傾向という相矛盾する二つの傾向を同時に持つことを考えなくては、人間関係の本質には迫れないと思われる。そこで、自己について考えてみよう。

●自己とはなにか

自分自身を問題にするのが自己という概念である。自己とは、「自分がどのような人であるかについて当人が気づいていること、意識していること」をいう。つまり、自己とは私たちが自分について持つさまざまな知識をいう。私たちはこの知識をもとに自己を主張する。自分自身でありたいと望む。しかし、この自分についての知識は、周囲の人、物、環境とのやりとりをとおして作られるものである。このやりとりがなければ、自分についての知識は持てない。

●自己についての知識

認知心理学者のアーリック・ナイサー(210)は、自己が誕生時からの経験や認知能力と関連しながら発達していくとして、自己は以下の五種類の知識で構成されるという興味深い議論をしている。このナイサーの提案を手がかりにして、自己の性質を検討してみよう。

①生態学的に知覚される自己　これはもっとも初めに獲得される自分についての知識で、自分の視覚、聴覚、触覚などの感覚を使って周りを知ることによって、また、自分の身体の動き、筋肉の緊張のフィードバックによって、直感的、主観的に感じる自己をいう。水上啓子らが、「ストレスが生じると顔面の皮膚温度が下がる」という現象に注目して、遠赤外線の装置を使って調べる方法で、二か月児では近くにいた養育者が離れるとストレスが高まったことを明らかにしている(195)。これは自分の身体が養育者とは分離していることがわかり始めている証拠だといえよう。

しかし、乳児が鏡に映った自分の姿を認識できるかどうかを調べた研究は、生後一年未満の乳児ではまだこれがむずかしいと報告している。〇《ゼロ》歳児は自分の鏡像をまじまじと見ることはするが、それが自分だとわかっているという様子ではない。たとえば、一緒に鏡に映っている母親を見て笑ったり、背後にいる母親を振り返って見たりもするのに、自分の鏡像には「知っている子どもだ」という反応が見られないのである。一歳を過ぎると、ようやく鏡に映った自分を見てはにかむようになる。しかしまだ、鏡の中の像と鏡の前にいる実際の自分との関係について確かにわかっているとは断定できない。マイケル・ルイスら(170)は、顔を拭くついでに子どもが気づかぬように鼻に紅をつけ、紅のついた顔を鏡に映して見せた時の子どもの反応を見る実験をした。鏡を見て自分の鼻そのものにさわれる子どもは、自分の身体は鏡の中にはないと認識していると考える。そして実験結果は、二歳近くなると八割近い子どもが鏡を見て自分の鼻にさわったと報告している。つまり、この時期になると自分の身体の存在が認識されているのである。私たちがこの実験を日本でしてみたところ、結果はほぼ同じであった。またこの頃には、写真の中に自分を見つけたり、以前に写したビデオ映像の中の自分を言い当てたりできることも報告されている。「〇〇ちゃんはどこ」とたずねると自分を指差すのも二歳近くなってからである。

身体はいわば自己の座であり、このように幼少期から生涯にわたって、自分の身体についての主観的な確信を持つことが精神的健康にとって不可欠である。

②人とのやりとりの中で知覚される自己　これは他者とのやりとりをとおして獲得される自分についての知識である。これも誕生間もなくから見られるもので、他者からの反応があることによって自分が認識されるというものである。第1章で述べたように、新生児はおとなが舌を出し入れするのを見るとつられるように同じ動きをし、二、三か月児はおとなが笑うと共鳴するように笑う。このようなおとなとの相互交渉に刺激を受けて起こす自分の動作を自分で感じることが、自己に気づかせるのであろうというものである。マーガレット・マーラーは、生後二か月頃には生活のリズムができ始め、昼夜の区別もついてくるにつれて、目が覚めている時には意識がはっきりしてくるので、たとえば、

空腹だと訴えると授乳されるというサイクルが繰り返されていることがわかるようになるという。それによって、「空腹感をもつ自分」とは別の、「授乳してくれる外部」に気づき、ひるがえって自分の存在を感じることになるのだと説明している(174)。

また、コルウィン・トレバーセンは、現象学から間主観性という概念を借りてきて、たとえば乳児がおとなの動作が終わるのを待って、まるで順番を心得ているかのように続いて同じ動作を返すというターン・テイキングでは、あやしてくれる母親と目を合わせること、母親の声を聞くこと、母親の首を振るなどの動きを見ること、などに惹かれて母親に注目し、同種の反応を返すという相互交渉をすることで同じ空間を体感し、その結果として自己を間主観的に感じるのだと説明している。つまり、もっとも初期には、乳児はひとりでは自己を主観的に感じられないものの、養育者の反応に助けられることによって、おとなと共同して自分の存在（主観）を感じるとするのである(311)。しかし、この段階ではまだ行動の確かな主体として自分が認識できているというのは無理であろう。また、ターン・テイキングの相棒である母親の主観（主体性）にも気づいていないであろう。その意味では、真に間主観的にはなっていない。

ところが、生後九〜一二か月頃に乳児の自己は飛躍的に発達するとされる。これをマイケル・トマセロは九か月革命と呼んだ(305)。トマセロは、

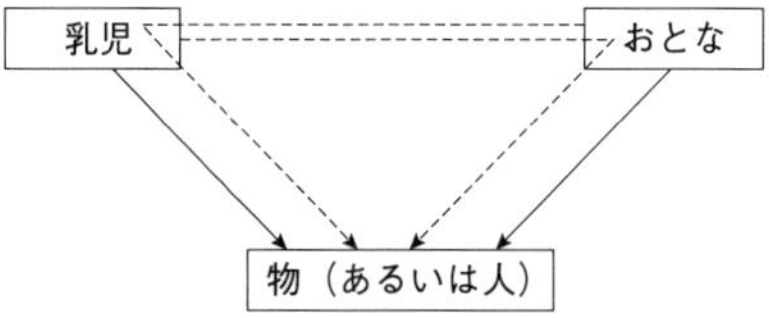

図2-1　生後9か月児の共同注視(305)
実線は，乳児と母親がそれぞれ確かに物を見ていること，点線は，互いに相手が同じ物を見ていることを意識していることを示す．

生後九～一二か月頃になると乳児が共同注視をすることに注目する。共同注視とは、図2-1に見るように、乳児がおとなと同じ物体を見ていて、しかもおとなも一緒に見ていることをしっかり意識していることをいう。もちろん、この状況ではおとなの側も乳児が同じ物を見ていることを意識しているであろう。これに対して、生後九か月に達していない乳児では、おとなと同じ物を見ることはあっても、同じ物を見ているおとなにはまったく関心を払わないのが特徴である。つまり他者（あるいは物）と自分という二項的な交渉しかできない。それに対して、生後九か月以降の共同注視では、物と自分というかかわりと、他者と自分というかかわりを一緒に処理している、つまり、自分、物、他者という三項目からなる三角の関係を理解しているのだと解釈される。共同注視をする時期の乳児は、物を指差しておとなに教えたり、おとなが見ているところを自分も見たり、状況の理解のためにおとなの顔をうかがったり、また、おとなの行動を模倣したりするようになり、明らかにおとなと自分の存在（主観）が区別されていると思われる行動をする。[38] これは確実に間主観性が成立している証拠だとされる。さらにおとなが子どもを注意の対象にすれば、子どもも自分自身を対象として見るので、それによって子どもは自分はどのような子どもであるかという自己概念を持ち始めるのだとトマセロは主張する。[305]

さまざまな他者とのつき合いの中で、新たな自分が開発され、あるいは気づかなかった自分の性質が発見されることは、私たち誰しもが日々体験していることであろう。自己にはこのように、人との交わりの中で気づかされ、また、作られる側面がある。

③拡張される自己　私たちは、現在の自分が過去の自分とつながっていると感じ、そして、明日の自分、もっと先の将来の自分についても現在の自分と関連づけて考えることができる。自己は〝今ここ〟を超えて存在することに私たちは確信を持っている。これが、ナイサーがいう「拡張される自己」である。

子どもに記憶力や予測の能力が発達してくると、子どもの自己にもこの広がりができる。たとえば、ピアジェは、子どもが生後一八か月頃になると表象の能力を持つようになると指摘した。つまり、現在は目の前にない過去の事象を頭の中に描けるようになるのである。ピアジェは、幼い娘がさっき見てきたよその子どもが怒りを表す方法（床にころがって泣きわめく）をまねた例を挙げている。[225] 子どもが物を探すのもその物のイメージを持っているからであろう。さらに、子どもがクッションを枕に見立てて「ネンネ」といって遊ぶのもその例である。幼児のごっこ遊びには、まさに子どもが覚えているさまざまな事象や人々の行動の表象が使われているのである。

キャサリーン・ネルソンらは、生後二一か月から三六か月までのエミィリと母親や父親との対話や独り言の録音を分析した。[211] そして、初めは「おばあちゃんと図書館に行った」（これが事実であったことは母親に確かめてある）などといった断片的な記憶であったものが、生後二四か月頃からはできごとを時系列的に記憶していて報告するという変化が見られることに注目している。「（私がベビーシッターの家で）寝ていたら、マミーが来て、起きて、家に帰って、水を飲んで、（自分のベッドで）寝たの」という具合にである。[212] このような体験が繰り返されると、子どもは〝ベビーシッターの家から自分の家に帰る〃という連続する事象がつながっていることがわかるようになり、母親が必ず迎えに来ること、迎えに来たら（たとえ眠くても）家に帰ること、そして、自分のベッドで寝ることなどが時系列で起こるのが普通だと思えるようになる。さらに三歳頃には、事象の記憶が一連の行動の筋書きあるいはスクリプトとしてまとめられる(242)。たとえば、レストランによく行く子どもは、店の人が席に案内してくれる→メニューを見て注文する→食事が運ばれてくる→食事をする→代金を払って出る、という「レストランのスクリプト」を持つようになる。他にも幼稚園に通園するスクリプト、公園に遊びに行くスクリプトなどと、多くの生活上の一連の行動がまとまった知識としてしまっておけるようになる。スクリプトは子どもが実際に参加する行動をとおして獲得されるものであるから、自己や自分の行動、そして、周りの人々の行動、自分と人々との関連も含まれていることになる。スクリプトの多くは社会の習慣や文化の一部であり、人々と共有されているものでもある。子どもはスクリプトを持つ状況では、自分の行動を制御して、たとえば、レストランでは店の人に案内されるまでは待っているなどというような、落ち着いた行動がとれるようになる。つまり、子どもの自己が〝今ここ〃に左右されなくなる程度が増したといってよいであろう。

過去の経験やできごとを自分にとって意味のあることとして語る個人的な記憶を、「自伝的記憶」と呼んで注目している研究者たちがいる。エミィリの例で明らかなように、幼児でもおとなが手助けして聞き出せば、過去に起こった自分の体験を記憶していることがわかる。単にエピソードをつなげたスクリプトとしてではなく、自分にとって意味のある話として語られれば、自伝的記憶を持つといってよいであろう[68][213]。

自伝的記憶として問題にする意味が真にあるのは、記憶しておける内容が豊かになり、記憶できる時間（期間）も長くなる青年期以降であろう。自伝的記憶を持つことで私たちの自己は一層明確になり、しかも過去と現在の延長として将来の自分のあり方を考えるという、確かな広がりのある自己を持つことになるからである。自伝的記憶の研究では、どのような事象が自身の経験として記憶されやすいか、あるいはどのように誤って記憶されるか、記憶に感情がどのようにかかわっているかなどが検討されている。調べてみると、すべての事象が記憶されたり思い出されたりするわけではないことがわかってきた。その時の当人の感情や事象の意味づけによって取捨選択された事柄が記憶され、あるいは思い出される。自伝的記憶は必ずしも正確な事象の記憶であるとは限らない。それを語る人のこれまでの生活史の再構成であり、解釈でもある。そのために自伝的記憶は語り手のこれからの人生を、つまりは自己の将来を方向づけることにもなる。

社会心理学者のヘーゼル・マーカスらは、〝ありそうな自己（possible selves）〟という概念を提案して、特に将来、「自分がそうなりたい自己」と「そうはなりたくない自己」を問題にしている。彼らの調査は、将来のありそうな自己像が将来への行動を方向づけていることを示している[49][179]。

④プライベートな自己　「プライベートな自己」とは、自分の体験やそれの集合体である〝心〟は自分だけのものであり、そして、他者のそれはその人だけのものだという認識である。二歳くらいになると子どもは、たとえば「お腹がすいた」「テレビ番組が見たい」と希望するだけではなく、そのよ

うな要求や意図を持っているのが自分であることに気づくようになる。これがナイサーのいう「プライベートな自己」の認識の始まりだといえよう。インゲ・ブレーザートンらは、生後二〇か月前後から日常生活の会話の中で、子どもが自分や他者の感情を表す言葉（うれしい、悲しい、怖いなど）や心の働きを示す動詞（思う、考える、望むなど）を使い始めることに注目している。これらの感情語や動詞は人間の心の状態を表現しているものであり、これが使えるのは人が心を持つことがわかり始めている証拠だとしている(36)。

「ある人の行動を決めているのはその人の心である」と人の心の存在を理解することは、〝心の理論〟という概念を使って研究されている。人はそれぞれ心を持っていて、その人なりの説明や解釈をするものだということがわかれば、心の理論について理解したということになる。心の理論の研究を進めているヘンリー・ウェルマンらは、欲求、感情、意図、信念などからなる多面的な心の理解の発達をスケールを作って調べ、三歳頃から心のさまざまな側面について理解していくのだとしている(327)。このウェルマンらの課題を日本の子どもについて調べた結果もほぼ同じであった(307)。研究者たちの多くは、他者が自分とは異なる心を持つことの理解は、進化の過程で生き延びのためにヒトにプログラムされてきた性質であると仮定している。たしかに、これは人が社会生活を営む上で欠かせない能力であろう。

⑤自己概念　ナイサーは、自己概念とは、自分自身の観察、そして、自分に対する他者の反応や見方を材料にして作られる、自分についてのまとまった知識、つまり、〝理論〟であるとしている。①

～④で見てきたように、さまざまな経路で私たちは自分についての豊かな知識を持つようになる。その多様な知識が、「私はこういう人間である」として統合されたまとまりとして意識される、それが自己概念であるというわけである。

たしかに私たちは、いくつもの〝顔〟を持つ。たとえば、「私は」で始まる文章を二〇個書いてもらって自己概念を調べる「二〇答法」と呼ばれる方法を使うと、人はさまざまな自分の特徴を記述することができる。外見の特徴（私はやせています）に始まり、自分の所属（私は日本人です）、好み（私は自転車に乗るのが好きです）、所有物（私はハムスターを飼っています）、望み（私はシルクロードをたどってみたいです）、内面的な特徴（私は知らない人は苦手です）など、多面的な自己が記述される。私たちは自分の特徴をさまざまに記述するが、しかし、いずれもが自分の特徴であると認識している。多面的な自己が、すでに自分のユニークな特徴としてひとつに統合されているといえるであろう。前述のマーカスらが提案している〝ありそうな自己（possible selves）〟も複数形である。それぞれの人は多様な自己像を持っていて、その中で中核となるものと周辺的なものがあるとしている。おそらく中核となる自己像と関連して、複数のありそうな自己が決まるのであろう。

では、自己概念はいつ頃から持てるのであろうか。二歳前後には子どもは自分に固有の名前があることがわかり始める。保育所で観察してみると、この頃には自分の名前が呼ばれた時にだけ返事をするようになる。「〇〇ちゃんが」「〇〇ちゃんの」などと、自分を名前で呼び始めるのは生後一九か月であったという報告もある。これまで断片的に体験されていた自己が、名前というラベルによってひとっにまとめられるといってよいであろう。「自分が」となんでも自分でやりたがり、親の干渉を「いや」と強く拒否するいわゆる第一反抗期には、この明確になった子どもの自己が、自分の希望を強く主張しているのである。この時期にできつつある自分の行動の枠組みが、判断の基準として働き始めているといってよいであろう。したがって、親が親切心でやってくれることも、自分の好みや期待からずれたものは「いや」ということになるのである。

自己概念は、子どもの言語の発達とともに、一層明確になっていく。自分の体験や他者の自分への反応を言語化することで整理し、それを記憶にとどめることができるようになるからである。こうして子どもは、明らかに自己概念を持つようになる。たとえば、五歳児に面接をしてたずねてみると、自分の短所を含めて自分について話すことができることがわかる。ある女児は「妹をいじめるところ」は自分の欠点であり、「ちょっと心がやさしくなったところが（幼稚園の年少組の時に比べて）大きくなった」証拠だとした。また、「おれ、門っていう漢字書けるよ」と小学生の兄と張り合っていることを報告した男児もいた。さらに、「パパが、いつも、私と妹のことを、宝物だというから」「ママが、いつも、そういうもん」といって、多くの幼児が自分は大切な人間に違いないとしたのである。[114] 言語、記憶、推論などの認知発達と日常生活での経験、特に、安定した人間関係のある生活が、子どもの自己概念を育んでいることがわかるであろう。

●自己の生涯発達

こうして誕生時から始まって小学校入学頃までには、ナイサーのいう五種の知識がすべて出そろうことになる。そしてすでに見てきたように、五種の知識はそれぞれ発達し、影響し合いながら、自分についての意識はその後も発達を続け、生涯をとおして人にとって重要な心的特徴になる。たとえば、高齢者の研究者は一様に、元気で長生きしている人たちでは自己概念が明確であること、また、自尊心が強いことを明らかにしている(65)(246)。私たちが定年後にグループに所属して写真を学んでいる高齢者を調べた研究でも、数ある活動の中から写真を選び、写真で表現したい自分のテーマを持ち、自分が納得できる写真に〝著者〟としてタイトルをつけるという、自己の好みや意図を実現することが、彼らの生活満足度を高めていることが明らかになったのである(295)（第8章参照）。自己は人間の一生をとおして発達を続け、行動に、つまり、生き方に重要にかかわるのである。

●自己と他者との関係

ヒトは生命を確保するために他者との関係を築きやすい二つの性質、人の知覚的特徴に惹かれること、人と一緒にいたいという感情を持つこと、を進化させてきたと考えざるを得ないことを見てきた。この性質によっておとなに働きかけ、うまくおとなの擁護を引き出せると、生後六か月頃から乳児と特定の人との関係ができ始める。第3章以降で、人間関係について詳しく検討していく。

本章では、「かけがえのない自己」と同じく「かけがえのない自己を持つ他者」との関係が、人間関係であることを述べてきた。乳児から高齢者まで、人は親しい人々の愛情を求め、親しい人々は精神的な支えにさえなる。そして、他者に愛情を与えることも好む。人は孤立しては生きにくいし、孤独を嫌う。しかし、同時にユニークな存在であることも好む。自己意識が明確で自己を主張し、他者に干渉されるのを嫌う。このように私たちは他者に対して相反する傾向を持ち、人間関係はこの二つのバランスの上に成り立っている。接近傾向があまりにも強ければ、他者に依存し過ぎるのでそれは好まない。他者に左右されずに自己を確立したいのである。しかし、他者を極端に避ける人は社会から異分子と見なされ、本人も深い孤独感にさいなまれるだろう。このように、人間関係を考える上では、自己と他者、つまり、自立と依存をどのように調整するか、理論化するかが重要になるのである。

第3章　依存と自立

ヒトの祖先は生き残るためにメンバーが互いに助け合う社会生活を営んできたと考えられている。しかし、獲物を分け合ったり、時には駆け引きをしたり、幼い、あるいは弱いメンバーを助けたり、力が強い者の横暴を抑えたりするのは、決してやさしいことではなかったであろう。二一世紀の人間社会もなおそれらに苦慮しているのは周知のとおりである。進化とは、変化ではあっても必ずしも進歩ではないことがよくわかる。社会のスムーズな運営には、ルールやそれを実現するシステムが必要となる。他者をだますようなマキャベリ的な知恵を必要とするという説もある。そのためにヒトは社会生活が維持しやすくなるように変化してきたのだと進化論者は推理する。そして、社会生活を営みながら社会脳と名づけられる大脳皮質を非常に進化させてきたことが、他の生物とは異なるヒトの特徴だとされる。

たしかに、第1～2章で見たように、乳児は生まれながらにして他者に強い関心を寄せ、人々とともにいることを好むという人間関係の基盤となる生物学的遺産を引き継いできていると考えるのがよさそうである。乳児はこの生得的な傾向を使っておとなに働きかけて養護してもらえるようにし、生後六か月から一二か月頃には、愛情を交換するような人との関係を始める。これを「愛着」という概念で特別に問題にしている研究者たちもいる。愛着については第6章で改めて述べることにしよう。人は生涯にわたって人を好み、他者を必要としながら、複雑な人間関係を発達させている。

ところが、人は独立した固有の身体を持ち、他の生物にはない高度な認知能力を発達させる可能性を持っている。そのために、第2章で検討したとおり、社会で暮らしながら、いや、社会生活をするがゆえに、誕生後間もない時から、他者からの反応を手がかりにして自己についての意識を明確にしていく。そして、ユニークな存在としての自己を自覚し、その自己の意思や希望を実現することを主張し、そのための努力も厭わない。他者に自己が妨げられることをひどく嫌い、時には、孤独を好むという性質も発達させていくのである。つまり、一方では他者との親しい関係を好み、他方では自己の確立を願うという、人との関係について相反する二つの傾向を人は持つ。私たちはこの二つの傾向の折り合いをどのようにつけているのであろうか。本章では、このような自己と他者との関係の仕組みを考えることにしよう。

1　自立を支える人間関係

●生と死

学生時代、宗教学者の岸本英夫の「宗教学入門」という講義を受けた。当時、岸本はメラノーム（黒色腫）で余命宣告を受けて闘病中であった。そのために休講がしばしばあったが、生と死について宗教学ではどのように考えてきたか、そして、自分はどう考えているかを淡々と論じた。当時、「依存と自立」を卒業論文のテーマにしようとしていた私は、この講義から大いに勇気を得た。「人間関係に支えられてこそ自立が可能だ」「良好な状態の依存こそが自立をもたらす」と考えれば、人への接近と回避という相反する傾向を統合し、止揚できるのではないかというアイデアについて、よさそうだと背中を押されたと思えたのである。もう半世紀近く前のことになるが、凛とした語り口を今も鮮やかに思い出す。

岸本が自身の死をどのように受容したかは、その著『死を見つめる心』[140]で知ることができる。死の恐怖は結局のところ、現在自分が意識している「この自分」が死後どうなるのかという不安にあると考えるに至ったという。そして、ある時、ふと死は「別れのとき」だということに気づき、これが死をどのように考えればよいかの転機になったとしている。「死とは、この世に別れをつげるときと考える場合には、もちろん、自分の亡き後もこの世は存在する。別れをつげた自分だけが宇宙の霊にかえって、永遠の休息に入るだけである」ということになる。この別れに際して心の支えになっているものを二つ挙げている。まず、自分の仕事であるという。それは、同じ道を行く研究者との長年の共同作業であった仕事が、自分の死後も自分の生命の代わりにさまざまに展開しながら、いつまでも流れ続けていくであろうと考えるためである。そしてさらに、自分の死後、家族や知友が、自分のことを思い出してくれるであろうことが、非常な慰めになると記している。

つまり、死とは自分がその場から立ち去るだけであって、自分がいなくなっても世界はいつものように続いていくという認識である。そして、仕事をとおして、また、親しい人々の記憶の中に、自分が受け継がれるという気持ちの収め方である。こういう思索をめぐらせながら、岸本は治療を続けつつ研究し、会議のために世界中を飛び回り、「生を充実させ」「刮目に値する」日々であったと、当時の親しい同僚が著書のまえがきに記している。

岸本は、自立した自分らしい生き方は、現実的に、そして象徴的にも、自分が確かに人々とつながっているという実感に支えられて可能になることを示したといえるであろう。このような視点から、死という人の最後の大仕事にその人らしく対峙した人々について見ると、岸本との共通点が見出される。いずれもが自立を可能にするのは人の支えであることを示している。

たとえば、二〇〇八年に世界中で広く読まれた『最後の授業』[222]を書いたランディ・パウシュの場合も然りである。コンピュータ・サイエンスの世界的権威であるパウシュは、四六歳の若さで癌のために余命三か月の宣告を受ける。彼は死を「自力でフィールドを去る」ことだと表現している（強調は筆者）。そして、最終講義をあえてするのは、大学という自分の仕事場で「明日この世から消えなければならないとき、何を置き土産」にするか、「みんなにどのように僕のことを覚えていてもらうか」を自分で決めるチャンスだと考えたためである。さらに、講義の様子をＤＶＤに記録し、まだ幼い子どもたちが大きくなったらぜひ見せてほしい、それによって自分がどういう人であったかを理解してほしいと、わが子とつながることを願ったのである。

詩人の高見順が食道癌の手術後に書きためたという詩集、『死の淵より』[299]の中の作品、「電車の窓の外は」にも同じ思いが見られる。「この世が／人間も自然も／幸福にみちみちている／だのに私は死なねばならぬ／だのにこの世は実にしあわせそうだ／それが私の心を悲しませないで／かえって悲しみを慰めてくれる／私の胸に感動があふれ／胸がつまって涙が出そうになる」と、去るのは自分であり、世の中は元気で変わらないと考えると慰められ、うれしいというのである。

この詩は次のように終わる。「おはよう諸君／みんな元気で働いている／安心だ　君たちがいれば大丈夫だ／さようなら／あとを頼むぜ／じゃ元気で――」。

●依存と自立

依存と自立は両極概念だとされる。そして、人の発達は「依存から自立へ」と向かうものだとされてきた。人に甘えたり、人を頼りにする依存は幼稚だと見なされ、発達は自立が増すことだと考えられてきたのである。甘えん坊の子どもを持つ親がその子どもの自立を願い、母子分離が下手な子どもは問題だとされる。それゆえ、たとえば、ローレンス・スタンバーグらは、親を人間として認識すること、親の理想化をやめること、親に依存しないこと、個人化という四つの下位尺度からなる、青年（一〇～一六歳）の自立尺度を作ったのである[257]。ところがこれに対して、自立は人を拒否すること、孤立することとは異なるのではないか、特に青年の自立と親とよい関係を維持することとは矛盾しないのではないか、という議論が起こった。自立尺度で高得点を取る青年は不安定な愛着の状態であり、親に拒否されていると認識しているというデータが出されたのである[236]。この指摘を受けてスタンバーグは、スージー・ランボーンとともに、彼らの尺度で測る「自立」と「親からの精神的なサポートを受けているという本人の認識」とを組み合わせて、適応との関連を検討した。米国のウィスコンシンとカリフォルニアの両州の一四〜一八歳の合計八七〇〇名を対象にした大規模な研究によると、少なくともこの年齢の青年たちでは、自立得点と親からのサポート得点の両方が高い場合にもっとも適応がよい（学校の成績がよい、問題行動が少ない、心理的適応点が高い）ことが明らかになった[157]。同じことをジェームズ・ユニスらも指摘している。青年の自立は親との関係にサポートされてこそなされること、あるいは、自立しても親との関係の持ち方の質が変わるだけで、親しい関係そのものは続くという調査結果が報告されたのである[334]。

人の生涯発達について多くの重要なアイデアを出したエリック・エリクソンは次のように書いている。「ライフサイクル全体を通して、人は親密の能力といくらかの孤独への欲求との間でバランスをとって初めて、愛する相手や愛される相手に本当の相互性（原語は true mutuality）を持って係わることが可能になる[65]」と。

このように、他者への接近（依存）と回避（自立）は、それぞれの状態だけを記述すると確かに反対の姿に映るのであるが、依存傾向の否定が単純に自立の増大につながらないことは、人の行動を観察するとわかる。つまり、両者の関係の内実は、少なくとも人間社会にあっては、自立するためには十分にある質の依存が可能であるという状況にあること、つまり、本人が必要な時には依存してもよいし、それを受け容れてもらえるはずだという確信が持てる状態であることが必要だということである。したがって、自立とは依存しないことではなく、上手に依存することである。それがどのような依存の状態であるかを考えることが人間関係を考える鍵になるのである。

2　人間関係の仕組み

●ソーシャル・ネットワークとしての人間関係

では、自立を支え、自立を妨げない人間関係とはどのようなものであろうか。どのような仕組みになっているのか。これを可能にしている三つの特徴に注目しよう。

複数の他者からなるネットワーク　まず、注目される人間関係の特徴は、人は社会生活をしているので、乳児といえども母親とだけ出会っているわけではないことである。父親、きょうだい、祖母、あるいは、保育者、同世代の子どもなど、複数の人々と同じ時期に、時には同時にかかわっている。つまり、誰かとの二者関係だけで人間関係が成り立っているわけではないのである。これは誰かだけに全面的に左右されないためのうまい仕組みだといえよう。たとえば、母親がもっとも好きだという子どもであっても、母親の意味や価値は、子どもが他の複数の人々とどのようにかかわっているかに関連して決まるはずである。つまり、人間関係はネットワークになっていると考えるほうがよい。心理学では、好んで母子関係だけを切り取って「子どもの発達を左右する母親」を研究する伝統があるが、母子という「二者関係」だけを扱うのでは十分ではない（母子関係の心理学については、第7章で扱う）。母親はネットワークの一員であるので、他のメンバーとの関係によって役割が決まってくるからである。したがって、ある人の持つ多数の「二者関係」を調べて積み上げても、ある人との関係が他の人との関係に関連しているという実際の姿はつかめない。ある子どもの持つ人間関係のネットワーク全体をとらえて初めて、その子どもの人間関係が理解できたということになる。

メンバーの選択　人間関係の第二の重要な特徴は、ネットワークの構成メンバーを選ぶのがそれぞれの個人だということである。母親が主な養育者として世話をしていても、二割程度の乳児は母親以外の人（父親、祖母、きょうだいなど）をもっとも好んだという報告もある[241]。人は、自分にとって意味を持つとして選んだ人々を構成メンバーとする、ソーシャル・ネットワークの中で暮らしているのである。ネットワークは本人が選んだメンバーと各メンバーに与えた意味づけによってつながり、そして、それぞれのメンバー間の関係もその意味づけに影響するという具合に、メンバーが関連し合った集合体になっていると考えるとよいであろう。

ネットワークの柔軟性　しかも、ネットワークは必要に応じて変化する柔軟性を持っていることが、人間関係の第三の特徴である。つまり、本人の成長につれて知識が増えたり価値観が変わったりすれば、あるいは、生活する場所や状況が変化すれば、当然のことながらメンバーの意味づけが変わり、また、古いメンバーが削除されたり、新たなメンバーが加わる可能性もある。そして、メンバーに変更があればネットワーク全体に変化が起こることは必至であろう。さらに、構成メンバーのそれぞれが持っている個々のソーシャル・ネットワークをも考えると、幾重にも重なる大きなネットワークスが想像されるであろう。

では、このネットワークは具体的にはどのように記述できるであろうか。社会学や社会心理学では知り合いである人々のつながりを問題にする概念としてソーシャル・ネットワークが使われ、その大きさや構造、どのようにとらえ、分析するのがよいかが議論されてきた。しかし、ここで検討するのは、人の精神的サポートをする小さなネットワークであり、その仕組みに関心があり、なぜ人がそのようなネットワークを作るのかを知ろうというわけである。そこで、この点で興味深いモデルを二つ紹介しよう。

ソーシャル・ネットワーク・モデル

ルイスは「ソーシャル・ネットワーク・モデル」を提案している[168][169]。彼は、誰がどのような実際的な機能（心理的役割、働きを心理的機能と呼ぶことにする）を果たしているかは、表3-1のようなマトリックスでとらえられるとしている。表3-1は三歳のジュリアという少女を仮定して彼女のソーシャル・ネットワークの内容を示したものである。

表中のP_1、P_2などはジュリアのソーシャル・ネットワークを構成するメンバーであり、ジュリア本人、母親、父親、兄、祖父母、三名の友だち（うち二名は女児）などが挙げられている。F_1、F_2などは人が果たす機能で、保護、世話、養護、遊び、勉強などであるが、B_{11}、B_{12}、B_{13}などはそれぞれの機能に該当する具体的な行動を示し、対応する数値は出現する頻度を示している。たとえば、世話の機

表3-1　3歳児ジュリアのソーシャル・ネットワーク・マトリックス（169）

ソーシャル・ネットワークの構成員	社会的機能						
	F_1 保護	F_2 世話	F_3 養護	F_4 遊び	F_5 学習	…	F_n
	$B_{11}B_{12}B_{13}$	$B_{21}B_{22}B_{23}$	$B_{31}B_{32}\cdots$			…	B_{nn}
P_1 ジュリア本人				10	20		
P_2 母	50	50	50	5	15		
P_3 父	5	5	20	10	15		
P_4 兄				15	15		
P_5 祖母							
P_6 祖父							
P_7 おば							
P_8 女児のいとこ							
P_9 女児の友だち				15	10		
P_{10} 女児の友だち				5	5		
P_{11} 男児の友だち							
⋮							
P_n							

数値はそれぞれの機能におけるそれぞれの構成員の活動の量を示している.

能では食事や着替えが、養護の機能では言葉による愛情の表現や非言語的な優しさの表現などの情動行動が考えられるであろうし、遊びの機能ではゲーム、かけっこ、自転車乗りなどが具体的に観察されるという。

このマトリックスはそれぞれの子どもの状況に合わせて、そして、その子どもの成長にしたがって、交渉を持つ相手のリスト（表の行）を増減させ、機能および具体的な行動の内容（表の列）を変更させることで、個別のソーシャル・ネットワークを柔軟にとらえられるのが特徴である。ルイスは発達に伴って、ジュリアがかかわる人々の種類もその程度も、そして、機能も変わることが予想されるとしている。彼はおとなの実証的な資料を出してはいないが、理論的にはこのモデルはどの年齢でも使えると考えている。

このモデルには社会学の素養もあるルイスらしく、ある人のソーシャル・ネットワークをできるだけ広汎にとらえようとする意図がうかがわれる。この方法で、ある人がどのような人とどのようなつき合いをしているかという直接的、実際的な関係をとらえられるであろう。表3-1のマトリックスの行と列を広げていけば、大きな表が描けるであろうし、どの程度大きなネットワークになるかは興味深い問題である。ルイスは、多くの機能をそれぞれの他者に充足させてもらっているものの、どの機能が優勢になるかは成長とともに変わるであろうという。さらに、中でも「養護の機能」は、それを充たす人が誰であるかは状況や成長につれて変わることがあっても、生涯にわたって重要であると指摘している。すなわち、養護の機能が人の適応にとっての要であるという。

コンボイ・モデル

もっと端的に、人の存在についてのサポートを供給する仕組みとしてソーシャル・ネットワークを具体化したのが、コンボイ・モデルである。ロバート・カーンとトニー・アントヌッチは、個人的なサポート・ネットワークが人の幸福感に寄与するとして、このネットワークをコンボイ（convoys＝護衛隊）と考えるのがよいという提案をした[122]。コンボイとは、ある人が情動（好意、賞賛、敬意、愛情など）、是認（他者の言動を正しいと認め、賛同することなど）、具体的な援助（物、金銭、情報、時間、資格など）などのサポートのいずれかを実際にやりとりしている、複数の人々からなる集合体

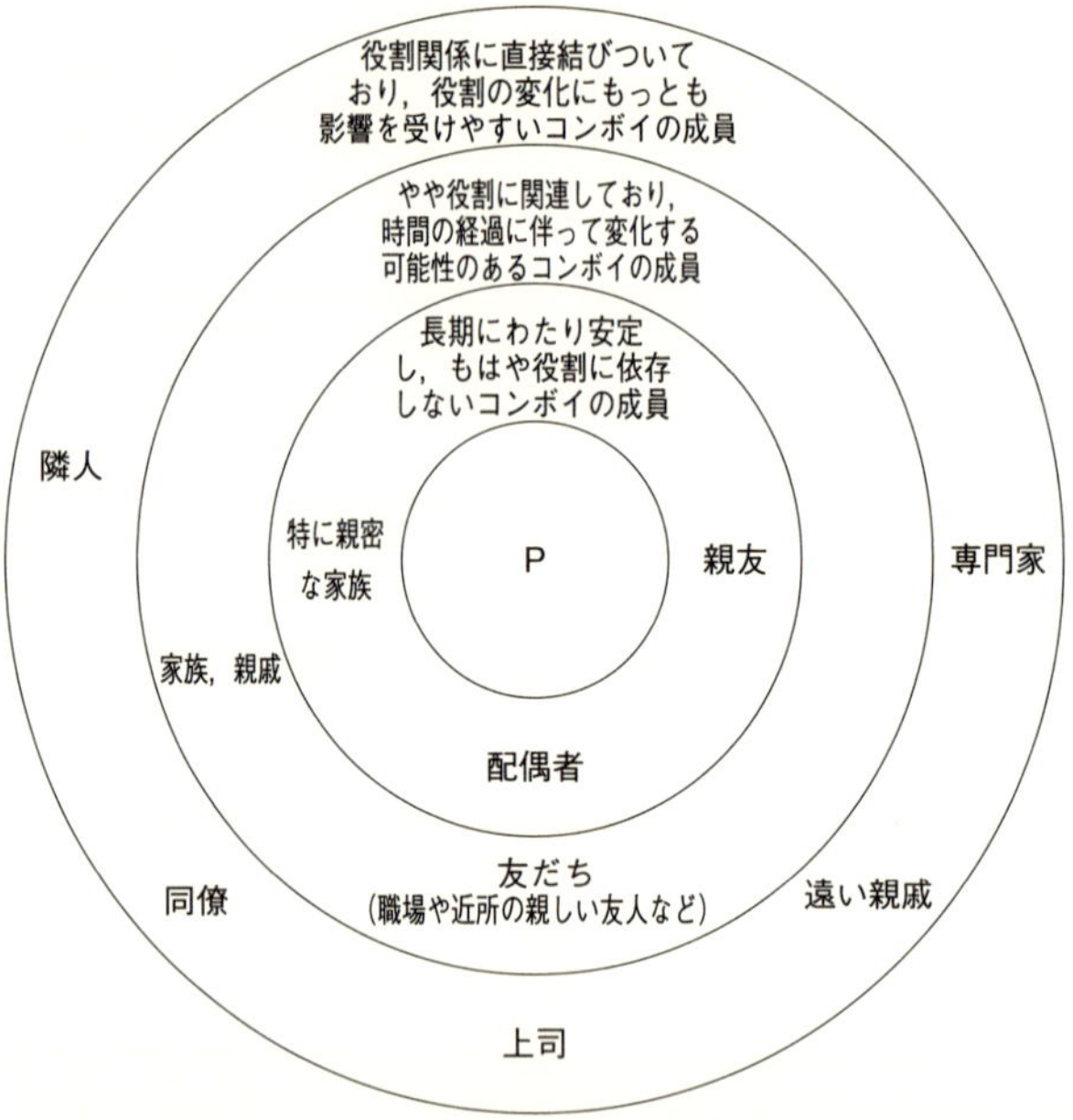

図 3-1　コンボイの仮説にもとづく例（122）

である。コンボイがその人に幸福感をもたらし、生活がうまく営まれるように支え、あるいは、ストレスや緊張の緩衝作用をすると考えたのである。そして、このコンボイは階層的な構造をなすことが仮定されている。これを示したのが図3-1である。中心にいるのが本人（P）である。Pの周りに支えとなる重要度の異なる複数の人々がいるであろうと理論的に仮定した。もっとも内側の円（第一円）に入れられるのは、もっとも重要な支えを提供する人々である。そして、第二円、第三円になるにしたがって、重要度は減るものの大切な人々が位置づけられる。

　コンボイの内容は、三重の同心円だけを描いたブランクの図版を用いて、

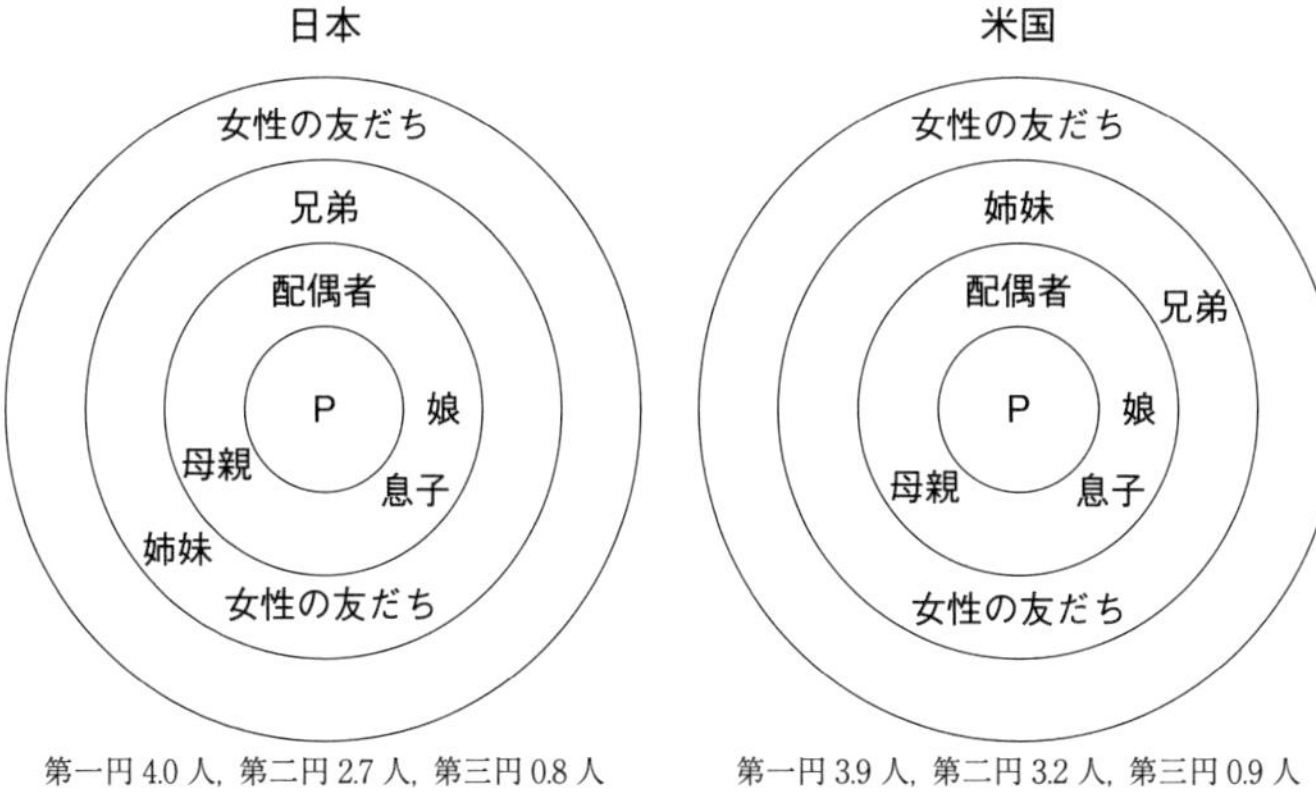

図 3-2　日米の 40〜59 歳の人々のコンボイの内容[14]

一時間程度の面接によって報告してもらう。「もっとも内側の円には、あなたにとってもっとも大切な人、その人なしの人生を想像できないくらい非常に親密に感じている人々を入れてください」と教示する。第二円には親しさの程度は減るがなお重要な人々、第三円にはそれほどは親しくないものの当人の生活にとって重要な人々が入れられる。その後、挙げられた人々のそれぞれがどのような人（年齢、性別、関係など）で、どのような意味で重要かを詳しくたずねる[11][12]。

アントヌッチらの研究[13][15]によれば、健康な成人は三つの円を合計して平均一〇名前後の人を挙げ、そのうちの約三分の一は第一円の中に位置づけられ、心理的に重要なサポート（信頼する、保証する、看病する、心配事を打ち明けるなど）のほとんどをもっとも多く与えてくれていると報告されたという。第二円には看病してくれる人、尊敬している人などが、第三円には主に尊敬する人が入れられたという。そして、内側の円には家族が入れられることが多く、外側に行くほど家族以外の人物が入れられることが多い。コンボイがこのような心理的な役割について階層構造を持つことは、幼児から高齢者まで年齢にかかわらず、また、文化が異なっても同様に報告されている。

しかも、その内容、つまり誰をどの層に入れるかについても、年齢差、文化差はごくわずかである[16][165]。たとえば、日米で八〜九三歳の合計三五〇〇余名を対象に比較した私たちの研究[14]では、性差も国の差もわずかで、時に年齢差が認められたが（加齢につれて第一円の人数がやや減るなど）、両国の結果は非常に類似していたのである。日米ともに挙げられた人数は、三円の合計で七、八名であった。

「自立を好む米国人」という素朴理論からすると意外かもしれないが、第一円には、どの年齢でも家族が挙げられたのである。たとえば、図3-2は四〇〜五九歳の人々がそれぞれの円に誰を多く入れたかを示している。日米でそれぞれの円のメンバーとして選ばれた人々は、割合こそ異なるが種類がまったく同じであることがわかる。

そして、この面接で繰り返し明らかにされたことは、生存や存在を支え、愛情を交換するような重要なサポートのほとんどは、コンボイの第一円に入れられるせいぜい三、四名の人々によって供給されているということである。

●自立を支えるソーシャル・ネットワークの性質

ここまで述べてきて、自立、適応、幸福観を支える人間関係に欠かせない性質は次の五つにまとめられよう。

① 人は、心理的安定を増大させ、確保するために、心理的サポートを供給する複数の重要な他者を持っている。

② 人は、この複数の他者のそれぞれに異なる心理的機能を割り振っていて、「人」と「その人が果たす心理的機能」が結びついたセットの集合体をなす、自分のソーシャル・ネットワークを作っている。

③ 各自のソーシャル・ネットワークの中でも心理的安定に主にかかわるのは、愛情を交換するような情動的サポートを提供している少数の他者である。

④ 各自のソーシャル・ネットワークは本人の成長や状況の変化によって変容する。

⑤ ①〜④の性質を持つソーシャル・ネットワークを、人は、乳児期から高齢期まで生涯にわたって持ち続ける。

人間関係を実証的に検討するためには、これらの五つの性質を可能な限り充たすような人間関係のモデルとその測定法が必要だということになる。

第4章　人間関係をとらえる

人間関係を実証的にとらえるためには、第3章末（五三頁）にまとめた五つの性質を十分に記述できる人間関係のモデルを作り、それにもとづいた測定法を持たなければならない。これまでの人間関係、あるいは、ソーシャル・ネットワークについての内外の研究では、それぞれがこれらの性質の一部を扱ってきたが、まだ十分ではない。私はこの五つの性質を総合的に見なければ、人間関係の真の理解には至らないと考えている。それはどうしてかを、本章からだんだん明らかにしていこう。

まず本章では、私の人間関係のモデルと測定具について述べることにしよう。このモデルでは複数の重要な他者からなる人間関係を、「人」と精神的な安定を支える「心理的機能」がしっかりと結びついたセットの集合体としてとらえること、しかも、それぞれの人をなぜ選ぶのか、それぞれの人にどのような心理的機能を期待するかについては個人差があることをとらえる工夫をしている。これが人間関係をとらえる鍵になると思われるからである。

第3章で述べたルイスのソーシャル・ネットワークのマトリックスもアントヌッチらのコンボイ・モデルも、理論的には「人」と「心理的機能」の結びつきを考えてはいる。しかし、それがセットになっていることをとらえる点が十分ではない。そして、彼らの方法でも個々のデータに注目すれば個人差を示しているが、これらのモデルにはネットワークの個人差に注目するという問題意識がそもそもなかったであろうと思われる。モデルは研究者がなにを問題にしようとして作るかによって変わるので、それは無理からぬことではある。

つまり、ルイスのソーシャル・ネットワーク・モデルは人間関係が〝ネットワーク〟になっていることを示すことに主眼があったし、アントヌッチらのコンボイ・モデルはソーシャル・ネットワークが生活の質を高めるように〝サポート〟するという問題意識に立って提案されたものである。したがって、二つのモデルとも扱っている心理的機能の種類が広範にわたり、全体として人が大きなソーシャル・ネットワークを持つことを示すことに成功している。むろんこれらは、いずれもソーシャル・ネットワークの重要な性質である。それに対して、本章で扱うのは人間の存在にかかわる、より限定された精神的サポートをする人間関係の内容や質の問題である。

1　人間関係の心的枠組み

●人間関係の表象への着目

人は生後一八か月頃には表象能力を持つようになるという証拠がたくさんある。さっき見たばかりの友だちの動作を後で再現したり、特定の玩具を探しまわったり、保育所に送ってきた母親と「バイバイ」と別れられるのも、いずれも頭の中に友だちの動作や玩具や母親やらが表象としてしまわれているからであろうと説明される。表象能力を持つようになると、多くの行動が表象の恩恵や影響を受けるようになる。人間関係も例外ではなく、実際に目にするのはある人の対人的行動であるが、多くの場合、そのような行動を決めているのは、その人が持つ人間関係についての心的枠組み、つまり、誰が、どの程度、どの点で、自分にとって有意味であるかについて、頭の中に構成されている人間関係の表象である。したがって、対人行動を観察したからといって、その人が持つ人間関係の心的枠組みをとらえたことには必ずしもならない。対人行動を理解するには人間関係の心的枠組みそのものをとらえなければならないことになる。

研究者たちはこの心的枠組みをとらえる努力を重ねてきた。第３章で紹介したルイスのソーシャル・ネットワーク・モデルは、子どもの実際の相互交渉の観察を総合して関係のネットワークをとらえようとした。そして、アントヌッチらのコンボイ・モデルは、重要な他者を報告させることで、サポート・ネットワークをとらえようと試みた。両者とも表象という言葉を使ってはいないが心的枠組みを問題にしていることは確かである。その他にも、関係のスキーマ[22][332]、信頼関係[227]、愛着の心的作業モデル[28][34]などとそれぞれに名づけて、人間関係の心的枠組みを問題にしている研究者たちがいる。それぞれの研究者の関心によって扱う人間関係の中身は異なるが、いずれも心的枠組みを問題にすることで、人間関係の真実に迫ろうとしている。たとえば、愛着研究は乳児の愛着行動の観察によって実証的研究を始めたのであるが、愛着の表象をとらえるという考え方を導入することによって、表象能力を持つ幼児期以降の愛着の理解を大きく発展させている[176]。これは興味深い問題であり、第６章で詳しく検討する。

このように、従来の実証的研究や理論的な検討にもとづけば、人間関係はそれぞれの人が構築した表象だと考えることができる。この人間関係について個々人が持つ表象が、日常のそれぞれの相手との実際の相互交渉の仕方を決める心的モデルとして働いていると考えられるのである。そこでこの心的枠組みを具体的にとらえてみよう。

●複数の重要な他者

なぜ複数か　まず、心的枠組みのメンバーについて考えてみよう。個人の人間関係の心的枠組みは、本人にとって重要な複数のメンバーで構成されている。では、なぜ複数なのであろうか。重要な他者が複数であるのは、そもそもは人が社会生活をしているために、同時に複数の人々とつき合い、それぞれの人が自分にとって欠かせないと認識されるからであろう。すべての役割を果たせるような万能な人は現実にはいないであろうから、それぞれの機能を果たす人を選んでいるために複数になる。つまり、それぞれの人に異なる役割を割り振らなければ精神的支えは十分にはならないので、複数の他者が必要になる。しかし、それだけではない。まず、複数の他者を持っているほうが、いざという時により安全なためだと考えられる。ある人が不在の時でも、別の人に補ってもらうという保証が得られる。さらに重要なことは、心理的機能を複数の他者に分配しておくことは、誰かからの影響を必要以上に大きくせずにすむ、あるいは、全面的には特定の誰かに特に左右されずにすむ仕組みである。

第3章で見たように、人は、他者を必要としながらも他方では孤独を好み、自分らしくありたいと熱望する生き物であるからである。社会生活をしながら生きてきたヒトは、このような共同と孤独とのバランスをとる必要から、複数の他者からなる心的枠組みを作る能力を進化させてきたのであろう。

複数の他者間の役割分担　このように、人間関係の心的枠組みは複数の重要な他者で構成されている。そして、複数であるということはメンバー間では役割が分担されていることを意味する。同じ働きをする人は幾人もいらないからである。この枠組みは、それぞれの人の頭の中にある表象なので、それを構成するメンバーは時間や場所を超えて自由に選択される可能性がある。たとえば、いつも近くにいる人だからといって必ずしもメンバーとして選ばれるわけではない。遠くにいても、時には亡くなっていても、さらには、会ったことのない人でもよい。また、信仰の対象が選択されることもある。事実、神が実在する人と同じように愛着の対象として挙げられる場合がある。キリスト教の信仰を持つ人では、特にその傾向があることを示す研究もされている[138]。そして、同じ人やその象徴が永久に選択され続けるという保証もない。本人、そして他者の変化によって、重要な他者は変わり得る。しかし、そのような変動が頻発すれば心的枠組みは安定せず、存在を支えるという本来の役割を果たせなくなる。したがって、人は、重要な他者として、比較的長く関係が変動しない相手を選ぶことになるであろう。そして、そのような他者を決められない時には、真に孤独感が深まるに違いない。

●心理的機能

親しい人間関係の持つ心理的機能には、どのようなものが考えられるであろうか。第3章で述べたように、子どものネットワークを考えたルイスは、人の果たす機能として、保護、養護、世話、遊び、学びなど、子どもが生活していく上で必要なものを挙げている。一方、アントヌッチらは、社会的サポートはポジティブな情動的やりとり（好意、賞賛、敬意、愛情など）、是認、具体的援助によって表現されるとする。

心理的機能を議論する時にもっとも頻繁に引用されるのが、ロバート・ワイスの提案である。彼は配偶者との死別や離婚後の成人の孤独感の研究にもとづいて、精神的安定に寄与する六種のサポートを挙げている[325]。すなわち、①愛着（安心感を得る）、②社会的融合（情報や経験を他者と共有する）、③養護（子どもを育てる、また、他者に必要とされる）、④存在価値の是認（存在価値を認められる）、⑤つながりの確信（特に家族とつながっているという確信を持つ）、⑥心の支え（困難な状況で支え、進むべき方向の示唆を得る）である。このワイスの主張の斬新さは、人が真に孤独感から解放されるのは、他者からサポートを得る（①、④、⑥）だけではなく、他者とつながっていること（②、⑤）、そしてさらには、他者を支えていること（③）の三種を含めている点であると思われる。

私も、人間関係の心理的機能としては、他者からもらう、他者と共有する、そして、他者に与える、の三種を考えるべきであると思う。私たちはいつも他者から援助されるだけではなく、他者と苦楽を分かち合い、時には他者の役に立つことが喜びだと感じるからである。これが人と人との関係の真の

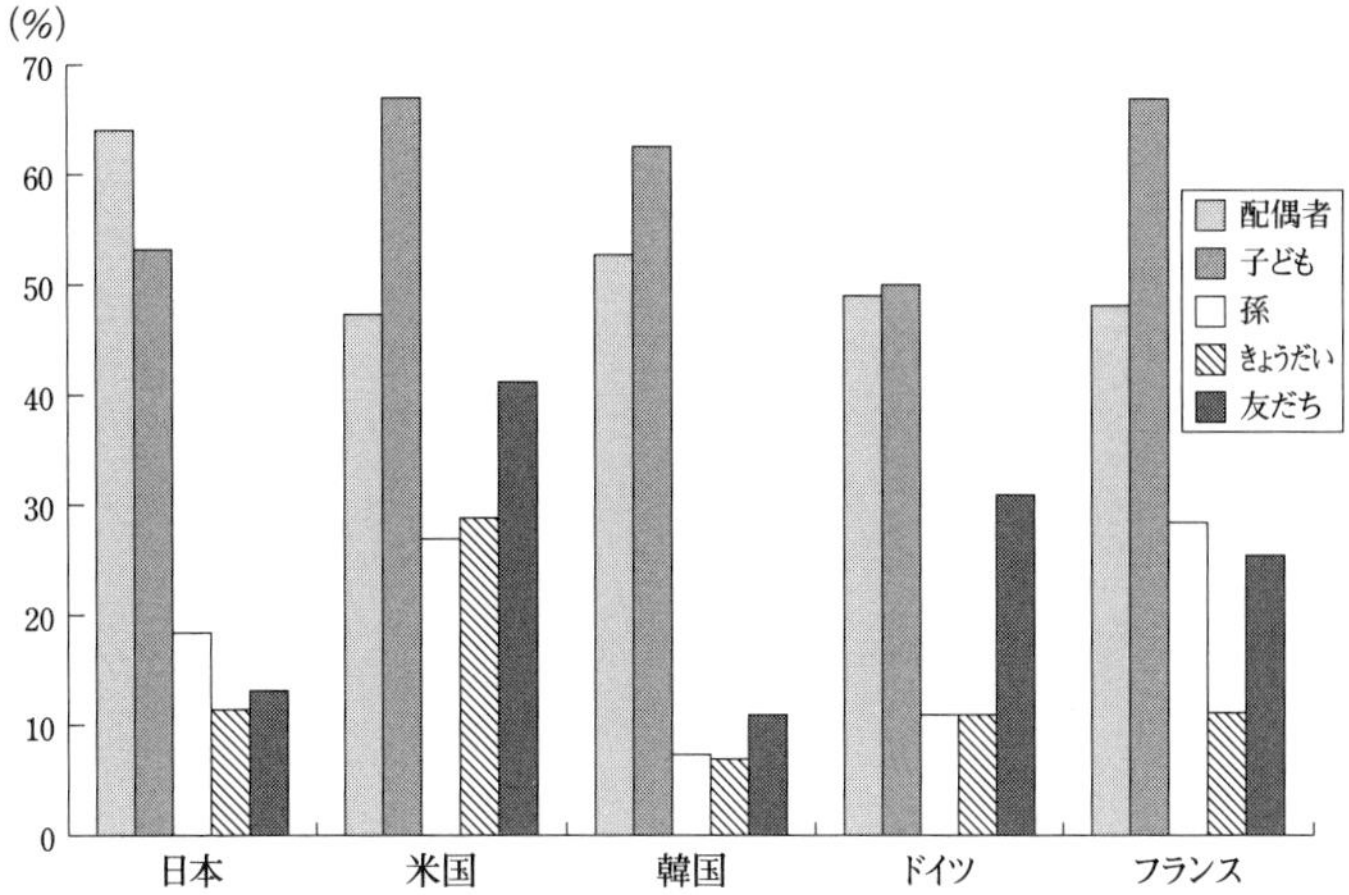

図 4-1　60 歳以上の人たちが「心の支えとなっている人」として挙げた割合（複数回答）(201)

特徴であろう。これらの三種の心理的機能を充たすことが、人にとっては必要であり、これを個々人が自分にとってふさわしい相手に、ふさわしい強さで、割り振っていると考えればよいであろう。

● 人間関係の個人差

親しい人間関係についての面接調査で、「あなたにとって、誰が、どのように大切ですか」とたずねてみると、その回答の多様さに圧倒される。親しい人間関係の心的枠組みの内容は人それぞれである。それにもかかわらず、これまでの人間関係の研究の多くは、調査対象者をグループとしてまとめて一般的な傾向をとらえようとしてきた。たとえば、図４-１は、五か国の六〇歳以上のそれぞれ一〇〇〇名前後の男女に、「心の支えとなっている人」は誰かについてたずねた結果である[201]。この調査では各国の傾向を知り、また、国の差

（日本では配偶者を選ぶ割合が他の国に比べて高い、欧米では友だちを挙げる割合が高いなど）を見ることに関心が集まっている。図4-1に見るように、確かに五か国とも共通して配偶者（あるいはパートナー）と子どもを挙げた人の割合が多いのであるが、注目されるのは孫、きょうだい、友だちのそれぞれについても、心を支えてくれているとした人がいるという事実である。人間関係の理解という視点に立てば、なぜこのような差異が出てくるのか、この人々の人間関係のネットワークにはどのような違いがあるのか、また、心の支えを果たす機能という点で配偶者、子ども、友だちなどには差があるかどうかなどの、個人差を問題にしなければならない。

人間関係は「人」と「心理的機能」のいくつものセットの集合であることを具体的に記述しようとすると、そのためにどのような情報を各個人から集めればよいのか、そして、得られたそれぞれの個人の人間関係についての豊かな情報を、どのようにしたらうまくまとめられるかを工夫しなければならない。これを知るためには、もっとも複雑な状態になっていると予想される、おとなの人間関係をとらえてみるのがよいであろう。まず、それを記述するモデルとその測定具について述べてみよう。

2 人間関係の心的枠組みをとらえる

●愛情のネットワーク・モデル

愛情の関係 人間関係の心的枠組みの表象を記述するモデルとして、私は「愛情の関係」についてのモデルを提案してきた。[268][272][275][278]~[280][292] 私が「愛情の関係」と呼ぶのは、人間関係の中のもっとも中核的な関係で、「重要な他者と情動的な交渉をしたいという要求を充足させる人間関係」と定義しておこう。

愛情の関係とは、人間の生存や安寧にとって不可欠な情動的な関係である。これまで愛着、信頼、愛情、親しい関係、恋愛関係などとして扱われてきた多様な親しい関係を含むが、それだけではない。前述のワイスの提案と同じく、これには〝情動的支えを求める要求〟〝情動や経験を共有したいという要求〟〝他者を養護したいという要求〟の三種類を含めることにする。

愛情のネットワーク　このような愛情の関係の理論的モデルは、第3章にまとめたソーシャル・ネットワークの五つの本質的な性質を、すべて記述するものでなければならない。このモデルを〝愛情のネットワーク〟と呼ぶことにしよう。愛情のネットワークは、五つの性質をすべて持つ人間関係の心的枠組みの愛称である。

● 愛情のネットワークの測定――ＡＲＳ（愛情の関係尺度）

この愛情のネットワークを測定するために私が開発したのが、「ＡＲＳ（Affective Relationships Scale＝愛情の関係尺度）」である。ＡＲＳは中学生から高齢者までに使えるが、子どもと後期高齢者のためには同じ原理にもとづいて、「ＰＡＲＴ（Picture Affective Relationships Test＝絵画愛情の関係テスト）」の幼児、小学生、後期高齢者版を用意してある。ＰＡＲＴについては次の第5章で述べよう。

ARSは自己報告式の質問票であり、回答者が選択すると予想される重要な複数の人々を取り上げて記入してもらい、それぞれの人とその人に割り振られている心理的機能を組み合わせて測るという方法で、人間関係の心的枠組みの表象をとらえようとするものである。

ARSでは、六種の心理的機能を記述した質問項目を用意し、重要な他者について、独立に繰り返し回答を求めるという方法をとる。具体的には、愛情の関係の心理的機能として、a（近接を求める）、b（心の支えを求める）、c（行動や存在の保証を求める）、d（激励や援助を求める）、e（情報や経験を共有する）、f（養護する）、の六種（各二項目）を表す計一二項目からなる。具体的な調査票の一部（母親についての回答の場合）を表4-1に示した。

回答者は、五～八名の重要だと予想されるそれぞれの相手について、一二項目について繰り返し五段階で評定する。評定する相手は、回答者群に応じてあらかじめ用意されている。たとえば、回答者がおとなである場合には、母親、父親、配偶者（あるいはパートナー、恋人）、子どもがいる場合にはそのうちのひとり、もっとも親しいきょうだい、同性のもっとも親しい友だち、尊敬する人などについて評定してもらう。「他にも重要な人がいれば回答してください」として、予備の一二項目を用意してもよい。また、たとえば母親が亡くなっていても、回答したければしてもよいことにする。亡くなった後でも精神的なサポートをする場合が考えられるからである（この問題については第8章で述べる）。回答者には、評定する相手を具体的にひとり思い浮かべて評定してもらう。たとえば、友だち一般というような社会的なカテゴリーについて回答するのではなく、もっとも親しい友だちひと

表4-1　愛情の関係尺度

(「あなたと母親との関係について答えてください」という母親についての質問の場合)

	そう思う	まあそう思う	どちらともいえない	あまりそう思わない	思わない
1. 母親が困っている時には助けてあげたい (f)	5	4	3	2	1
2. 母親と離れると心に穴があいたような気がするだろう (a)	5	4	3	2	1
3. 母親が私の心の支えであってほしい (b)	5	4	3	2	1
4. 悲しい時は母親とともにいたい (b)	5	4	3	2	1
5. つらい時には母親に気持ちをわかってもらいたい (d)	5	4	3	2	1
6. 母親とは互いの悩みを打ちあけ合いたい (e)	5	4	3	2	1
7. 母親が困った時には私に相談してほしい (f)	5	4	3	2	1
8. 自信がわくように母親に「そうだ」といってほしい (c)	5	4	3	2	1
9. できることならいつも母親と一緒にいたい (a)	5	4	3	2	1
10. なにかをする時には母親が励ましてくれるとよい (d)	5	4	3	2	1
11. 母親とは互いの喜びを分かち合いたい (e)	5	4	3	2	1
12. 自信が持てるように母親にそばにいてほしい (c)	5	4	3	2	1

・質問項目の後のアルファベットは，それぞれの心理的機能を示す．

・たとえば父親についての質問の場合には，各質問項目の「母親」の部分を「父親」に入れかえてたずねる．この方法によってそれぞれの相手について回答を求める．

りについて評定する。評定してもらう相手については、回答者がおかれている状況や調査の目的に応じて決めるが、最低四名について答えてもらうようにする。評定する相手が少ないと複数の人々と人間関係を持っているという状態がとらえにくい。また、人間関係が極端に希薄である場合でも、数人について回答してもらわないとそれが判断しにくいからである。

ＡＲＳによって、二種類の愛情関係についての得点を算出することができる。第一は、各相手別の一二項目の合計点であり、これはどの人に対して、どの程度の愛情の要求が向けられているかの測度になる。第二は、各対象の心理的機能別の二項目ずつの合計得点であり、これはそれぞれの相手に、どのような機能を、どのような強度で割り振っているかの測度になる。

● 愛情のネットワークの類型

ＡＲＳによって得られる個々人についての豊かな情報を、どのようにまとめることができるだろうか。いろいろ考えられるであろうが、私は、「個々の事例を詳細に記述する事例研究」と「グループの特徴として全体の傾向を丸める方法」との中間の方法として、愛情の関係を類型化することを提案している。そして、なにによって類型化するかについて、さまざまな統計的処理を含めた検討を繰り返した結果、評定された相手五〜八名のそれぞれの合計点に注目し、その中でもっともＡＲＳ得点が高い人が誰かによって、類型に分けるのがよいという結論に達している。

この対象は、人間関係の枠組みの中で愛情の要求をもっとも強く向けられている中核的な人であり、多くの場合、すべての心理的機能の得点が高いが、中でも人にとってもっとも切実な精神的安定にかかわる機能（前述のａやｂ）の得点が高いことが特徴である。この中核的な人が誰かによって、母親型、同性の友だち型、異性型、配偶者型、子ども型などと識別できる。さらに、他者にほとんど関心を示さない人を特定することもできる。つまり、どの人についてもＡＲＳ得点が極端に低いか、「自分でなんでもできるので他人は必要ではない」「親しくしている人はいない」などといって、回答をしない人である。私はこのような人を「一匹狼型（lone wolf type）」と名づけているが、これまでの研究においては孤独、引っ込み思案、無秩序な愛着であるＤ型（第6章で詳しく述べる）などとして注目されてきた人々に近い特徴を持っていると予想される。

3　愛情のネットワークという人間関係

愛情のネットワークと名づけたモデルと測定具を使った実証的研究を紹介しながら、人間関係の五つの本質的な特徴がどのように確かめられたかを述べてみよう。ここで紹介するのは、私が集めてきたデータだけでなく、大学の教員として出会ったたくさんの学生たちがアイデアをくれたり、実際に研究に参加してくれたりすることによって集められた大量の証拠である。さらに、私の論文や本に興味を持ち、博士論文などの中でデータを集めてくれた、国内外の、特に若い研究者たちからも多くのヒントをもらった。このような大勢の人たちとの共同作業による四〇年以上の成果である。

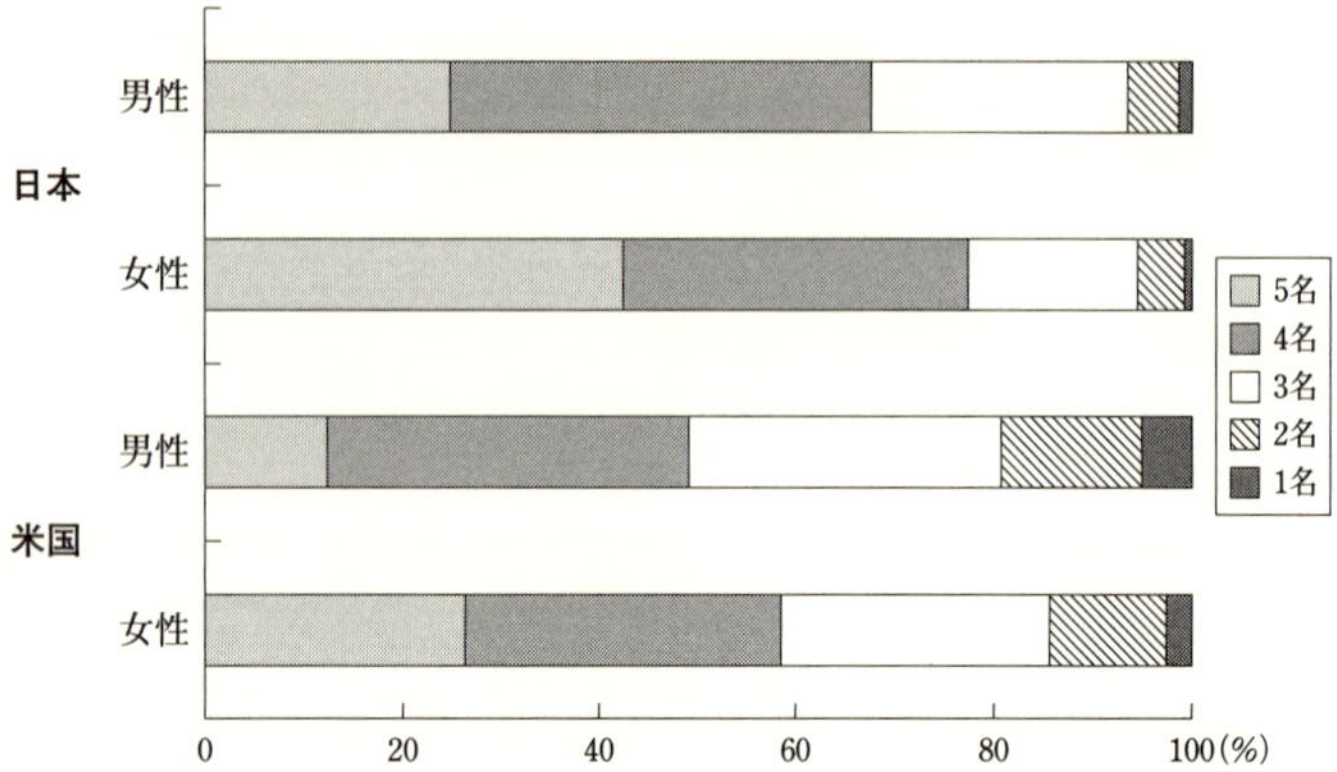

図 4-2　日米のおとな（20〜64 歳）が評定した他者の人数の割合(291)

●複数の重要な他者を同時に持つ

人が複数の重要な他者を同時に持つことは、ARSを用いた調査で繰り返し確かめられた。[291] たとえば、日本の大学生約五〇〇名に四名の予想される重要な人々（母親、父親、もっとも親しい同性の友だち、異性でもっとも好きな人）について回答を求めたところ、そのうちの三名以上の対象について五段階評定の中間点（三点）以上の評定をした者が七六パーセントであった。一方、四名すべてに対する評定値が中間点を下回った者（一匹狼型）はわずかに七パーセントであった。高齢者（平均六九・三歳）一〇〇余名についても同じように確かめたところ、それぞれ六六パーセントと四パーセントであった。ARSは他のアジアの都市（台北、[43] 北京、[102] ソウル）[288] や北米でも使われているが、[291] いずれも同じような結果を得ている。

図4-2は、日米の大都市（横浜市とデトロイト市）とその周辺に住む市民のうち二〇〜六四歳の男女から選んだ、それぞれ一〇〇〇余名が評定した他者の人数の割合を表し

ている。五名について回答を求めたところ、両地域とも四名以上について回答した人が半数から七割以上であり、四名すべてに対する評定値が中間点を下回った人（一匹狼型）は日本人では二パーセントであり、米国人にはひとりもいなかった。このように、ＡＲＳを用いて実際に測定してみると、若者から高齢者に至るまで、東アジアの人々も自立を好む文化とされている米国の人々も共通に、複数の重要な他者に、並行するかたちでかなり強い愛情の要求を向けていることがわかるのである。

●愛情のネットワークの構造

前述のアントヌッチの提案したコンボイ面接法（階層的マッピング調査法）は、本人を中心においた三重の同心円の図版を用いて、本人にとっての重要性の高いものから低いものへという階層構造を想定して回答させようとするものである。[12] これによると、もっとも内側の第一円（本人にもっとも近い円）に入れられるのは精神的な支えの上で重要な機能を多く割り当てられている人々であり、中間や外側の円に位置づけられる人々は、重要さの程度は少ないが必要な機能をそれぞれ果たすとして選ばれるというように、人と心理的機能が互いにかかわっている構造が浮かび上がる。実際にこの方法で面接調査をしてみると、第一円に入れられる人が誰であるかは人によって異なるが、いずれも安全と安寧を保証する重要な心理的機能を充たしていると報告される。しかし、この方法では、第一円に入れられた人のその他の機能、つまり、程度は弱くても第二円、第三円の人々の果たす機能をも持つかもしれないということはとらえられない。このような人間関係の枠組みの複雑な性質をもっと明確

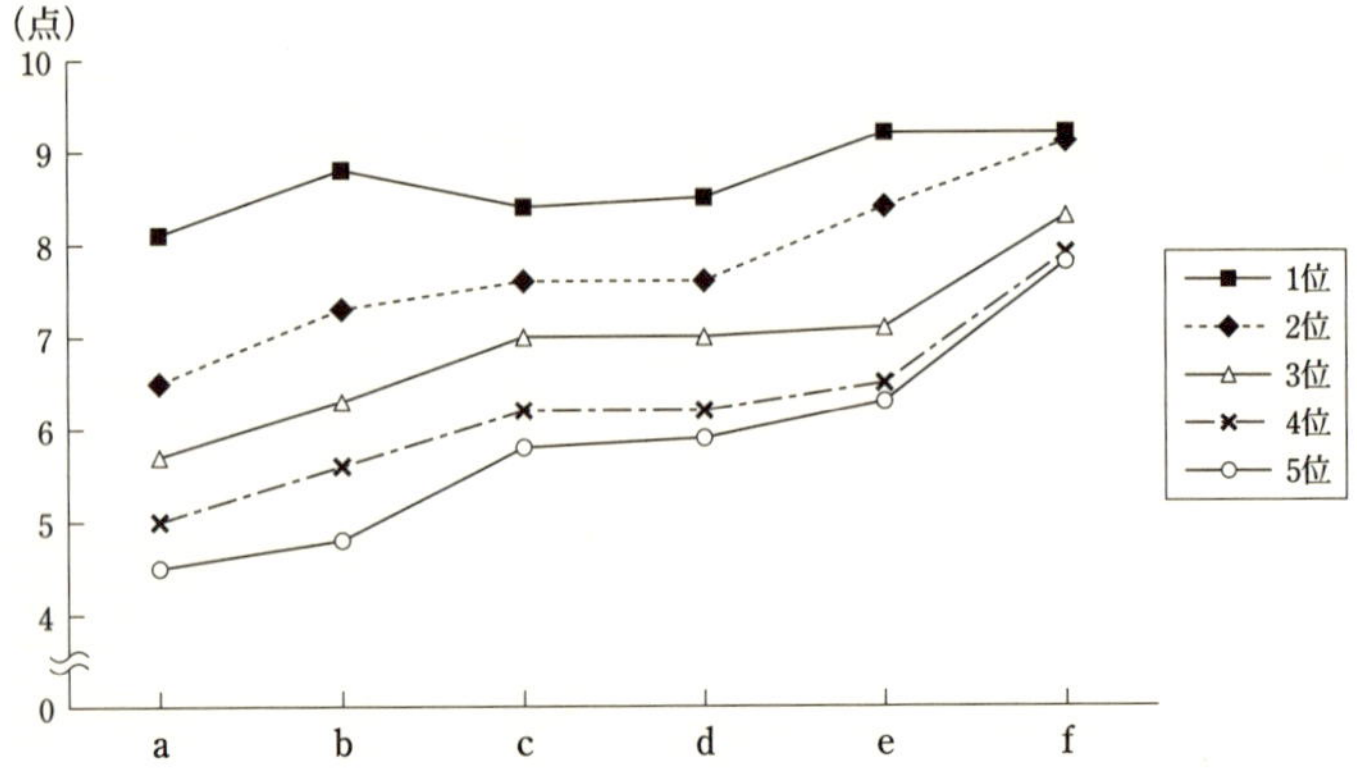

図 4-3　ARS 得点の順位と心理的機能（a〜f）の関連[292]

にとらえようというのがＡＲＳである。

ＡＲＳを用いて複数の重要な他者について青年から高齢者までの測定を繰り返してデータを分析してみると、三つのことが明らかになった。

第一に、ＡＲＳ得点の順位が一位の他者は、それが母親であれ、同性の友だちであれ、異性でもっとも好きな人であれ、人の存在そのものを支える心理的機能ａ（近接を求める機能）とｂ（心の支えを求める機能）を相対的に強く充たしていることであった。たとえば、約三〇〇名の女子大学生が評定した五名を、全体の傾向を見るために合計得点の順位で分けて、心理的機能別の平均値を示したのが図4-3である。[292] これはやや乱暴な整理の仕方であるが、たしかにＡＲＳ得点の一位と二位との間には、心理的機能ａとｂの得点について統計的に有意な差が見られた。ＡＲＳ得点が一位の者はどの心理的機能の得点も高いことが当然予想されるとはいえ、ａとｂのような存在を支える機能の得点がとりわけ高いということは、愛情のネットワークでの中核であると見なせるであろう。

第二には、それぞれの他者は心理的機能のうちのひとつだけを果たすということではなく、それぞれの機能を異なる程度で果たしていることがわかる。それは図4-3に明らかである。グラフを心理的機能別に縦に見ると、その機能では誰が重視されているかがわかる。たとえば、心理的機能aやbでは、一位の対象が抜きんでて重要であるが、e（情報や経験を共有する）では、一、二位の対象がともに重視され、f（他者を養護する）では下位の対象も重視されているというわけである。また、グラフを横に眺めれば、それぞれの他者が充たす機能の程度がわかるであろう。図4-4は、大学生男女約二五〇名から、母親が一位である母親型五二名、異性で好きな人が一位である異性型一九六名を選んで、母親と異性で好きな人それぞれの心理的機能aとbの合計得点を示したものである[292]。図4-4で明らかなように、その合計得点は、二つの型で異なる。すなわち、母親型では異性型より母親の、異性型では母親型より異性で好きな人の合計得点がそれぞれ高いのである。

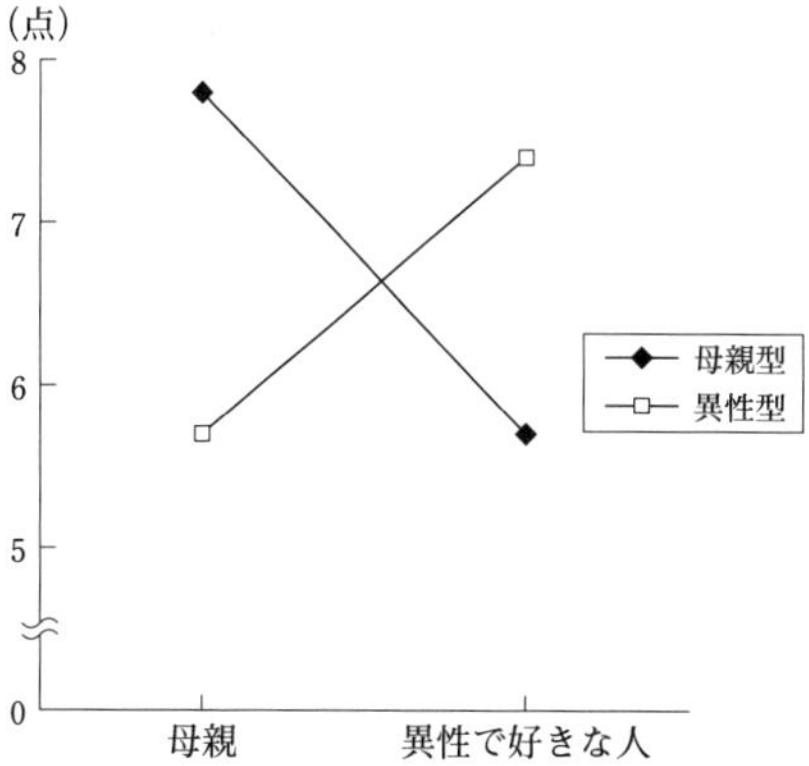

図4-4　母親型と異性型における母親と異性で好きな人に向けられた心理的機能aとbの合計得点（292）

第三は、ARS得点の関連を見ると、家族のメンバー間の関連、非家族のメンバー間の関連が高く、家族群と非家族群というまとまりが見られることである。たとえば、約三〇〇名の女子大学生の場合には、両親間（相関係数は〇・七一）、また同性の友だちと異性の好きな人の間（相関係数は〇・五四）の関連が高いのに対し、母親と同性の友だちの間（相関係数は〇・三二）、母親と異性の好きな人の間（相関係数は〇・二七）の関連は低かった。(292) したがって、少なくとも大学生では母親が一位にくれば家族が優勢な人間関係の枠組みを持つことが多く、異性の好きな人が一位にくれば非家族型になる可能性が高いということになる。

このように、ＡＲＳが記述する愛情のネットワークは、「人」と「心理的機能」を果たす程度と種類とが互いに関連した入り組んだ構造になり、しかも、重要な他者の中で心理的機能ａとｂを中心に果たす中核的な人が誰かによって類型化できるのである。型によってメンバーや心理的機能の分配の仕方などの内容は異なるが、構造的性質は類似しているのである。

これが親しい人間関係の実態に近いであろうと私は考えている。繰り返し注意をうながしたいのは、ここでは、ＡＲＳ得点の順位によって他者の心理的意味を考えているということである。つまり、誰を重要な他者と見なすかは、人それぞれに異なるのである。このように考えると、これまでの多くの研究者がしてきたように、人間関係を母親、友だちなどというカテゴリー別に取り上げて、それぞれの心理的な意味を一様に論じるのは必ずしも的確とはいえないことになる。なぜなら、それぞれの人が評価する相手に自分にとっての意味を割り振っているのであって、母親や友だちが誰にとっても同じ働きをしているわけではないからである。

●愛情のネットワークの個人差

ＡＲＳ得点がトップの人が誰かによって愛情のネットワークを類型化してしまうのは、あまりにも大胆過ぎるのではないかと思われるかもしれない。そこで、このようにして特定した愛情のネットワークの類型ごとに、真に異なる対人的行動が見られるのかどうかを確かめた研究を紹介しよう。

この類型化によって社会的文脈での個人の行動が予測できるかどうか、類型による行動の差異を検討したデータを集めてきた。すなわち、愛情のネットワークの類型間では、新しい対象との出会い、新しい環境への適応、個人史の語り、心理的適応などにおいて、差異が見られるかを調べたのである。本章ではＡＲＳが使える中学生から高齢者までを対象にした証拠を紹介してみよう。

新しい状況への移行　人間関係の心的枠組みが対人的行動を決めていることを確かめるには、人間関係のうちの中核的な関係の変化を余儀なくされるような、重大なライフ・イベントの前後を見るのがよい方法であろう。個人がすでに持っていた心的枠組み、愛情のネットワークが、その移行期にどのように働くか、類型によって移行期の行動が異なるかを調べるのである。たとえば、大学入学後に寮生活を始めた女子大学生六〇余名を入学後二六週間にわたって追跡してみたところ、大学入学直後（一週目）の測定によって特定された既存の愛情のネットワークの類型によって、寮生活と大学生活への適応の過程が異なることがわかったのである(177)(289)。

入学後の生活を追跡比較されたのは、友だち型（同性の友だち型と異性型）二三名と家族型（母親

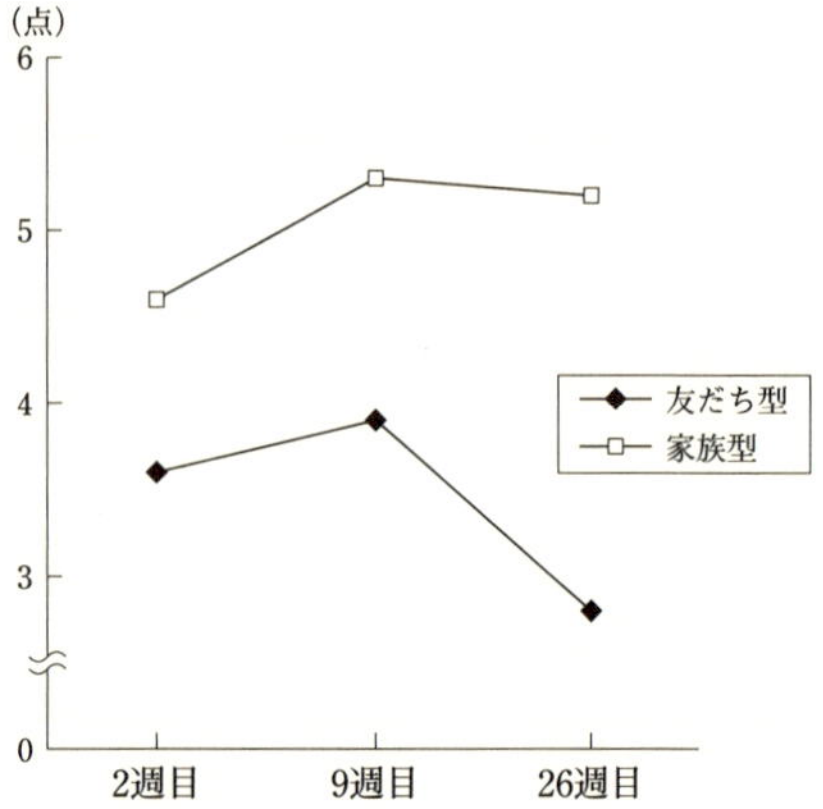

図 4-5　大学入学 2, 9, 26 週での不適応得点の推移——家族型と友だち型の比較 (289)

型と両親型）一四名の四年制の女子大学の新入生である。彼らは入学後二週目、九週目（授業もクラブやサークル活動にも慣れた頃）、二六週目（夏季休暇後に大学生活が再開した時期）に、質問紙調査と面接調査によって、同世代の仲間との交渉について（大学、寮での新しい友だちとの交渉の回数や理由、昔の友だちとの接触の回数や理由、サークル・クラブ活動への参加の有無など）、家族との接触について（いつ、どの程度頻繁に、親に連絡をとったり、相談したりしているかなど）の報告を求められた。さらに、身体的な状態や寮・大学生活での適応状態について詳しくたずねられた。図4-5は、二つの型の新入生が新しい環境でのさまざまな困難について報告した不適応得点を示しているが、二週目にも九週目にも困難を感じていることがわかる。家庭から大学寮への移行、そして、大学生活への適応は、一八、九歳の若者にとっては試練といえるであろう。図4-5に見るように、家族型の学生がより多くの困難を報告している。しかも、友だち型の学生では二六週には不適応得点が減少しているのに対して、家族型では相変わらず高いことが注目される。家族型の学生は入学当初から、そして、半年たっても「寮生活になじめない」「これからも寮でうまくやっていけるか不安だ」とし、「体調の悪さ」「体重の減少」「孤独感」を報告した。これに対して、友だち型では「寮生活は自分に合っている」「寮生活は楽しい」「親の干渉から逃れられてよい」と報告したのである。

注目されたのは、愛情のネットワークの中核である人（友だち型では友だち、家族型では家族、特に母親）が、新しい状況への適応において、当人をサポートする心理的資源として使われている様子が確かめられたことである。すなわち、友だち型では、寮や大学での問題を解決する際に、友だちが相談に乗ってくれ、自分を支えてくれたと報告した。一方、家族型では、問題が起こるたびに、母親に電話をしていた。家族型でも二六週では同じ大学の学生と行動をともにすることも多くなっているが、「もめるといやなので、友だちとは差しさわりのない話題」を選んでいるとし、「友だちより親が頼りになる」と述べている。このように、この移行期にはそれぞれの既存の心的枠組みにもとづく対人的行動がなされていることがわかったのである。

すなわち、入学時に持っていた愛情のネットワークがそれぞれに新しい環境で働いたということである。そして、寮生活、大学生活という、同世代の仲間との交渉が主となる生活への移行においては、家族型の愛情のネットワークはあまり有効ではないと理解された。この結果は、リチャード・ラーナーらのいう「適合性モデル[164]（the goodness-of-fit model）」によって説明できるであろう。このモデルによれば、同世代の仲間との関係が優勢な友だち型のネットワークは、大学に入り寮に住むという状況に、より〝適合〟していたが、家族との関係が優勢な家族型のネットワークは、この状況には〝不適合〟であったと考えるのがよいと思われる。愛情のネットワークとそれを使う状況との適合性を問題にするのがよいというわけである。家族型の枠組みにより適合する状況、たとえば、家庭や世代の異なる人々との交渉が必要な状況では、家族型の方がうまく振る舞えると予想される。この適合性モデルの妥当性については、実験しやすい幼児で確かめたので、次の第5章で紹介しよう。

個人史の語り　現在の愛情のネットワークは、現在の対人的交渉を解釈したり、過去の人間関係上の体験を想起したり、将来の生活を予測したりする時の枠組みとして働くことが予想される。これを確かめるために、現在の愛情のネットワークの類型によって、語られる個人史の内容がいかに異なるかを分析することにした。大学生や高齢者の個人史の研究により、愛情の関係の心的枠組みが過去の人間関係の記憶を検索したり、符号化したりする際にいかに働くかを検討したのである。つまり、個人の愛情のネットワークが、過去の人間関係の体験の解釈に影響を及ぼし、枠組みに一致するように個人史を構成するであろうという仮説を検証したのである。そして、結果はいずれもこの仮説を支持するものであった。

たとえば、女子大学生約一〇〇名に、幼児期から現在までの個人史を書いてもらって分析した。個人史は、幼児期から現在までの人間関係と社会生活についての内容のリスト（一一三項目からなる）を渡して、それを見ながら最低二時間かけて書くようにと頼んだものである。その中から、ARSによる測定を少なくとも二回受けて、一貫して家族型（母親型、両親型、母親と兄型、一〇名）あるいは友だち型（同性の友だち型と異性型、五名）に分類された二群の個人史の内容を詳しく分析した。分析した個人史は、平均約七〇〇〇字（文字数のレンジは四二〇〇〜一万字）で構成されていた。これを分析した結果、個人史は、現在の愛情のネットワークの中核である人との経験を中心に綴られていることがわかったのである。すなわち、家族型では、幼児期から一貫して母親や家族との友好的な相互交渉を主に記述していた。生活が家族を中心に営まれていたという記憶を選んで取り出していることが特徴的であった。たとえば、幼児期には「お母さん子」と言われていたし、小学校から現在までずっと家族の影響を強く受けていると書いていた。幼稚園や学校にずっと馴染めず、どの時期にも友だちができにくかったし、友だちについては「よく覚えていない」と報告したのである。これに対して、友だち型では、幼児期から一貫して男女を問わず同年代の仲間との相互交渉を中心に個人史を記述した。幼児期でも母親とよりも仲間と楽しく過ごしていたと報告し、幼稚園生活での楽しいシーンの鮮明な記憶があり、小学校を初め、どの学校でもすぐに馴染んだと書いていたのである。(269)(274)

同じ傾向は高齢者でも確かめられた。一三〇余名の六五歳以上の男女に、個人面接によって自分の生活の歴史を語ってもらって、愛情のネットワークの類型別に整理してみた。まず、誕生から順次時間軸に沿ってライフ・イベントを確認してもらった。入学、卒業、就職、結婚、子どもの誕生、両親との死別などが、何歳の時に起こったかを面接者と一緒に思い起こしてもらうことから始めて、その後、「あなたのこれまでの生活の歴史を話してください」と自由に語ってもらったものである。この語りは、長い人では二時間に及ぶこともあったが、多くは三〇〜四〇分を要した。これを本人に許可を得て録音し、すべて文字化して分析してみると、現在についても過去についても、現時点で中核としている人との関係をもっとも詳細に、しかも多くは好意的に語っていることがわかったのであった。

すなわち、現時点で配偶者型（四六名）、子ども型（一七名）、友だち型（同性の友だち型と異性型、二七名）であるとされた高齢者が、現在と過去において配偶者、子ども、友だちとの関係や出来事について言及したか、言及した場合にはそれが好意的な内容であったか、否定的であったかを検討した。その結果、それぞれが中核とする人について、すなわち、配偶者型は配偶者を、子ども型では子どもを、友だち型では友だちをもっとも好意的に報告したことがわかったのである[285]。

このような個人史で報告される事柄が、事実であったかどうかは知る由もない。しかし、個人史を報告してほしいといわれると、人々は現在の愛情のネットワークの枠組みを使って記憶を掘り起こす。その結果、中核的な人との関係にスポットライトをあてるようにして、現在の経験はもとより過去の経験をも取り出して、現在の枠組みに一致するように自分の歴史を構成することがわかるのである。この結果は、個人史は過去の事実についての現在の視点からの解釈、あるいは意味づけであるという指摘や、今楽しいムードの人は過去の楽しい体験を、憂うつなムードの人は不幸な体験をより多く想起するという「気分一致効果」からすれば、理解できるであろう[60][215][249]。

さらに興味深いことは、将来の予想されるライフ・イベント（仕事での昇進、失業、結婚、出産、病気など）への対処の仕方を大学生に聞いた研究では、家族（母親型と両親型）ではほとんどが両親と相談して対処するだろうとしたのに対して、友だち型（同性の友だち型と異性型）では家族よりも同性の友だちや恋人、将来の配偶者を頼みにするであろうと報告した。そしてこの傾向は男性においてより顕著であった[146]。つまり、現在持っている愛情のネットワークが将来の親しい人間関係を調整していることが注目されるのである。

心理的適応　愛情のネットワークの類型によって心理的適応に差があるのであろうか。これまで述べてきたように、愛情のネットワークの理論では、それぞれの人が自分にとって適切な他者を自発的に選び、それぞれにふさわしい心理的役割を配分していると考えている。したがって、誰が中核であろうとも、それぞれの人は自身の精神的な支えとなる人間関係の枠組みを持っていることになるので、類型間には適応に差異がないと予想される。もし問題があるとすれば、それは人との関係を積極的には持たない一匹狼型であろうと考えられる。そこで実際に調べてみたところ、大学生から成人、そして高齢者まで、いずれもこの仮説が支持されたのである。[118][293]

たとえば、六五歳以上の高齢者一五〇名から選んだ配偶者型（五六名）、子ども型（一三名）、友だち型（二七名）、一匹狼型（二一名）の人々を、自尊感情、生活満足感、うつ傾向の三つの心理適応に関する尺度で測定して比較したところ、一匹狼型だけが他に比べて適応の状態が低いことがわかったのである。[293] それぞれの人が自分にふさわしい人々を選んで人間関係の表象的な枠組みを作っており、その中核が誰であっても、適応に問題はない。ただし、ソーシャル・ネットワークに含まれるメンバーが極端に少ない場合、特に、存在を支える中核的な人を欠く場合には、心理的な安定や安心感を欠くことが多いという点は、前述のように他の研究者のデータとも一致しているものである。[15][152][160]

●愛情のネットワークの安定性と変化

人間関係の枠組みは変化することが十分に予想される。今よりももっと自分に適した人と出会ったり、自分の成長、加齢や生活の変化が既存の他者の再評価をうながしたりすることもあるであろう。また、相手がなにかの理由で去って行くこともあるであろうし、死別によって大事な人を失うこともあろう。愛情のネットワークに変化をもたらすさまざまな理由が考えられる。これらの理由によって、枠組みの中のメンバーの交代や心理的機能の配分の変化が起こり得る。したがって、生涯にわたって個人の人間関係の枠組みが変化を続けることは明らかである。しかし前述のように、既存の愛情のネットワークが新たな出会いやその経験の仕方を決めること、また、強弱の違いはあってもそれぞれのメンバーがいくつかの心理的役割を果たすようになっているために、あるメンバーを喪失すると他のメンバーがその役割を代わって充たすことによって、枠組みの持続性が確保されていると考えられる。人の精神的な安定を支えるための枠組みがめまぐるしく変化するようであれば、安心感が危うくなるからである。

縦断研究による検討　この愛情のネットワークの安定性と変化を検討するには縦断研究が適している。大学生約七〇名の愛情のネットワークの類型を七か月の間隔をあけて二回測定したところ、一貫して同じ類型（家族型か非家族型）に分類された者は八〇パーセントに上った。残りの二〇パーセントのうちの一五パーセントの学生は、特に中核となる他者への愛情の関係の要求が減少した原因（デートをしたり、電話や手紙で接触したりしたことによって一時的に充足されたこと、あるいは、気持ちの衝突があったこと）や増加した原因（病気などの特別な理由で会えなくなったこと、理解を深めるための話し合いをしたり、愛情を確かめ合ったりしたこと）を思いあたるとして報告した。要求の増減の原因がわからないとしたのは残りの五パーセントの学生だけであった[269][274]。同じような傾向は別の大学生のグループでも確かめられた[275]。

さらに、定住率が高い九州地方のある島で中年期の男女三八名の人間関係を二年間追跡した研究では、家族型から非家族型に変化した者は二名、非家族型から家族型へ移行した者は一名であった。また、それぞれの他者への愛情の関係要求の強さが変化した理由としては、親の死、子どもが島を離れたこと、社会的活動に参加し仲間ができたこと、自分の年齢を意識したことなどが報告された[90]。また、中年期の癌患者の男女二三名の手術前、手術後二週目、退院時、退院一か月後のサポート・ネットワークを縦断的に追跡した調査によると、発病と治療の過程で、それぞれ親しい人の自分にとっての意味のとらえ直しをしたことを報告している。癌患者の多くは、中核的な人が危機的な状況において重要な支えとなったことを改めて実感するとともに、それ以外の対象を再評価し、それに応じてそれぞれの他者の位置づけを変化させていた。しかし、それは中核であった人を入れ替えるというような変動ではなかった[76]。

このように、数か月から二年くらいの間隔で見ると、大きな環境の変化や相手の存在価値を再考するような事柄や気持ちの大きな変化が起きない限り、愛情のネットワークの型は安定しているといえるであろう。

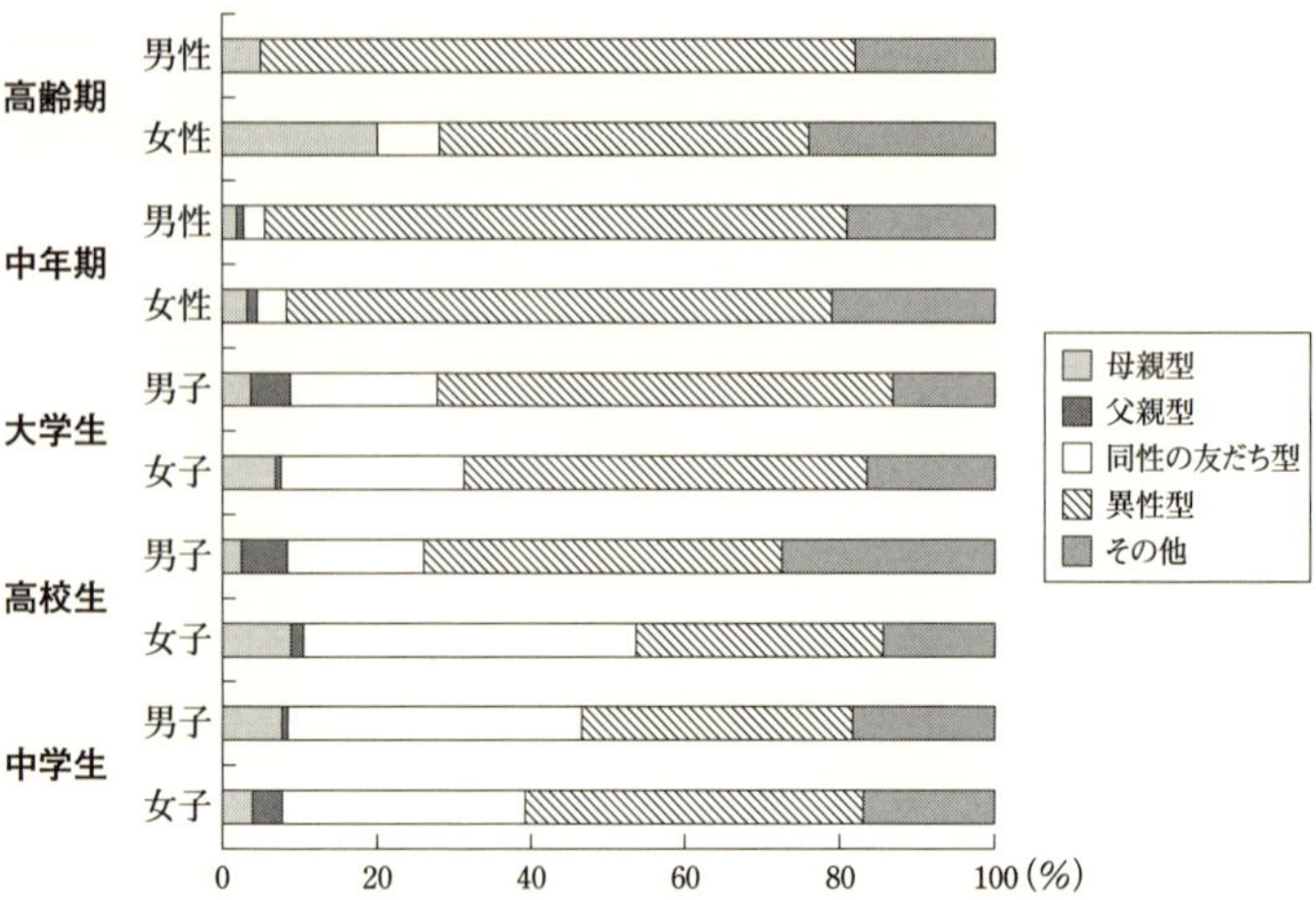

図4-6　世代による愛情のネットワークの各類型の出現率

各類型の出現率　ＡＲＳによる中学生から高齢期までの男女の愛情のネットワークの類型の出現率を横断的なデータで見ると、類型の分布が世代によって異なることがわかった。

図4-6に見るように、中学（二年）生の男女、高校（二年）生の女子では同性の友だち型が多く見られるのに対して、高校（二年）生の男子、大学生の男女では異性で好きな人型が多く、中年期（三六～五五歳の既婚者）の男女では配偶者型（異性型）が多い。また、愛情のネットワーク型の出現率には性差があり、母親型の比率は青年期以後ではごくわずかになるものの、中学生を除いて女性にやや多く見られる。高齢期（六五歳以上）に再び母親型が多く見られることがわかる。この母親のほとんどは亡き人である。図中の「その他」に分類されたのはいずれの世代でも二〇パーセント前後で、どの対象に対しても得点が高く誰が中核になっているかがわか

らない多焦点型と、誰に対しても得点が低い一匹狼型である。一匹狼型はどの年齢群でも三〜一〇パーセント程度出現している。このように、それぞれの世代においてある類型の比率が相対的に高いというような定型的な傾向は見られるものの、強調しておきたいのは、どの世代にもすべての類型が見られ、個々人が愛情のネットワークの枠組みを自分なりに作っていることである。

このように、愛情のネットワークのモデルとそれにもとづく測定法を考案することによって、仮説として考えられていたおとなの親しい人間関係の五つの性質をとらえることができたのである。

第5章　子どもの人間関係

おとなの人間関係の理解のために作った愛情のネットワーク・モデルは、子どもにもあてはまるであろうか。第4章で確かめた親しい人間関係の五つの本質的な性質は、子どもにもあてはまるかどうかを検討してみよう。これによって、ここまで述べてきた人間関係の特徴が、生涯にわたってあてはまることを明らかにすることになる。

1　子どもの人間関係の心的枠組み

●愛情のネットワークの測定――PART（絵画愛情の関係テスト）

第4章で述べた「ARS（愛情の関係尺度）」は、中学生から高齢者までを対象に開発した質問票形式の測度であった。このような質問票を記入することが難しい幼児、小学生、そして、後期高齢者が使えるようにと開発した測定具が「PART（絵画愛情の関係テスト）」である。これには、幼児版（PART―YC）、小学生版（PART―SC）、そして、後期高齢者版（PART―EL）があり、それぞれに女性版と男性版の二セットがある。また、小学生には教室で一斉に子ども自身が記入する集団式PARTも用意してある[271][278]。

PARTとARSはともに、同じ愛情のネットワーク・モデルにもとづいている。すなわち、愛情の要求が、①どのような人たちに向けられているか、②それぞれの人では六つの心理的機能のどれが重要か、③要求の強さはどの程度か、の三要因によって、人間関係の心的枠組みをとらえるものである。

PARTでは、ARSが文章で表している六つの心理的機能——a（近接を求める）、b（心の支えを求める）、c（行動や存在の保証を求める）、d（激励や援助を求める）、e（情報や経験を共有する）、f（養護する）——を子どもの日常生活で見られる具体的な場面を想定し、それを絵で表現したものである。一セットは、六つの心理的機能をそれぞれ三場面で表した合計一八枚の図版で構成されている。ただし、幼児版では心理的機能のうちのfは幼いために現実味がないであろうという理由で除き、合計一五枚の図版で構成されている。図版の例を図5-1に示した。図版を一枚ずつ子どもに見せて、定められた教示にしたがって聞いていく。初めに「○○ちゃんの周りにはいろいろな人がいますね」といって家族構成、親戚の人たち、幼稚園や保育所の友だち、先生などにふれながら、「そういう人たちのことを思い出しながら答えてください」と導入する。「これから絵を見せます。絵の中の子どもは○○ちゃん（自分）だと思ってください。それぞれの場面の点線の部分に、もっとも来てほしい人は誰かを答えてください」といってから、図版を一枚ずつ見せながらたずねていく。友だちやきょうだいというような一般名詞、あるいは、固有名詞で答えた時には、それが誰であるかを聞

図5-1　PART図版（幼児用）の例

きながら進める。

たとえば、図5-1のAの場合には「○○ちゃんが病気で熱が高く出た時、誰にいちばん一緒にいてもらいたいですか」（女児用）、Bでは「○○ちゃんにとても悲しいことがあった時、誰にいちばんそばにいてほしいですか」（男児用）、Cでは「○○ちゃんは誰と一緒にいる時に、いちばん安心な気持ちがしますか」（男児用）、Dでは「○○ちゃんにとてもうれしいことがあった時、誰にいちばん知らせたいですか」（女児用）という具合に、それぞれの図版の教示にしたがって進める。いずれも図版の点線部分に「いちばん誰にいてほしいか」をたずねる。なお、三歳六か月前後から子ども自身に回答を求めることが可能である。これよりも幼い乳幼児については、幼児版の図版を使って子どもをよく知る養育者から情報を得るようにしている。

ＰＡＲＴでは心理的機能を果たす人は誰かを聞くという方法をとっていて、この点がそれぞれの他者の心理的機能について回答を求めるＡＲＳとは異なっている。これは子どもの認知発達からいって答えやすさを考えてのことであり、この点ではＰＡＲＴで得られる情報はＡＲＳよりも少ない。ただし、「人」と「心理的機能」とを結びつけてたずねるという考え方は、ＡＲＳと同じである。一八枚（幼児用では一五枚）の図版をとおして、ある人が何度挙げられたかに注目すれば、それぞれの他者に対する愛情の関係要求の強度を知ることができる。さらに、どの心理的機能で誰が挙げられているかを見れば、愛情のネットワークにおけるそれぞれの人の意味づけがわかる。また、誰が相対的に優勢であるかによって類型を知ることもできる。類型化するには、まず、ＰＡＲＴの図版の半数以上で「自分」「ひとりで」「誰でもよい」「わからない」などと答えた者を「一匹狼型」として分ける。次に残りの者について、全体の図版をとおしてもっとも多く選ばれた対象を中核的と見なして、その対象の型とする。たとえば、母親をもっとも多く選んだ者を「母親型」とする。ただし、もっとも多い対象のカードが四枚以下の場合、および五枚以上であっても対象が同数で二人以上の場合は、どの対象が中核であるかを決めるのが難しいとして「多焦点型」とする、などの基準を使っている。

● ＰＡＲＴへの子どもの回答の確かさ

幼児のＰＡＲＴへの回答は確かなものであろうか。それを検討するために、二三〇名の五、六歳児に、二週間おいてPARTを二回実施した。その結果、まず、それぞれの人が挙げられた回数の関連はいずれも高く（相関係数はどの対象についても〇・六以上）、さらに、もっとも多く選ばれた対象が誰かによって類型化してみたところ、二週間後に同じ型に分類された子どもが六五パーセントであった。これを家族型群か非家族型群かで分類すると、八六パーセントが同じグループに分類された[277]。これは大学生に比べても遜色ないもので、幼児の回答が信頼できることを示している。さらに、小学五年生四二名で確かめたところ、二週間後にも同じ対象が選ばれる頻度の関連は有意に高く（相関係数の平均は〇・七）、類型が一致した小学生は七二パーセントであった[119]。このように、再検査してみると、子どもの報告はかなり安定しているといえる。しかし、より慎重に類型を特定したいと考える時には、二週間程度の間隔をおいて測定を繰り返してみることを勧めたい。

2　子どもの愛情のネットワークの性質

PARTが実証的にとらえた子どもの人間関係が、先述の五つの性質を持つことを述べてみよう。

●複数の重要な他者を持つ

図5-2は、三歳半から八歳までの男女児が、PARTのそれぞれの図版で何名の異なる人を挙げたかを示している。これは約八〇名の子どもを毎年追跡した縦断研究のデータである。三歳半でも三

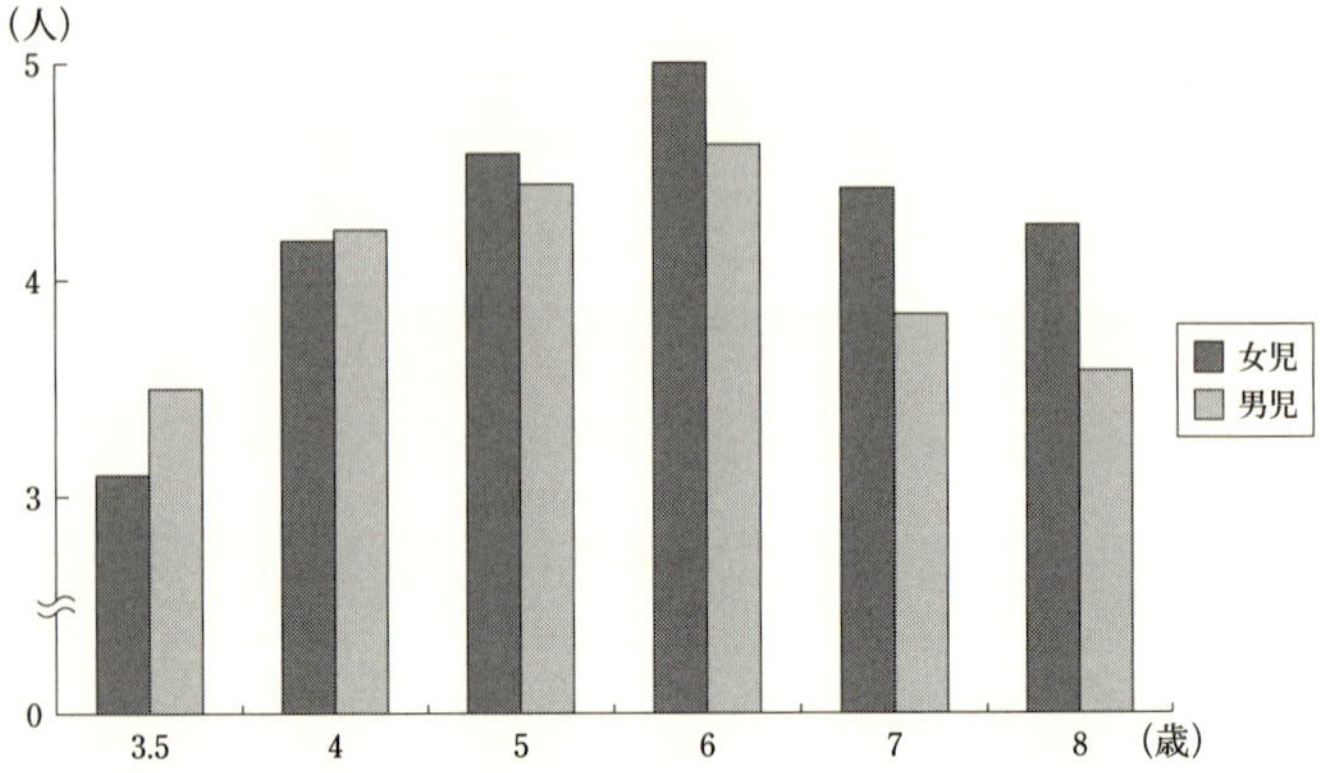

図 5-2　3.5〜8 歳時の PART で挙げられた人数 [286]

名以上の重要な他者を挙げていることがわかる。挙げられた人の数には一〜九名の幅があった。そして、年齢とともに挙げられる人の数は増えるものの、平均すればせいぜい五名くらいで、小学校に入るとやや減っていることがわかる[286]。実際、小学五、六年生の集団式ＰＡＲＴのデータを見ると、一〜六名が挙げられ、平均すると三・三名であった。集団式ＰＡＲＴによると個別面接法のＰＡＲＴに比べて人数が少なくなるのは、集団式ではあらかじめ選択肢を設けているためである。いずれにしろ、重要な他者は限られた人数であっても複数であることは一貫して見られる事実である。

では、さらに年少の場合はどうであろうか。二歳児二九名の母親にたずねた結果でも、母親だけが子どもにとって重要だと報告されたのは二名であった。カードによっては父親、祖母、きょうだい、いとこなどが、母親よりも好まれていると挙げられたのである。遅くとも二歳頃には重要な他者は複数になっていることがわかる。

●愛情のネットワークの構造

子どもは同時に複数の重要な他者を持つようだ。そうであるのなら、子どもでも重要な他者のそれぞれの自分にとっての意味、すなわち心理的機能を、識別しているはずである。

グループにして全体の傾向を見れば、母親が指名される割合が誰よりも高いのであるが、これを心理的機能に分けてみると様子が違ってくる。図5-3は縦断的なデータで、母親、父親、きょうだい、友だちが、心理的機能a〜eの五つでどのような割合で挙げられたかを示している。三歳半から八歳

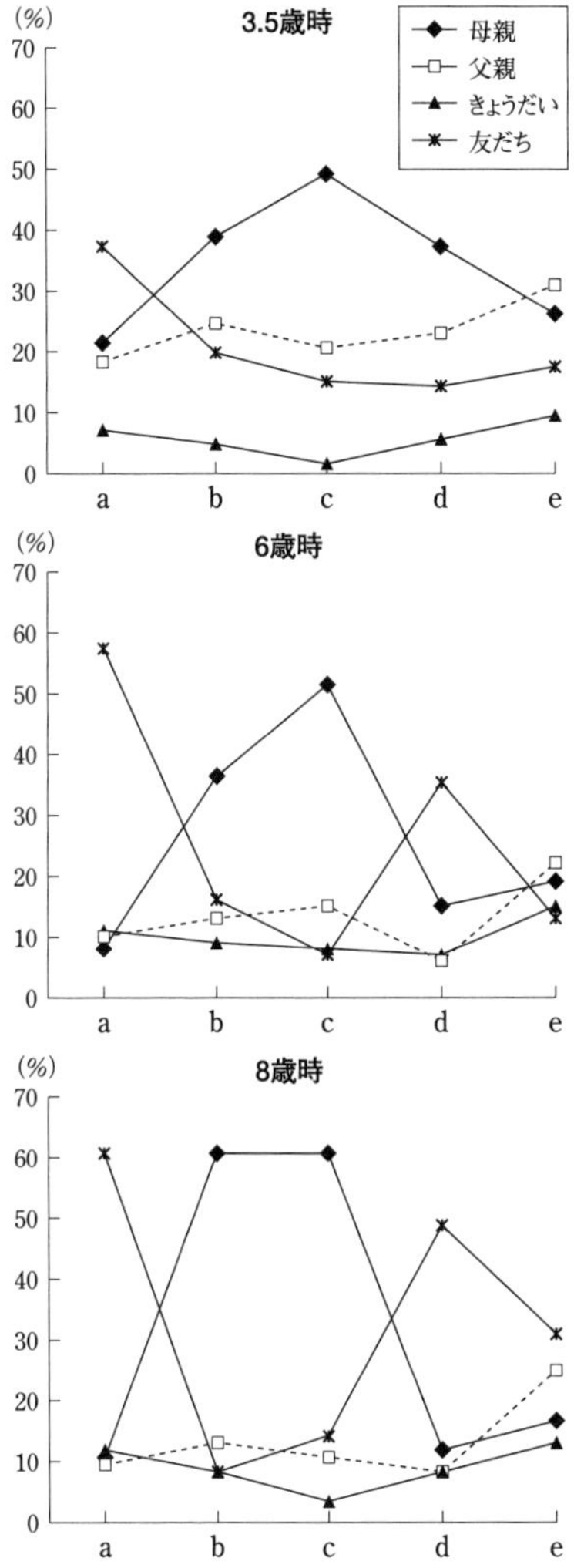

図5-3　3.5, 6, 8歳時の女児の心理的機能(a〜e)別に選択された重要な他者の割合(286)

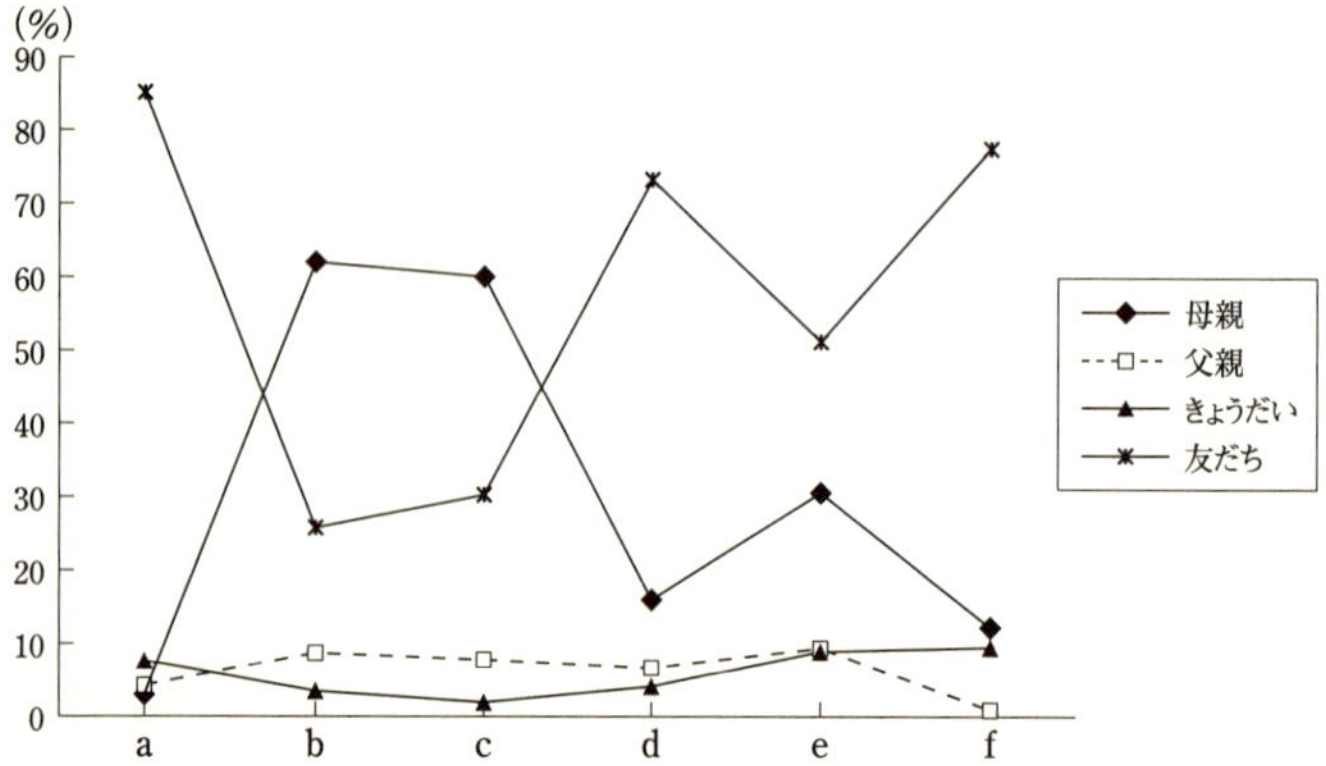

図5–4　小学6年生女子の心理的機能（a〜f）別に選択された重要な他者の割合（119）

まで縦断的に調べた結果を見たところ、男女間でも、どの年齢でもグラフのパターンがほぼ同じであったので、女児の三・五、六、八歳時の場合を示してある。図5–3に見るように、すべての心理的機能で、程度の差はあるが、四名それぞれが指名されていることがわかる。全体の傾向をとらえれば、母親が指名される割合は他の対象よりも多いが、中でも特に母親が頼りにされているのは、b（心の支えを求める）とc（行動や存在の保証を求める）であることがわかる（選択された割合は三〇〜六〇パーセント）。しかし、a（近接を求める）では三歳半時にも友だちが指名される割合が高く、六歳になるとaとともにd（激励や援助を求める）でも友だちが指名される割合が増えている。図5–4は小学六年生女子二〇〇余名のデータ[119]である。グラフのパターンは男女とも類似しているので、女児の場合を示している。小学六年生では友だちが重要になることがわかるであろう。幼児版PARTにはない心理的機能f（養護する）でも、友だちを選んだ者は七七パーセントにも及ぶ。しかし重要なことは、図5-4に見るようにb、cでは母親が重要であるとする傾向が依然として続いていることである。

このように三歳になれば、それぞれの重要な他者にもっともふさわしい機能を割り振るという心理的機能の分化が明らかである。しかし、これはもっと早い時期からではないかとも予想される。たとえば、生後一四か月のYちゃんの生活記録によると、彼は眠い時には母親に、壊れた玩具を直してもらう時には祖父に、仏壇に供えた珍しい菓子をねだる時は祖母を頼り、そして、姉（四歳九か月）は母の不在時の代理であり、いたずらの相棒であり、動作をまねる先輩でもあり、母親の膝を争うライバルでもあるという具合に、明らかにそれぞれの人の機能を認識して行動していると報告されている。[328]つまり、よちよち歩きをする頃には、すでに人間関係の枠組みを作っているとと考えられるのである。この頃には、第3章で述べたように表象能力を持つようになる子どももいることを考えれば、驚くにはあたらないことである。

●愛情のネットワークの個人差

母親型と友だち型の対人行動の違い　PARTによる類型は、実際の行動の差異を真にとらえているのであろうか。これを見るために、まず、子どもに多く見られる母親型と友だち型に注目して、この二つの型の行動が他の場面でも異なるかを検討してみよう。

幼稚園で子どもに日常接している保育者に、それぞれの子どもの園での生活について行動評定をしてもらったところ、友だち型の子どもは母親型の子どもに比べ、園における仲間との交渉が活発で、集団生活を楽しんでいると報告された[261]。また、実験場面を使って母親型と友だち型の子どもの行動が明らかに異なることも確かめられている[181][262]。

たとえば、私は、子どもが持っている人間関係の心的枠組みによって、実際の交渉の仕方が異なるのではないかという仮説を検討する実験をしてみた[272][277]。仮説は、友だち型の子どもは、同世代の子どもとつき合うのは上手だが、おとなとの交渉は得意ではないのでないか、これに対して、母親型の子どもでは母親に似た年齢のおとなの女性との交渉の方が子どもとの交渉よりも得意なのではないか、というものである。そのためにまず、二一〇名の四、五歳児に三~四週間隔でＰＡＲＴを二回行い、二回とも友だち型あるいは母親型の、それぞれ二〇名と二三名の男女児を選んだ。どちらも男女はほぼ半数で、友だち型と母親型の女児はそれぞれ一〇名と一二名であった。

いずれの型の子どもも、子どもパートナーと交渉する「子ども場面」と、おとなパートナーと交渉する「おとな場面」の、二つの場面での行動を観察された。両場面のパートナーは子どものよく知らない人であるようにして、類型の差を明確にしたいと考えた。「子ども場面」では、子どもパートナーとふたりで〝四〇個の積み木を使って協力してひとつの家を作る〟ようにいわれた。子どもパートナーは同じ幼稚園に在籍していて、ＰＡＲＴの二回の測定で人間関係が多焦点型（特に誰が中核とはいえない型）と特定された子どもから、子ども型と母親型のそれぞれの子どもにつきひとりずつ、①性、②誕生日、③日頃遊んでいない、という三点について個別に条件を合わせて四三名選んだ。「おとなる場面」でおとなパートナーになったのは、子どもがこれまでに会ったことがない母親世代の女性の実験者二名で、それぞれほぼ半数ずつの子どものパートナーをつとめた。「おとな場面」の課題は、見本として示された花と同じ図案を作るジグソーパズルで、「これは小学生用のパズルなのであなたにはむずかしいでしょう。でも、このおばちゃんはパズルのことをよく知っているので、お手伝いを頼んでもよいですよ。頼みたかったら、自分でおばちゃんに頼んでください」と教示して、おとなパートナーからうまく援助を引き出せるかどうかを見るものである。図5-5のように机の上に課題をおいて作業してもらうようにして、正面からビデオカメラで記録し、後に分析した。この分析で注目したのは、第一には課題の完成度で、第二には友だち型と母親型の子どもがそれぞれの場面でパートナーにどのように働きかけたかという交渉の質と量である。まず、完成度では「子ども場面」ではひとつの家ができたか、「おとな場面」ではパズルがどの程度完成したかを見たが、「子ども場面」だけで差が見られた。つまり、友だち型のペアは協力してひとつの家を作ったのに対して、母親型のペアは二つ以上の家を作ったのである。パズルの完成度は、おとなパートナーが作業を助けたために差がなかった。

図5-5　子ども場面で課題（二人で協力してひとつの家を作る）に取り組む友だち型のペア

興味深いことは、二つの型の子どもの、パートナーへの働き

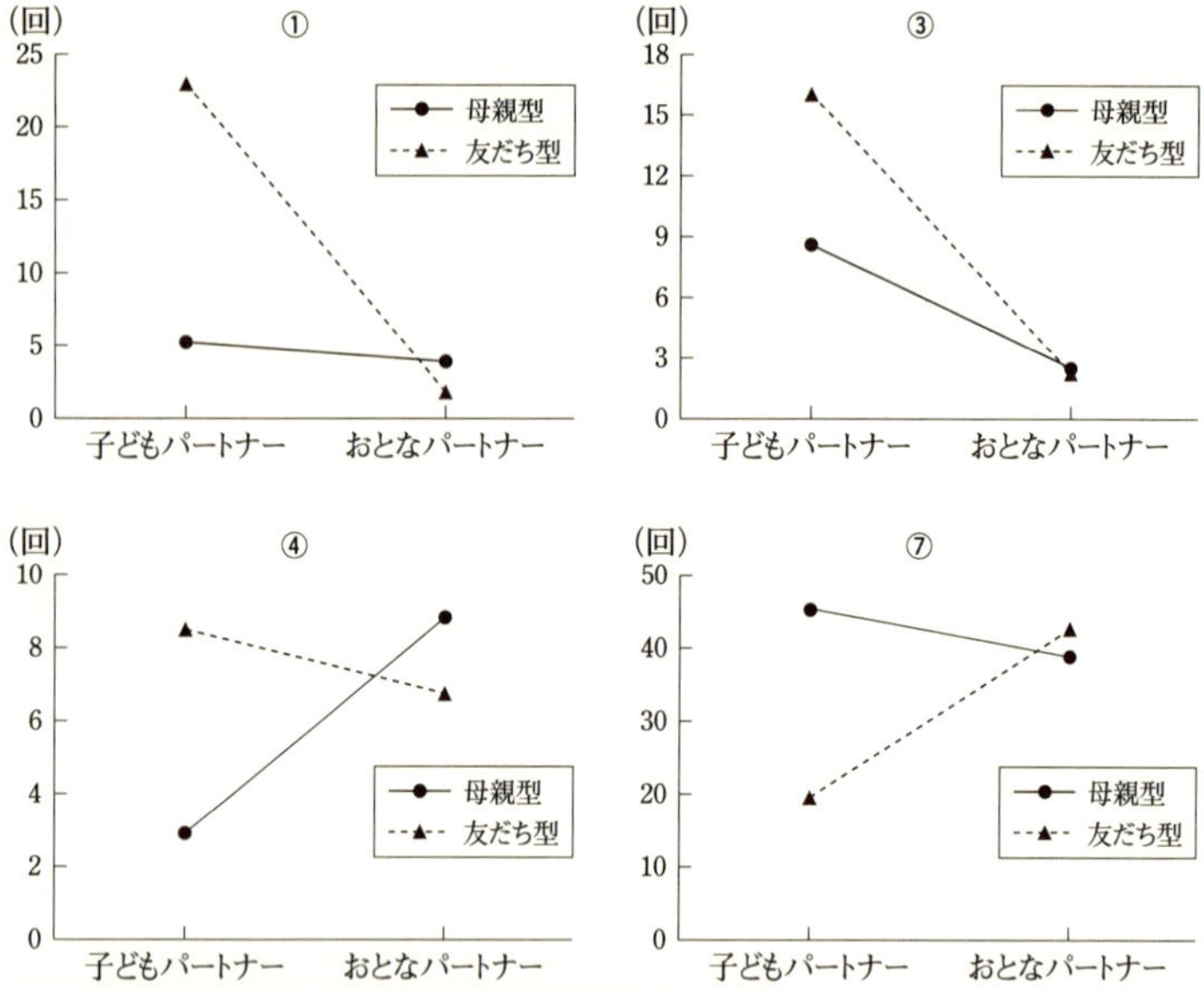

図5-6　子どもパートナーとおとなパートナーへの友だち型と母親型の子どもの働きかけの回数（／10秒）の差異

かけが異なったことである。ビデオの記録から、子どもがパートナーに働きかけ、課題を遂行しようとしている動作や言葉かけを、一〇秒毎に何回起こったかを拾い上げてみた。注目した動作や言葉かけとは、①パートナーの行動に協力する、②パートナーの作業をまねる、③パートナーの作業や様子を見る、④パートナーの協力を誘う言葉かけをする、⑤パートナーのリクエストに応える、⑥パートナーや自分の作業を言語化する、⑦自分だけで作業する、である。その結果、図5-6に示したように、①、③、④、⑦について差が見られ、友だち型は子どもパートナー、母親型はおとなパートナーとの交渉がより上手であることがわかった。

つまり、仮説が支持され、幼児でも人間関係の類型によってよく知らないパートナーとの接し方が異なることがわかったのである。

このように、幼児でも現在持っている人間関係の枠組みが実際の行動を特徴づけていることがわかる。重要なことは、どちらの型の子どもにも、それぞれが得意な場面と不得手な場面があるということである。

一匹狼型の適応　では、子どもの持つ類型間にも、第4章で述べたおとなが示すような適応についての差があるだろうか。おとなでは誰かを中核にするような人間関係を持ってさえいれば、それにもとづいて行動するために、適応についてては類型間には差が見られないことがわかった。しかし、人間にあまり関心を向けない一匹狼型では、適応得点の低さが注目された。このような傾向が子どもでも見られるであろうか。

まず、小学三、六年生の男女約七〇〇名の適応状態を調べるために、いくつかの心理尺度を使って測定してみた。孤独感と自尊心を調べる尺度について見ると、母親型と友だち型では差がないのに対して、一匹狼型の子どもは孤独感が高く、自尊心が低いという傾向を示した。また、別の小学三、五、六年生の男女約二〇〇名の学校での行動を、担任教師に子ども一人ひとりについて評定してもらったところ、評定値は友だち型と一匹狼型とを明確に分けるものであった。子どもの類型を知らされていない教師による評定値では、予想通り一匹狼型の子どもの学校での適応得点が有意に低かったのである。(119)

さらに、私たちが三歳半からの発達を追跡している子どもたちが小学二年生になった時に、自己報告による測定（小学生版ＱＯＬ尺度[245]）を用いて適応を調べてみたところ、母親型と友だち型では適応得点に差がないのに対し、一匹狼型は明らかに得点が低かった。このＱＯＬ尺度は六つの下位尺度から構成されているので、下位尺度を見ると、一匹狼型の子どもは自尊心の得点がとりわけ低く、そして、学校の勉強、家庭生活の得点も他の二つの類型に比べると低いことが注目された。自尊心の項目とは、「自分に自信があった」「いろいろなことができそうな感じがした」などの四項目で、この一週間の間に自分がそうであった程度を〝いつも〟から〝全然ない〟の五段階で回答するものである。また、学校の授業に関する項目は「授業は楽しかった」「勉強がよくわかった」など、家庭生活の項目は「お父さん、お母さんが仲よくしていた」「家で気持ちよく過ごしていた」など、それぞれ四項目であった。一匹狼型の小学二年生がこのような点でポジティブになれないということに注目しておきたい。さらに幼い三歳半の時点で見ても、一匹狼型の子どもの母親は、両親型、友だち型の子どもの母親に比べて、わが子が活発ではなく、環境の変化に影響されやすく、親のいうことを聞かず、よそのおとなには物おじしないが、同年齢の子どもは苦手な方であると報告したのである。

このように、特定の人との人間関係が明確に報告できない、あるいは人に対する関心が強くはない一匹狼型の子どもは、あまり適応状態がよくないという結果が三歳半から小学六年生までに見られた。一匹狼型の子どもは、家庭でも、幼稚園でも、学校でも楽しそうではなく、自尊心も低い。そして、この傾向は第4章で述べたように、中学生以上の青年・成人、そして、高齢者にも共通した問題でもある。この一匹狼型は幼児から高齢者まで、どの年齢でも数パーセントから一〇パーセント前後出現する。そして、一貫して男児、男性により多く見られる。

ソーシャル・ネットワークに含まれる人数が極端に少ない時には生活の質のよさを示す得点が低いことは、欧米の多くの研究者の見解とも一致している。しかし、どのような要因が一匹狼型を作るのかについては、残念ながらまだよくわからない。この問題についてさらに掘り下げてみたいと研究を進めているところである。

●愛情のネットワークの連続性と変動

時間の経過につれて子どもの人間関係の枠組みが変化することは十分に予想される。その原因の第一は、なんといっても子ども自身の成長である。ひとりでできることも増え、自分でやりたいという意志も強くなり、知識も増えれば、その結果、心理的機能の重要性も変わるであろうし、重要な他者についての評価も変わるであろう。また、子どもの生活の場所が広がれば、自分に適した人と新しく出会うこともあるであろう。それによって現在の重要な他者の再評価もなされるであろう。したがって、子ども時代にも愛情のネットワークが変化することは確かである。しかし一方、現在の人間関係の枠組みが目前の対人的行動に影響するという調査や実験の結果を見ると、第4章で検討したおとなの場合と同じように、子どもでも既存の愛情のネットワークが次の対人的行動を制約していると考えられる。そうであれば、枠組みが変化する幅はそれほど大きくはなく、したがって、ある期間につい

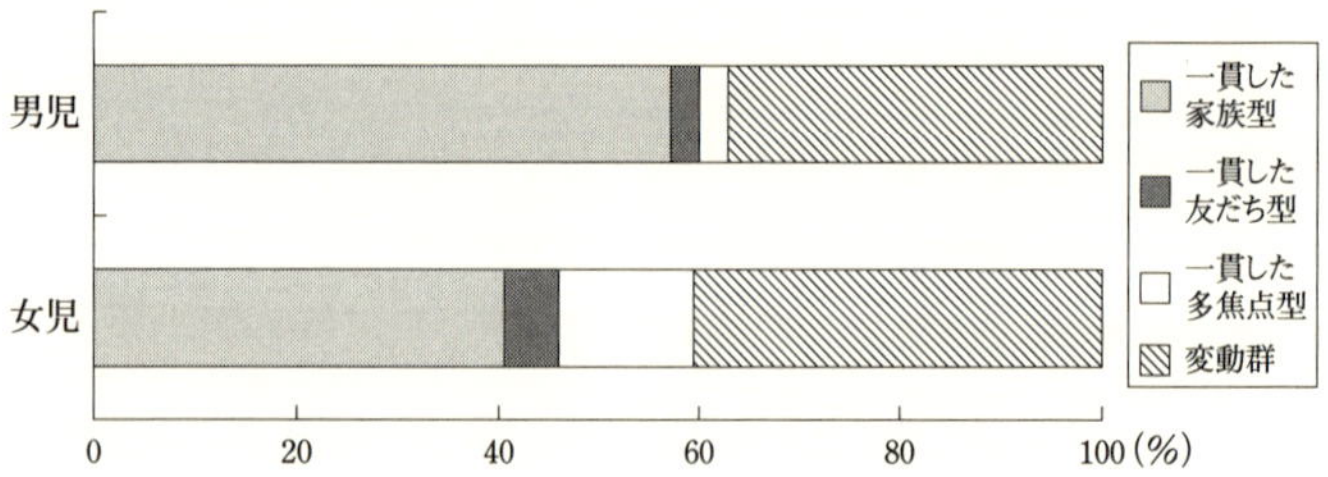

図 5-7　3.5〜8 歳の愛情の関係型の連続性（286）

て連続性があるともいえるであろう。

縦断研究による検討　愛情のネットワークの連続性と変動を検討することを目的に私たちが始めたのが、分析中の縦断研究である(192)。子どもたちとその両親に協力を依頼して、ＰＡＲＴに子どもが自分で答えられる年齢（三歳半）で研究を開始し、発達の初期に注目して親しい人間関係の発達の姿をとらえたいと考えたのである。このデータで三歳半から八歳までの愛情のネットワークの連続性を検討してみた。同じ調査協力者を縦断的に追跡する研究のもっとも大きな問題のひとつは、さまざまな理由ですべての時期のデータがそろわない事例が出てくるということである。研究者が最大限の努力をしても、相手の事情があることなのでかなわない場合が出てくる。この統計学でいう欠損値をどのように処理するかは頭の痛い問題である。

　私たちの研究も同じ悩みを抱えている。そこで、図5−7は三歳半から八歳の六時点の測定（誕生日後二か月以内をめどに毎年一度測定した）のうち、少なくとも四時点以上の測定で同じ類型に分類された子どもを一貫群、そうではないものを変動群としてまとめてみた結果である。分析された子どもは七二名（うち女児が三七名）である。図5−7

に見るように、この条件で一貫群とされた子どもは、女児六〇パーセント、男児六三パーセントであった。多くは家族型であるが、一貫して友だち型であった子どもが三名、多焦点型であった子どもが六名いた。また、一貫して一匹狼型であった子どもはいなかったが、どこかの時点で一匹狼型と特定された子どもが、男児のみ合計九名いた。この九名の四時点での測定を見ると、一名は一貫して家族型とされたが残りは、変動群に分類された。そのうち、二～三時点で一匹狼型であった子どもが三名、友だち型であった者が二名、多焦点型が三名いて、いずれも家族からの心理的距離の大きさを予想させるものであった。

各類型の出現率　重要な他者の中で中核的な役割を果たしている対象に注目して、愛情のネットワークの類型化をしてみよう。私たちが三歳半から発達を追跡している子どもたち[286]、そして、集団式PARTで調べた小学三年生と六年生のデータ[120]を加えて、各年齢時のそれぞれの類型の出現率を図5―8に示した。

まず気づくのは、どの時期にも母親型、父親型、きょうだい型、友だち型、多焦点型などのいずれの類型も見られることである。つまり、このデータによれば、幼児期から子どもによって中核となる人物が異なるのである。すなわち、すでに幼児期から人間関係の枠組みには個人差が大きい。

図5-8によれば、全体としての類型の出現率を見ると、成長につれて男女ともにわずかずつではあるが、母親型、父親型が減少し、友だち型が増加している。また、興味深いことは、女児では多焦点型、つまりいろいろな人たちを挙げるタイプが四歳あたりから増え、特に六歳ではこれが四五パー

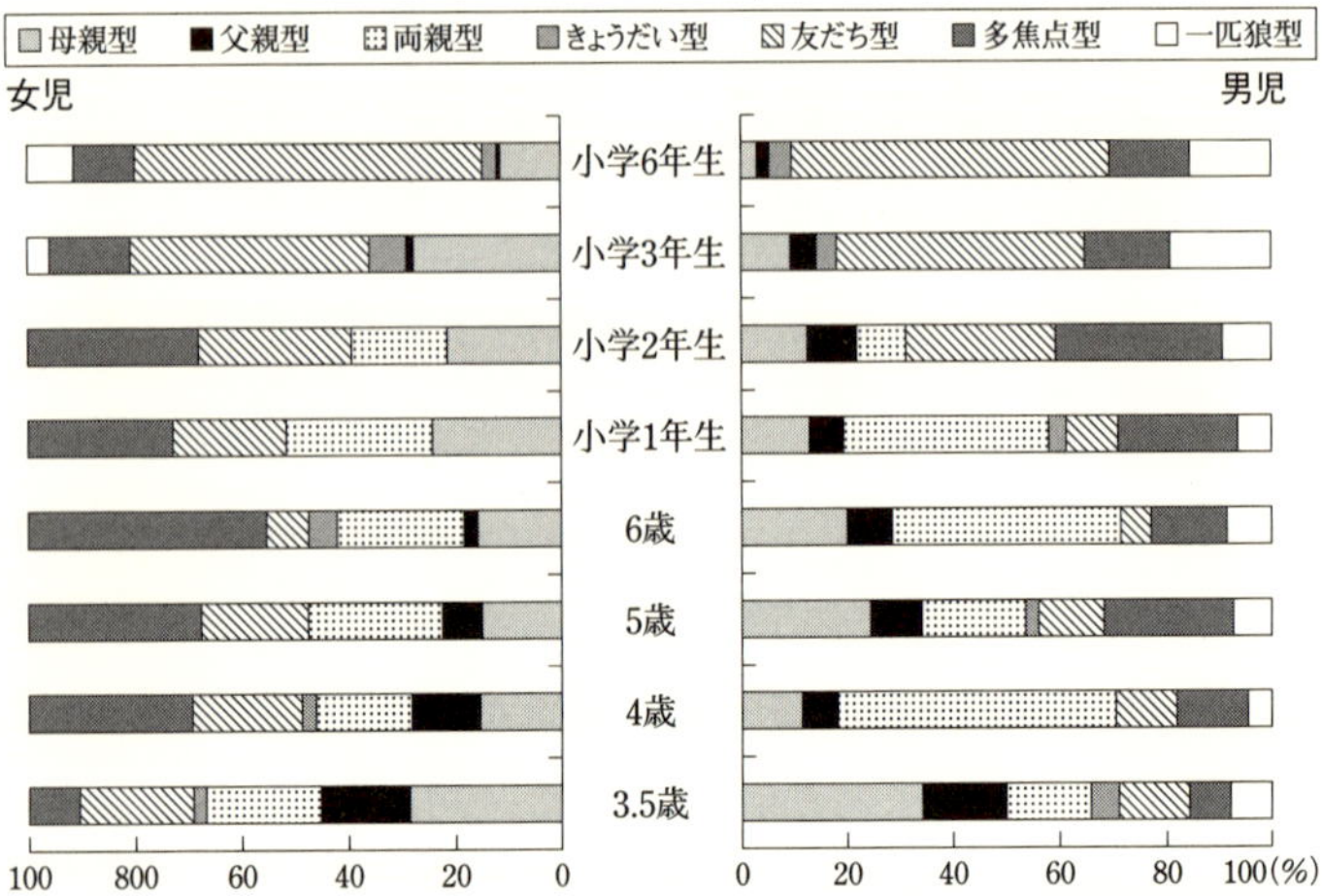

図5-8　3.5歳から小学6年生までの愛情のネットワークの類型の出現率

セントに達するのに対し、男児では一四パーセントであり、多くの対象を人間関係の枠組みに入れる傾向は女児により強いといえるであろう。だが、このような一般的傾向は大して重要な情報ではないであろう。なぜなら、中核となる対象が誰であっても、子どもの存在を支える心理的機能であるb（心の支えを求める）とc（行動や存在の保証を求める）は、その特定の人によって、確かに充足されているからである。三歳半でもこのような中核的な対象として選んだのは必ずしも母親だけではなかった。図5-9は、三歳半と八歳の母親型と友だち型の子どもが、bとcの合計得点を、自分が中核としている人により多く向けていることを示している。つまり、bとcの合計得点は、母親型では母親が友だちよりも高く、逆に友だち型では友だちが母親よりも高いのである。三歳半から八歳時までのいずれのグラフも二つの型の得点が交差するパターンで、男女とも、ど

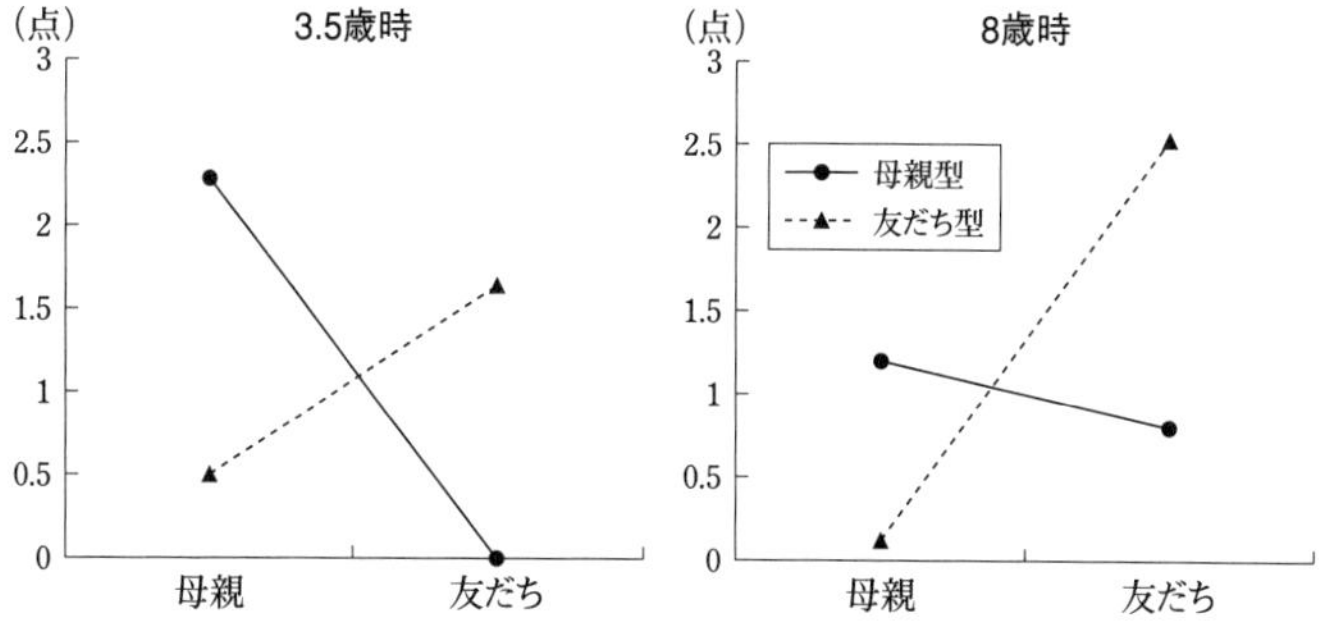

図5-9　母親型と友だち型の母親と友だちに向けられた心理的機能ｂとｃの合計得点

の年齢の時にも結果は同じであったので、三歳半と八歳の男児、女児のグラフを示した。これは第4章の図4-4のおとなの場合と同じパターンであることを確認してほしい。

このように見てくると、子ども全体をまとめてしまえば、幼児から小学生になるにつれて、人間関係の関心は家族（特に母親）から友だちへと移行しているように見えなくはないが、そして、それが子どもに向けられる社会的期待でもあるのだが、実際には子どもはそのような社会的制約を受けながら、それぞれ重要な他者を必要に応じて選んでいるというのが発達の内実である。

3　愛情のネットワークの生涯発達

第4章と続く本章では、愛情の関係の理論と、それにもとづいて考案したＡＲＳとＰＡＲＴとを用いて、二歳から高齢者までの親しい人間関係の発達変容の様子を見てきた。この方法で見る限り、二歳になるかならぬかの時期から、人は自分にとって重要な他者を選んで、それぞれに人が果たす心理的機能を割り振る形で、自分の人間関係の心的枠組み、愛情のネットワークを作っていることが明らかであった。そして、この愛情のネットワークという心的枠組みは、人に安心感をもたらし、自立を可能にする仕組みでもある。

●重要な他者の選択

人が成長していけば、重要な他者の範囲はそれぞれに広がっていく。そして第4章でもふれたように、人間関係の枠組みは表象になっているので、会ったことのない思想家、作家、芸術家、そして今は亡き人なども含まれる可能性がある。さらに、それぞれの人が所属する集団が対人的行動の基準や期待を示しているので、文化差が見られるのも事実である。

たとえば、ARSを米国のデトロイト市の住民に実施したところ、日米比較のために選んだ横浜市の人々に比べて、家族への得点がより低く、友だちへの得点がより高かった(291)。また、中国の北京市の大学生は日本の大学生に比べて、家族、特に父親への得点がより高かった(106)。個人はそれぞれ自分の重要な他者を選ぶのだが、文化が人々の頭上に大きな傘を差すようにして緩やかな制約を与えるために、これらの文化差が生じると考えるのがよいであろう。このような集団の文化的制約は、なにも国に限ることはない。それぞれの人が所属する集団には、たとえば、地域、階層、職業、親近感を持つ仲間集団など、大小さまざまなものが考えられる。もちろん、その制約を引き受けるかどうかは、個人の選択に任されていることはいうまでもない。人間関係と文化の問題は、第9章で詳しく検討する。

●心理的機能の意味

成長にしたがって変化するのは、心理的機能についても同様である。発達に応じて心理的機能の意味や種類が変わることもある。実際、心理的機能のうちのｆ（養護する）は、幼児にはあまり現実的ではないと考えて幼児版ＰＡＲＴには入れていない。また、子どもが中核となる人にもっとも期待していた心理的機能は、ｂ（心の支えを求める）とｃ（行動や存在の保証を求める）であった。ところが、第４章で見たように中学生以上では、ａ（近接を求める）とｂ（心の支えを求める）であった。つまり、子どもではｂと同じ心理的機能を持つのはｃであったのに対して、おとなではａであったのである。これは、いつも誰かが近くにいる子どもの生活では、ａの近接を求めることは心を支えるなどの深刻な意味は持たず（実際、ａのパートナーとしては友だちが選ばれることが多い）、自分の行動や存在を「それでよいのだよ」といってもらうこと（ｃ）が安心をもたらす。これに対して、おとなではそのような保証はもはやさして必要としないが、「一緒にいること」（ａ）が特別の安心感をもたらすのであろうと解釈できる。このように、心理的機能の意味は成長につれて変化することが考えられる。さらに、文化が変われば私が取り上げている六つの心理的機能に、さらに加えるべき機能があるかもしれない。

●ARSとPART

最後に、ARSとPARTが同じものを測定しているかという問題にふれておこう。生涯発達を研究する上での大きな問題は、どの年齢の人たちについても理論的、概念的に同じ内容を測定できているかということである。特に、相手が幼い子どもの場合には、自分の考えを表現する能力がまだ限られているので、ややもすると違うものを測っているきらいがある。幼い子どもがこちらのたずねていることが理解できるか、そして、自分の気持ちをそのまま表現できるかが重要である。このようなことに極力配慮した上で、おとなのARSと同じ内容を引き出そうと工夫したのがPARTである。では、PARTはARSに匹敵すると考えられるか。そこで、二つの研究を紹介しよう。ひとつは中学一年生に小学生版PARTとARSの両方に回答してもらって、類型の一致率を確かめたものである。その結果、八五パーセントの生徒が同じ型に分類された。さらにまた、高齢者（六五～七九歳）での高齢者版PARTとARSでの類型の一致度も八七パーセントと高かった。[294] 先にふれたようにARSの方が得られる情報が多いという違いはあるが、このようなわけでPARTとARSは人間関係のよく似た側面を測定し、生涯発達をとらえる道具としてかなりよいものであると私は考えている。

第6章　愛　着

本章で検討するのは、愛着である。親しい人間関係のもっとも中核的な機能、つまり、生存のために養護を求める機能を愛着（attachment）と名づけて、この部分だけを問題にするのが愛着理論である。結論をいえば、愛情のネットワークの一部として愛着は処理できるし、そのほうが人間関係の現実をとらえられると私は考えている。愛着は、愛情のネットワークの中の、人の存在を支える機能の部分だけを〝独立〟させて問題にしているといえるからである。第3～5章で述べてきた愛情のネットワークの性質を考えれば、愛着の対象は、人の成長につれて変わる可能性があるし、〝独立〟に存在するのではなく、ネットワークの他のメンバーとの関係で決まるし、ネットワークの内容に影響も与えることになるからである。しかし、事はそう簡単ではない。

今や、愛着理論は巨大な理論となり、追随者も多い。そして、母子関係について、あるいは、発達の仕組みについて重要な仮説を立てている。仮説の多くは、発達における母親重視、幼児期決定説というような、人々の持つ素朴理論や常識を弁護するものである。したがって、仮説を再検討しようとか、反する実証的証拠を示そうとすれば、多くのエネルギーがいる。しかし、ソーシャル・ネットワーク理論の立場からは、愛着理論は無視できない。論争を繰り返してきたのも事実である(10)(172)。本章では、愛着理論の考え方、重要な仮説と議論について紹介する。そのことによって、人間関係の性質の理解をさらに深めてもらえると思う。

1 愛着理論とはなにか

西暦の奇数年の春、北米のいずれかの都市に、世界中から発達心理学者を中心に研究者がSRCD（Society for Research in Child Development＝発達研究学会）のために集まる。

長年、この発達研究学会の主要なテーマのひとつであり続けているのが、本章で検討する愛着である。たとえば、二〇〇九年の大会では愛着に関するシンポジウムや講演が合計一四、ポスター発表が一一八にのぼった。その他にもプログラムを見ると愛着をキーワードとして挙げている研究もかなりある。愛着研究の採択数が「多すぎる！」という声が上がるほどであるが、愛着理論は愛着という特殊な問題を扱いながら、発達心理学の唯一のグランド・セオリーとなり得たという指摘もある[322]。

●ジョン・ボウルビィと愛着理論

ジョン・ボウルビィの愛着理論の主要な考えは、『愛着と喪失』三部作で述べられている。三部作には一巻「愛着」[28]、二巻「分離」[29]、三巻「喪失」[30]というタイトルがつけられていて、それぞれ一九六九年、一九七三年、一九八〇年に刊行された。そのうち一巻だけは一九八二年に第二版[28]が出されている。

ボウルビィは、一九九〇年に八二歳で逝去しているので、晩年に自分の理論の来し方を見て手を入れたことになる。そしてさらに、ボウルビィの考えがよく出ているのは、最晩年の一九八八年に、一九八二年からの講演と論文を集めて刊行された『安全地帯——親子の愛着と健全な発達』[31]においてである。

ボウルビィは精神分析の訓練を受けた臨床家であったが、当時の英国の精神分析の二大主流派（アンナ・フロイト派とメラニー・クライン派）からは、精神分析の基本的な考えを採用していないと激しく非難され、孤立していたそうである[70][110]。現在は愛着理論の心理臨床への影響も大きくなっているが、孤独な臨床家の発想が初めに大きな影響を及ぼしたのは、発達研究に対してであった。それは六歳年下のメアリー・エィンズワースとの偶然の出会いに始まった。カナダのトロント大学で心理学を学んだエィンズワースが、夫の留学でロンドンを訪れていて、ボウルビィのクリニックの研究助手の新聞広告にたまたま応募したのである。その後、エィンズワースは、アフリカのウガンダでの綿密な行動観察をもとに愛着の測定法を考え出し、愛着理論の発展に尽くすことになる。そして、ジョンズ・ホプキンス大学やバージニア大学で発達心理学を教えたエィンズワースの直接・間接の教え子たちが、実証研究を精力的に進めてきたのである。

ボウルビィ自身も、一九八二年の『愛着と喪失』第一巻の第二版の短いまえがきで、自分の理論が思った以上に多くの支持を得て、「愛着が理論的な議論の中心テーマになり」「実証研究を方向づけるようになった」と振り返り、二つの章を新たに加えている。

うち一章は、蓄積された実証的データを用いて、愛着理論の仮説を確認したものである。今から見れば、まだ資料も乏しく、いわば〝身内〟だけの限定された議論だが、ボウルビィが「愛着の連続性」と「愛着の形成と母親の養育行動との関連」を支持する証拠に満足していたことが読み取れる。この二つは後述のように愛着理論の重要な仮説の一部であるが、その後、これらを含めて愛着理論の仮説は彼が考えたほどには実証的に支持されず、縦断的研究や詳しい研究によって検討され続け、現在もなお議論されている。

また、もう一つの章が、混乱し、誤解されている愛着の概念を明確にするために設けられたことに注目したい。ボウルビィは、自身が予想した以上に愛着研究が広がる中で、「自分が考える愛着はそういうものではない」と感じることが多かったらしいのである。つまり、愛着は誤解されやすい概念なのである。ボウルビィが指摘しているように、少なからぬ研究者が、愛着を「母子の絆」であるとか「人間の絆」、あるいは「親しい人間関係」のことだと勘違いしている。日本でも同様の状況が現在も続いている。これはきわめて残念で危険なことだと私は考えている。問題は、発達上の愛着という狭い特殊な傾向（最近、日本では英語の attachment をそのまま「アタッチメント」とカタカナ表記する人もいる）についての仮説や議論が、広義の人間関係に誤ってあてはめられてしまうことである。しかも、これから見ていくように、ボウルビィの仮説のいずれにも彼の考えに反する証拠があり、まだ仮説に過ぎないのである。

●愛着とはなにか

愛着の定義　ボウルビィは、『愛着と喪失』第一巻（第二版）で、愛着概念が正確に理解されていないと指摘し、「愛着は特殊なタイプ」の人間関係であると強調している[28]。すなわち、〝無能で無力な乳児〟が〝有能で賢明な養育者（多くは母親）〟に、生存、安全を確保するために保護や援助を求めること、これを愛着と呼ぶ。したがって、愛着の機能はきわめて限定されていて、愛着の目的は子どもが平穏で、安心感を持つことである。つまり、愛着とは「無力な乳児が有能な母親に庇護を求める」という機能を持つ、〝非対称的〟で〝狭い〟ものである。子どもは生き延びのために母親にこのような感情的な絆を求めるが、母親が子どもの要求に応えてそのような感情や絆を持つことは、愛着の定義には含まれない。子どもの要求に応えない母親にも子どもは愛着行動を向けるとボウルビィは指摘している。愛着は双方向的なものではないのである。したがって、現在の愛着理論家たちも繰り返し指摘しているように、愛着は親しい人間関係を広く指すものではないし、親和性や社会性などをいうものでもない[5][322]。これが愛着の定義としてコンセンサスを得ているものである[41][172]。

愛着理論は、「生存の危機から護ってほしい」という狭く限定された目的のために、子どもが養育者に向けるつながりだけを問題にし、その成立の要因、その発達における意味・役割について以下に述べるような興味深い仮説を立てたのである。愛着は、非常に限定された、安全や安心感を支えるという、人間関係のもっとも中核的な機能だけを問題にしていることを、しっかり確認しておこう。

愛着の根拠　ボウルビィが「人は愛着を持つ」とする根拠として使うのは、現在でいえば、進化生物学や比較行動学である。ボウルビィは、進化の過程で、ヒトの乳児が「自分の生存を確保するために養育者の庇護を求める」というプログラムが遺伝子に組み込まれるようになったと考えたのである。これは第1章で述べた、乳児の人とのつながりの根拠についての現在の説明と同じである。ボウルビィは人を生物として見るという進化論を心理学に導入したパイオニアだったのである[70][99]。

この考え方は、「乳をくれる人」と特別の絆を築くようになるという、当時の主流であった母子関係の獲得動因説に反対するものである。ボウルビィは、愛着の出現には要求や動因はいらないと強調している。つまり、愛着は生存を確保するために遺伝子に組み込まれているのであるから、状況が整ってさえいれば（つまり、養育者が子どもの要求をうまく受け容れ、応じれば）、出現するとする。このボウルビィの理論は、子どもの親への絆の成立には要求や動因を仮定しないという点で、カモやガチョウのひなが親鳥を刷り込むという刻印づけを発見した、比較行動学のコンラート・ローレンツ、そして、子ザルが母ザルにしがみつくのは、授乳されるせいではなく、感触がよいからだということを実験で示した、比較心理学のハリー・ハーローに与するものである。このように、ボウルビィは本能的なエネルギーであるリビドーが母親に向かうという対象愛の考え方はとらず、愛着の成立において母親の養育行動の役割を重視した。しかし、リビドー説はとらないものの、精神分析学者のメラニー・クラインの薫陶を受けたボウルビィは、母子関係への特別の関心、母子分離の解釈、発達における幼児期の重視、無意識的な防衛機制の考えの採用などの重要な議論において精神分析学的である。つまり、愛着理論は精神分析的な母子関係の理論だと見なされる要素を多く持っているのである。

2　愛着をどのように測定するか

「無力な乳児が有能な母親に庇護を求める」機能を持つ愛着を、どのように測定するのか。測定法によって、さらに愛着の考え方が具体化されるので、紹介しておこう。愛着の測定をうまく実現したのがエィンズワースと彼女の学生たちであった。測度ができたことで、愛着は発達心理学の研究テーマになり、一段の飛躍を見ることになったのである。この測度についてまとまった本『愛着の類型――ストレンジ・シチュエーションについての心理学研究』[4]が刊行されたのは一九七八年であるが、最初の考えは一九六九年にボウルビィが主催していたセミナーで発表されている。[9]つまり、この測度の発達研究への影響が始まったのは一九七〇年前後からである。

●メアリー・エィンズワースの貢献

一九五〇年代の初めに、たまたまタビストック・クリニックの臨時研究員になったエィンズワースは、ボウルビィの考えを飛躍的に進展させることになった。トロント大学での彼女の博士論文は『安心概念にもとづく適応の評価』であり、これが愛着の概念とうまくつながったからである。[8][33]エィンズワースは一九五四～五五年にかけて、アフリカのウガンダの南部に滞在し、農耕民ガンダ族の生後二日から八〇週までの二八名の乳児が、いつ、誰に対して、どのような愛着行動を向けるかをつぶさに

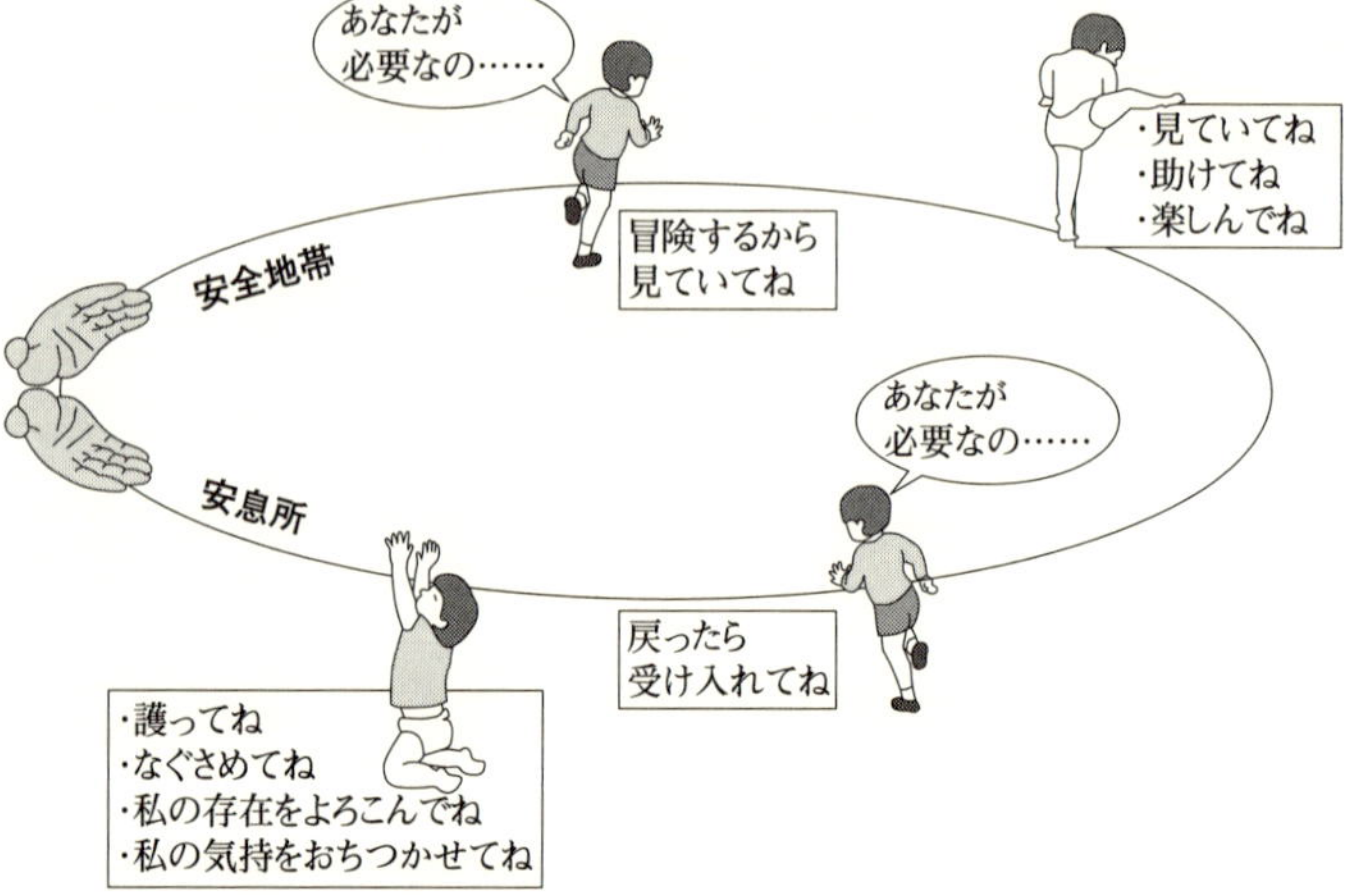
あなたが
必要なの……
・見ていてね
・助けてね
・楽しんでね
冒険するから
見ていてね
安全地帯
安息所
あなたが
必要なの……
戻ったら
受け入れてね
・護ってね
・なぐさめてね
・私の存在をよろこんでね
・私の気持をおちつかせてね

図6-1　安定した愛着の仕組み(180)

観察し、また、母親に養育行動についての面接調査をした。この観察がどのようなものであったかは後に『ウガンダの乳児――養育行動と愛情の成長』(3)という本にまとめられている。一九五五年、ジョンズ・ホプキンス大学に職を得たエィンズワースは、アメリカの中産階級の家庭の乳児を対象に愛着の測定法、ストレンジ・シチュエーション法を考案することになる。(7)この測度では「愛着は子どもに安全と安心感をもたらす安全地帯の働きをする」と定義して、愛着を測定しようとしたのである。

ストレンジ・シチュエーション法によって測定される愛着を、ロバート・マービンらは図6-1のように描いている。(180)この図はストレンジ・シチュエーション法の本質をうまくとらえている。

愛着行動の主要な目標は、愛着の対象である母親(図6-1では開いた手のひらで表現されている)から、探索の基地となる安全地帯（secure base）と不安を避ける安心な場所（haven of safety）を提供されることであるとする。よい安全地帯を手に入れると、図の上半分に示されているように子どもは探索行動に夢中になり、めったに愛着行動を見せない。しかし、養育者が自分の冒険を見守ってくれ、喜んでいてくれることを期待し、また、必要な時には頼みにできると信じているからこそ、安全地帯から離れることができると考える。事実、子どもは遊んでいる間にも母親を振り返って見たり、おもちゃを見せに来たりして、所在を確かめるかのように振る舞うものである。図の下半分は子どもの愛着がうまく働いている様子を描いている。不安やストレスが起こる状況を自分ひとりでは処理できなくなると、愛着の対象に保護や援助を求めにやってきて、安心を得るというのである。

● ストレンジ・シチュエーション法

それまでは誰にでも関心を示していた乳児が、特別の人にだけ関心を示すようになるのは、生後半年くらいからである。観察してみると、一歳前後には特別の人が区別されているように見える。この時期に愛着がうまくできあがっているかを判断するために、エインズワースらが考案した測定具、ストレンジ・シチュエーション法の一連の手続きを表6-1に示した[(7)]。これは図6-2のような実験室で測定される。不安がない状況では、探索行動が優先されて愛着は観察しにくい。また、不安が強すぎれば、誰にでも助けを求めるであろうから愛着の対象がわかりにくい。そこで、〝ほどほどの程度の〟不安が起こる状況を人工的に作ることが考えられたのである。米国の中産階級の家庭の乳児の日常を

表 6-1　ストレンジ・シチュエーション法

時間・在室者	行動	注意事項
エピソード1 30 秒 乳児・母親・実験者	実験者が，実験室に乳児と母親を案内する．乳児のスタート位置を指示して，すぐに退室．	実験者と見知らぬ女性とは別人である．
エピソード2 3 分 乳児・母親	母親は，椅子に座って本を見ている．乳児の要求には応える．乳児が遊ばなければ，2 分経過の合図で乳児と遊ぶ．	母親は，本にしのばせた手続きの注意を見てもよい．
エピソード3 3 分 乳児・母親・見知らぬ女性	見知らぬ女性は，黙って入室．椅子に座っている．1 分経過の合図で母親に挨拶し，親しげに話す．2 分経過の合図で乳児に近づき，玩具で「遊ぼう」と誘う．母親は，3 分経過の合図で黙って退室．	見知らぬ女性は，身体で母親の退室が見えないよう工夫する．母親は，自分の荷物（かばんなど）を椅子に残して退室．
エピソード4 3 分 （短縮可） 乳児・見知らぬ女性	母親との 1 回目の分離． 見知らぬ女性は，乳児が遊んでいれば椅子に戻って座る．遊ばなければ遊びに誘い，不機嫌ならばなぐさめる．	見知らぬ女性は，乳児を抱いてもよい．自然な方法であやす．乳児が泣いたらすぐに母親が入室．
エピソード5 3 分 （延長可） 乳児・母親	母親との 1 回目の再会． 見知らぬ女性は，母親と交代で去る． 母親は，乳児が遊ぶように誘う．乳児が遊んでいれば 3 分経過の合図で「バイバイ」といって退室．混乱していれば合図が来ても乳児を遊ばせ，大丈夫だと思った時に退室．	見知らぬ女性は，母親が入室した時に壁際に行き，動かない．乳児の関心が母親に移ってから静かに退室． 最大 6 分まで延長する． 母親が退室できない時には，エピソード 7 へ．
エピソード6 3 分 （短縮可） 乳児	母親との 2 回目の分離．	乳児が泣いたらすぐに見知らぬ女性が入室．
エピソード7 3 分 （短縮可） 乳児・見知らぬ女性	見知らぬ女性は，黙って入室．乳児が遊んでいれば椅子に戻って座る．遊ばなければ遊びに誘い，不機嫌ならばなぐさめる．	乳児が泣いたらすぐに母親が入室． 見知らぬ女性は，乳児が泣いていても母親が戻る前に乳児を床に降ろす．
エピソード8 3 分 乳児・母親	母親との 2 回目の再会． 母親は，ドアを開けて，乳児の名前を呼ぶ．そして「おいで」と呼びかけて，反応を待つ．その後，乳児と遊ぶ．	見知らぬ女性は，母親が入室した時に壁際に行き，動かない． 乳児の関心が母親に移ってから静かに退室．

考慮して、①見知らぬ実験室、②見知らぬ女性の登場、③実験室でひとりにされる、の三種の「新奇さ（ストレンジネス）」を含んでいることが、「ストレンジ・シチュエーション」と名づけられた理由である。母親と乳児（生後一二～一八か月）に実験室に来てもらい、表6-1のような八つの連続する場面からなる実験手続きで行動を観察する。エピソード3、7に見知らぬ女性が入室し、エピソード6では実験室に乳児がひとりで置かれる。この二十数分をビデオで記録し、それを分析することで愛着の質が特定される。母親が不安を軽減する安全地帯になっているか、母親と見知らぬ女性を明確に区別し、母親がいる時には安心している様子か、母親が部屋に戻ってくると喜んで迎えるか、などに注目して愛着の質を判断するというものである。

これまで世界中でなされたストレンジ・シチュエーション法の結果を見ると、日本を含めてどの文化においても、中産階級の家庭で育つ一歳児の六、七割は質のよい安定した愛着（これをB型と呼ぶ）を持つが、三、四割は不安定な愛着を持つと報告されている(41)。さらに、不安定な愛着には三つの型が区別されている。第一は、おそらく日常の体験から養育者が自分を受け容れてはくれないことを知っていて、傷つくのを恐れて自己防衛として愛着行動を示さないか、養育者との交渉を回避するA型（回避型）である。第二は、愛着行動を向ける気持ちはあるものの、養育者によってその気持ちを十分には充たされることはなく、養育者がいても不安がったり、養育者が働きかけると不満や怒りを見せたりするC型（アンビバレント型）である。第三は、養育者に対する行動が無秩序でまとまりがない、行動に異常性が見られるD型（無秩序型）である。D型の乳児は、母親が入室すると凍りついた表情やうつろな表情をする。あるいは、身体を硬直させ、数十秒にわたって動かなくなったり、床に身体を投げ出してひどく泣いたり、頭を壁にぶつけたり、身体を揺すり続けたりなどの異常な反応をすることが特徴とされる。母親自身が不安や恐怖の源になっているとしか考えられないという類型である。そして、A、B、C、D型にはそれぞれに二〜四の下位類型が区別されている。

ストレンジ・シチュエーション法が歓迎され、研究が積み重なることによって、愛着の定義が明確化され（つまり、安全地帯を持つか否かに特定され）、四種の愛着の性質（特に安定しているか、不安定か）が具体的になった。そして、ストレンジ・シチュエーション法と測定される類型とが、愛着研究における正式な基準とされることになったのである。

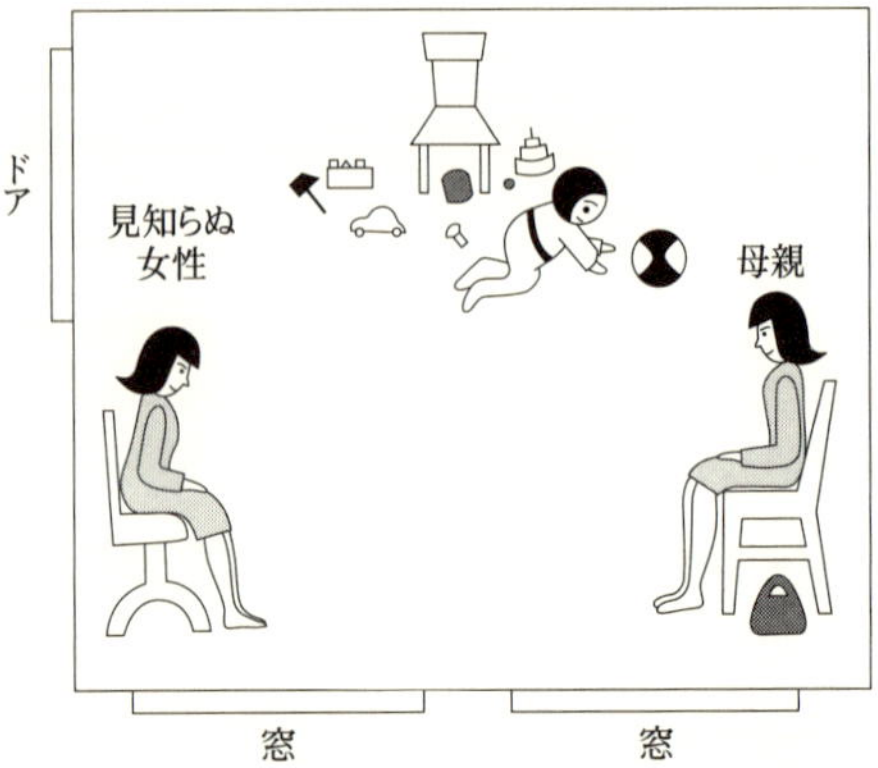

図6–2　ストレンジ・シチュエーション法の実験室

● 幼児期以降の愛着の測定

ストレンジ・シチュエーション法の成功は、愛着の実証研究を乳児期に限定することになった。しかし、実はボウルビィが初めから強調していたのは、愛着は〝ゆりかごから墓場まで〟生涯にわたって人が持ち、しかも、それが充たされることは、おとなの精神的な健康にとっても重要であるということであった[28]。愛着という概念は変えずに、それが生涯続くのだということを実証的にとらえるのは、やさしい課題ではない。乳幼児ならストレンジ・シチュエーション法でよくても、子どもが成長すれば、そしておとなでは、どのように愛着が測定できるかが問題になる。愛着研究がこのハードルを越えたのは、メアリー・メインらの提案によってであった[176]。つまり、愛着の行動ではなく、安全地帯を持っているか否かについての愛着の表象を問題にすればよいとしたのである。すなわち、乳児期のストレンジ・シチュエーション法による愛着の分類と、平均五歳九か月になった時の子どもの愛着についての表象の測定（家族写真を見た時のコメント、親子の分離についてどのように語るかなどで調べる）による分類とが一致することで、表象による測定の有効性が示せたとしたのである。これは乳児から愛着の質が変わらないという前提に立ってのことであるが、この論文以後、愛着を表象によって測定する方法が工夫されることになった。

その中でもっとも広く使われているのは、メインらが提案したＡＡＩ（Adult Attachment Interview＝成人愛着面接）である[79]。ＡＡＩは一時間以上の個別面接によって現在の愛着の状態、表象を測定するもので、一四歳頃から高齢者までを対象に広く使われている。ＡＡＩは現在も開発中という理由で、面接項目も分析の手引きも未公開であるが、面接の概要だけは公開されているので第7章（表7-1）で紹介する。ＡＡＩの詳細は、メインに認定された一〇名程度のトレーナーたちが北米やヨーロッパで開く訓練セミナーに参加しなければ知ることができない。まるで秘密結社のようだと非難もされているが、それでも二〇〇九年までの二五年間に欧米を中心に一万を超えるデータが報告されたとなると無視できなくなっている。[21] 私が参加した訓練セミナーはローマで開催されたもので、正式に認定されたトレーナーは米国人とイタリア人の愛着研究者であった。二週間のセミナーで訓練の材料として使われたのはすべて英語によるＡＡＩの録音を文字にしたプロトコルであり、分析もメインが作成した英語のルールや語感によるものであった。[81] ＡＡＩの分析はボウルビィの理論に準拠し、無意識的な防衛反応などを含めたきわめて複雑なマニュアルによって、主として母親への愛着を測定している。いずれもストレンジ・シチュエーション法での四分類に相当する型を識別しようとし、測度の妥当性は、ストレンジ・シチュエーション法による乳児期の類型と対応しているかで確かめることが共通している。

● 理論と測定

ストレンジ・シチュエーション法は、愛着研究の正式な基準になってしまった。すでに、第4、5章でも述べてきたように、実証科学では理論の深化や展開には中心となる概念の測定具が欠かせない。それによって具体的なデータを扱うことができるようになり、証拠を蓄積することで理論の妥当性が確かめられることになる。しかし、同時に、強力な測定具ができると理論がそれに拘束されるのも事実である。

ストレンジ・シチュエーション法はその典型であろう。これによって、愛着が安全地帯を提供することに限定され、母親に対する愛着を測定することが定着した。したがって、たとえば、母親への安定した愛着が見られない場合、他に愛着の対象がいるかもしれない、父親についても、祖母についても測定してみようではないかという発想はなかなか起こらないのである。幼児・児童用の測定具である愛着ドール・プレイ[80][132][330][331]でも、愛着が喚起され、母親が愛着の対象として機能するかが測定される。さらに、ＡＡＩでも、「お母さんとあなたとの関係を、思い出せる限り、そしてできるだけ昔の子どもの頃、五歳から一二歳くらいについて考えてみてください」とたずねることに始まり、主として母親の愛着の対象としての発話から現在の愛着の表象の質が測定されるのである。

3　愛着理論の仮説をめぐる議論

愛着理論の概念とその測定具の紹介をしてきた。そこで次に、愛着理論がとりわけ強調する仮説について、どのような議論がされているかを検討してみよう。これらの仮説は愛着理論を超えて、親しい人間関係の理解においても強い影響力を持つので、四点にしぼって議論を紹介しよう。

●初めの愛着の対象は母親か

愛着の初めの対象は母親であるのか、母親しか愛着の対象になれないのか。この問題をめぐって熱い議論が続いている。この議論は母子関係、ひいては人間関係を考える中心的なテーマのひとつである。

母親が重要か　ボウルビィの愛着理論が母親に焦点化して発展したことは確かである。彼は時々思い出したように、自分は愛着の対象を母親に限定しているわけではなく、自分が〝母親〟と書いているところは〝母親役をする人（英語では mother-figure）〟とするべきものだと書いている[(28)(31)]。また、愛着の理論家の中には、たまたま研究対象となった乳児の養育者の多くが母親であるために母親が愛着の対象となっているだけで、母親にこだわっているわけではないと弁護する人もいる[(32)(116)]。しかし、ボウルビィは愛着が母親との間で発達するとし、もう一人の養育者である父親に愛着行動が向けられることがあっても、父親が愛着の対象になることは非常に少ないともしている[(31)]。さらにボウルビィは、愛着の対象は単一の対象に絞られる傾向があるとして、これをモノトロピーという言葉で強調してもいる[(28)]。

最近では、このモノトロピー仮説は考え直したほうがよいかもしれないとして、愛着の対象が階層構造（ヒエラルキー）をなしており[(32)(175)]、それは母親が不在の時に代理を務める人（たとえば父親）がいることからわかるといわれている。しかし、その場合でもあくまでも母親の代理であって本物ではないと考えている。二〇〇八年に第二版が出版された『愛着のハンドブック』[(41)]において、ジュード・キャシディは、真の愛着の対象とは、「他の誰とも代替できない特別な感情を寄せる人であり、常にその人と一緒にいたいと願い、その人と離れることやその人の喪失（死）は耐えがたいと思うような特別の人である」と限定している。そして、たとえば、友だちと一緒に行動したいと望むなどの愛着行動を示すことがあるかもしれないが、このような情動的な特徴がない限り、それを愛着の対象とは呼ばないともしている[40]。愛着は個々の愛着行動ではなく、安全・安心を確保することを目的に組織された愛着行動の集合体をいう。重要なのは、子どもは個々の愛着行動のさまざまなレパートリーをうまく組織的に使って目的を果たそうとするので、一つひとつの愛着行動に注目して、それが向けられたからといって、その人を愛着の対象としているとは考えないということである[255]。このように愛着の対象は他の人には代替できない特別な人であるとされ、母親こそが愛着の対象であると主張する研究者が現在も多い。

なぜ母親なのか　すでに第3～5章で述べてきたように、実際にはヒトの乳児は、誕生時から父親を含め多様な人々に取り囲まれて育つ。この事実から始めるには、ソーシャル・ネットワークとして親しい人間関係を考えるのがよいというのが、私の考えである。これに対して、大勢の人の中から母親だけを取り上げて展開したのが愛着理論の特徴である。これは、ひとつには、すでに述べたようにボウルビィが比較行動学や精神分析理論に影響を受けたからであろう。さらに、当時（一九五〇～六〇年代）の欧米社会の〝年長の男性が支配する社会システム〟である、いわゆる家父長制の思想の影響を受けたことも間違いないであろう。この思想のもとでは、夫（男性）が公的領域を支配し、妻（女性）は家庭領域で家事・育児に専念するという性別役割分業が当然とされたのである。家父長制と愛着理論については別に述べた[281]ので本書では繰り返さない。

ボウルビィは、世界保健機関（WHO）に委託されて、欧米での第二次世界大戦の戦災孤児の精神的健康の問題について、自身の観察や文献をまとめて、報告書『母親の養育行動と子どもの精神的健康』を書いた。その際、子どもの悲惨な状態を、主に〝母親の養護が剝奪されたこと（maternal deprivation)〟、あるいは母親の愛情（mother-love）の欠如によって説明した。よく観察すれば、戦災孤児のおかれた物質的、人的環境の劣悪さも問題にするべきであったろう。また、アロ－ペアレンティング（母親以外の人による世話）も十分に機能する可能性も見えたであろうが、この報告書ではこれについて否定的な記述をしている(27)。

母親でなくてもよいか　アロ－ペアレンティングを現在の愛着理論がどのように考えるかは、現在もまだ明確にされているとはいえない。これまでの愛着理論では、養育者は生母であることがほとんど自明とされ、やむを得ない時に代わりになれるのは、せいぜい親類の女性たち（祖母、おば、年の離れた姉）であるというのが共通した主張であった。「途切れることなく同じ養育者が世話をすれば」、つまり、母親のように養育にあたれば、職業的な養育者でも愛着の対象になれるであろうとエィンズワースは語っている(8)。ボウルビィ自身は、一九八九年にインタビューに応えて、「私は母親が働くことには反対だ」、それは「他人の子どもを世話することは困難だからだ」「親の役割が過小評価されていると思う」と語ったという記録が残っている(124)。

しかし、愛着理論が基盤にしている欧米社会の事情が急速に変化し、それによって研究にも変化が見られるようになった。

たとえば、母親となっても仕事を持つのがあたりまえの社会になった。米国の乳児を持つ母親の就業率は、一九七五年には三一パーセントであったのが、一九九八年には六二パーセントになったという。このような社会の変化は、デイ・ケア・センターなどの保育施設や、家族以外の養育者であるベビーシッターの制度などを発展させてきた。そこで、母親以外の人による養育は子どもの発達を損ねるのではないかという議論が起こった。そして、〝家庭だけで養育される子ども〟と〝日中の数時間をデイ・ケア・センターで養育される子ども〟とを比較する研究がされるようになった。両者の間に「差がない」、あるいは「デイ・ケア・センターの子どものほうが優れている点がある」という結果が出ても、研究方法が悪いからではないか、研究対象の数の少なさやサンプリングの偏りがあるせいではないかとか、というようなケチがついてなかなか結論に至らない。これまで「母親（mother）」といったところを、「主なる養育者（英語では primary caregiver）」と表現するなどの形式上のコンセンサスはできても、本音では〝母親のほうが子どもにとってよいに決まっている〟という素朴理論を、多くの研究者が持っているからであろう。

第10章で詳しく紹介するが、一九九〇年代になって、米国の国立小児保健・人間発達研究所（ＮＩＣＨＤ）の主導で、全米一〇か所の計一三〇〇余名の子どもと家族を対象に、生後一か月からの発達を追跡する研究が進められている。母親対保育者という比較研究に決着が期待されるプロジェクトではあるが、なにしろ研究の枠組みそのものが、私にいわせれば〝家族中心〟なので、子どもの真の姿をとらえられるか、そう大きな期待は持てない。しかし、乳児期の愛着について見れば、手間のかかるストレンジ・シチュエーション法を一〇〇〇余組の母子に実施できたことは、大いに意味があるであろう。そして、家庭以外での養育経験がある子どもと家庭で養育された子どもとを比べたところ、両群には母親への安定した愛着の出現率について差がなかったという[208]。母親以外が日中養育しても、母親が愛着の対象になる割合には差がないという結果である。

一方、マイケル・ラムらは興味深い分析をしている。一九七五年から二〇〇三年までの愛着の研究から、家族以外の保育者への愛着を扱った研究を探し出して、メタ分析をしたのである。該当する研究は四〇しかなかったが、研究に協力した子ども（生後平均二九・六か月）は合計二八〇〇余名に上っている。この分析によると、家族以外の保育者との間にも約半数（四二～五四パーセント）の子どもが安定した愛着を形成していたという。さらに興味深いのは、デイ・ケアでの保育を体験している子どもの、母親と保育者への愛着である。安定した愛着を持つとされた子どものうち、母親がその対象である者は六〇パーセント、保育者がその対象である者は五〇パーセントであり、しかも、両者の関連は弱いものであったという[2]。これは、母親ではなく保育者を愛着の対象としていた乳幼児が相当数いたことを示唆しているが、そこまで立ちいった分析をしていないのは残念である。

二〇〇九年の発達研究学会（ＳＲＣＤ）では、養子になった子どもの養母への愛着の研究がいくつか目についた。養子縁組が多くなされる欧米の社会事情を反映してのことである。これらの母親以外を愛着の対象にする子どもの研究が蓄積されていくと、いずれ愛着理論の〝母親中心主義〟は変更を迫られるに違いない。

●乳児期の愛着は鋳型か

幼児期決定説　愛着理論の重要な仮説のひとつは、乳幼児期の愛着がその後の愛着の鋳型（テンプレート）を作り、しかもこの鋳型はひとたびできると変わりにくいとすることである。このように、乳児期の愛着の質が生涯持続すると主張するので、幼児期決定説だといわれる。言語が成立する以前にできあがった愛着は強固であるから変化しにくいとも説明される。臨床的な介入があれば不安定な愛着が安定したものに変わるとはするものの、このような以前は不安定型であったにもかかわらず安定型へと変化した愛着は、一貫して安定している「連続性の安定（continuous security）」に対して、「稼ぎ取った安定（earned security）」と名づけられて区別されている[98][231]。そして、「稼ぎ取った安定」は安定した愛着とはまだ認められていない。別の種類の安定かもしれないし、質がよくないかもしれないという議論が続いている。二〇〇九年の発達研究学会（ＳＲＣＤ）での愛着研究の事前会議において、現在の愛着理論の主要な担い手のひとりであるメインが繰り返し強調したのは、「愛着理論は精神分析の原型（プロトタイプ）の考え方に準拠している」ということであった。

内的作業モデル　乳児期にできた愛着が鋳型となるとはどういうことだろうか。これを説明するためにボウルビィは内的作業モデルという理論的装置を考えた[28]〜[30]。だが、これについてのボウルビィの記述はそれほど明確ではないために、さまざまな議論がなされてきた。内的作業モデルは生涯にわたって、愛着にかかわる他者と自己の理解や行動を処理するために使われるものとされる。人が他者の愛着行動を予測したり解釈したりし、また、自分が愛着の対象にどのように受け容れられているかを判断し、それに自分はどのように対応するかを計画する際に働くとされるのである[37]。このように、内的作業モデルによって、母親との関係で形成された愛着の質がそれ以後も継続して働くという考え方が具体的に説明される。したがって、愛着の対象として母親をどうとらえているかを問題にすればよいと考える。しかも、あくまでも現在どのように母親を見ているかという愛着についての表象が重要であると強調されている[98]。

世代間伝達仮説　母親の愛着の質が子どもに伝達されるという世代間伝達仮説を愛着理論家は当然のこととして話を進めるが、実際にはその証拠も不十分であるし、伝達されるメカニズムもよくわかってはいない[306]。実際には不幸な世代間伝達のサイクルは断ち切れるという証拠も多い[232]。世代間伝達仮説は異常なまでにメディアや行政者に好まれ、ひとり歩きしているので、特にこの仮説が十分に証明されたわけではないことを強調しておきたい。

さらに、ボウルビィ以来、愛着の伝達は母親の養育行動をとおしてなされるとし、子どもの送る信号にすぐに的確に応答するような、〝敏感な〟母親が安定した愛着を育てるとされてきた。しかし、この関連についての証拠も不足している。まずは、母親が敏感かどうかをどのようにとらえるかという問題がある。もともとエインズワースらは家庭訪問をして授乳、養育行動、遊びなどの諸場面を合計十数時間も観察した結果によって、この重要さを指摘したのである[6][35]。その後の研究では簡略化された方法によるものが多いのであるが、この関連を見た研究（六六研究、四一七六組の母子のデータ）のメタ分析をしてみたところ、子どもの愛着と母親の敏感さの「関連はなくはないが強いものではなく、母親の敏感さは愛着を発達させる唯一の要因ではない」ことを見出したのである[51]。

そこで、研究者たちは愛着の世代間伝達はなぜ起こるのか、母親と子どもの愛着の類型を継続させるミッシングリンクを探そうと、夫婦関係や家庭の状態を見るような研究に移っている[48]。また、精神分析理論家のピーター・フォナギーら[71]は、母親が自己や他者の心的状態を内省するメタ認知機能（reflective function）を持つかどうかが重要ではないかとし、この機能を母親のＡＡＩでの発話で測定できるとしたことから実証研究が始まっている。さらに、このメタ認知機能はこれまで「心の理論」という概念で認知心理学が扱ってきたものにも相当するところから、「愛着理論」を考えてはどうかという提案もなされている[52]。さらに、母親の要因だけではなく、子どもの側が母親の反応に敏感に応えるかという母子の関係を問題にするという試みもされている[58]。

愛着の連続と不連続　乳児期の愛着の質が鋳型となり、それが内的作業モデルとして働くとするのは、愛着の連続性を仮定していることになる。乳児期に愛着を測定され、その後も発達を追跡されてきた人たちが成人期に達し始め、連続性の仮説が実証的に確かめられるようになってきたが、時間も経費も必要なこの種の縦断研究はまだ多くはない[87]。

では、待っていた結果はどうであったか。公平に見れば、連続・不連続について五分五分というものである。連続性を支持するデータもあるが[91][323]、そうではない研究も報告されている[287][324]。このような結果を踏まえて、愛着の連続性は子どもを取り巻く環境の連続性を前提としているのだと考えられるようになった。特に注目されているのは、愛着に変更を迫るようなライフ・イベント（たとえば、親の離婚、虐待、貧困）である。成長の過程でこれらを体験すると愛着が不安定型になる傾向があることを示すデータが集まりつつある。[171][254]

こうして実際のデータが集まってくると、愛着の鋳型説は根本的に見直すか、あるいは、限定的に考えるべきではないかという問題が浮上してくる。

●愛着理論は臨床の現場で有効か

最近、愛着理論の臨床への適用が盛んになっているという印象が強い。それは愛着と臨床について欧米での本の出版が相次いでいるせいである。[219][256]日本でも一部が翻訳されたり、また、オリジナルの本が出版されたりもしている。[75][135]愛着理論はもともと臨床の事例や戦災孤児などの現場の問題に端を発したものであり、こうした状況は、生涯をとおして心理臨床家であったボウルビィの望んでいたところであったといえよう。

ボウルビィは、安全地帯を持つことが精神的な健康にとって重要だという考え方に立って、セラピストがクライエントの安全地帯になること、そして、クライエントが安全地帯を得て探索できるように援助すること、クライエントの問題について、特に、過去の出来事が現在の問題を引き起こしていることを愛着理論によって理解すること、クライエントに質のよい内的作業モデルが持てるように援助すること、などが治療過程において重要であるとしている。[31]そして、現在、それが幼児からおとなまでを対象に実践的に試みられている。

今日の愛着理論の臨床への応用は、まず、クライエントの問題の理解にこの理論を使おうというものである。たとえば、養子に出された子ども、養護施設で暮らす子ども、虐待された子ども、あるいは、そのような体験をしてきたおとなを、愛着理論を用いて理解しようとする研究が報告され、また、議論されている。このような状況に共通しているのは、かつてボウルビィがWHOの報告書で注目した〝母親の養護が剝奪されたこと〟が愛着の質を不安定にしているであろうという仮説である。それは、臨床群には愛着のD型（無秩序型）が非常に多く見られるからである[250]。

ストレンジ・シチュエーション法で愛着の型を特定された子どもたちの成長を追跡した縦断研究では、愛着の不安定型でもA型（回避型）、C型（アンビバレント型）はそれなりに適応的な生活ができることが報告されるようになり、不安定でもそれなりに行動は組織化されていると考えられるようになった。一方、D型は行動が組織化されてはいないとされ、発達上の問題を持つことが指摘されている。AAIを使って愛着を測定した一〇五の研究（合計四二〇〇名分）のメタ分析から、なんらかの問題を抱える臨床群では、四一パーセントがD型ないしはどの類型か〝分類不能だ〟と判定されていることがわかった[115]。

さらに、愛着理論の臨床への応用において注目されるのは、セラピストが愛着理論にもとづいてクライエントである母子になんらかの介入をするものである。たとえば、図6-1を用いながらマービンらが行っているのが、「安心感の円環」プロジェクトと呼ばれているものである。五～六名の親が、自分と子どものストレンジ・シチュエーション法のビデオ記録を順番に一緒に見て、同席しているセラピストに助けられながら、愛着の仕組みや自分の状態の理解を深める[180]。二〇〇九年の発達研究学会（SRCD）で注目されたのは、セラピストの愛着の質の問題についてのシンポジウムであった[243]。愛着理論の中心的な研究者が集まって議論が弾んだ。クライエントに安定した愛着を期待するのであれば、セラピストの愛着も安定したものでなければならないとするのは、愛着理論からすれば考えられることではある。以上のように、愛着の臨床では、クライエントの内的作業モデルを調整し、安定した愛着が持てるように援助することが、精神的健康につながると考えていることになる。つまり、「稼ぎ取った安定」した愛着を実現しようというものに他ならない[167]。

臨床的な事例の分析がさらに精緻化されていけば、愛着理論の基本的な仮説を再考する有効なデータになることも期待できよう。たとえば、愛着の鋳型は真に仮定できるものなのか、稼ぎ取った安定した愛着は実際にうまく機能するのか、愛着は真に変容し得るのかなどについてである。さらに、愛着理論家が大いに関心を示しているように、脳神経科学がさらに進歩し、脳の活動と具体的な行動との結びつきが解明されるようになれば、これも有効なデータとなると期待される[46][175]。

●愛着は発達につれて変容するか

すでに見てきたように、ボウルビィは愛着が生涯をとおして人間にとって欠かせないものだとした。しかも、乳児期の母親との関係で作られた愛着が鋳型を作り、それが内的作業モデルとして働くと考えた。したがって、発達につれて愛着の対象が母親以外の人に〝拡大する〟とはせず、母親への愛着がその後の親しい関係を〝媒介する〟という考え方をした。この媒介をしているのが内的作業モデルだとするのである。そして、現在も愛着理論家の多くはこの考え方を継承している。

ところが、愛着研究の中心であったミネソタ大学の愛着の縦断研究[254]においても、生後一二か月時の愛着の類型からは一九歳時と二六歳時での類型を予測できなかったというのである。さらに、愛着理論の骨格のひとつである、母親の養育行動の敏感性が安定した愛着を育てるという仮説を支持する証拠も、十分には得られなかった。縦断研究自体が母親中心の枠組みでなされているので、母親以外の要因への配慮や、愛着の対象が変わるのではないかという可能性を検討するようには、研究が組まれていないのである。

青年期以降の愛着に関心を持っているワイス[326]やロジャー・コバック[142][143]らのように、愛着の対象は母親から友だちへ、そしてさらに恋人へと、成長につれて転移（transfer）すると考える人もいる。コバックは、きわめて注意深く青年期の愛着と他の親しい関係や親和関係とは異なることを確認し、青年期以降の愛着研究で使われている測定具に問題はあるとしながらも、ワイスがいうように青年が親を愛着の対象として確保しておきながら、恋人や親友、そして、その後には配偶者を、愛着の対象としていると考えてよいのではないかとしている。彼らは「ＩＰＩ（Important People Interview＝重要な人についての面接法）」を作成し、愛着の階層構造を確かめたいと試みている。四名の重要な人を挙げてもらい、「もっとも身近に感じる」「困っている時助けてくれる」「旅行に出た時にその人を恋しく思う」などの五問について重要な順番をたずねて、愛着の階層構造を見ようとしている[142]。そして、コバックは、もし愛着の対象が成長につれて変容するとすれば、愛着理論の鋳型説、内的作業モデルの性質についての仮説という根本的な前提を再検討する必要があり、さらに、愛着の対象が転移する仕組みをどう説明するかなど、いくつもの理論的問題を解決しなくてはならないと指摘している[141]。現在の愛着研究の主要メンバーであるメインは、二〇〇九年の発達研究学会で、転移についてのコバックの発言に対して、「転移というのはよくない考えだ。安定した愛着型の者は配偶者を尊敬するであろうが、配偶者は愛着の対象ではない」と媒介説を主張していた。このボウルビィ以来の基本的な仮説と新しい証拠をどのように結びつけるかが、愛着理論の新しい課題であろう。

●新しいデータには新しいOSを

愛着理論の現在をまとめてみよう。

ボウルビィによって愛着理論が提案された。愛着は、「生き延びのために庇護を求める」というヒトの遺伝子に進化の過程で組み込まれた性質に起源を持つとされ、それを受け容れ、反応する母親の養育行動があれば、うまくこの傾向が出現し、この安定した愛着が乳幼児の命の安全や安心感をもたらすように働くとされた。しかも、愛着は生涯にわたって人の心の安定・安寧にとって重要だとも主張した。そのために、乳児期に形成された愛着は、その後の愛着にかかわる行動の鋳型となるとして、愛着の個体内の連続性、さらに、母から子どもへという世代間の伝達を主張した。この理論に多くの研究者が関心を持ち、半世紀にわたって多くの実証研究がなされてきた。

実証的なデータは、人間理解における愛着理論の重要性、たとえば、愛着の精神的健康における意味、愛着の個人差（類型）、臨床的な事例の理解における有効性などを示した。しかし他方では、基本的な仮説（鋳型説、連続性説、世代間伝達仮説、愛着の先行要因としての母親の敏感性）の再検討をうながすような証拠が出てきている。

作家の高橋源一郎は、これまでとはちょっと違うと感じる新しい小説（たとえば、綿谷りさの『インストール』）では、使われている基本ソフトであるOSが違うのだと比喩的に説明している[264]。これはうまいたとえである。この比喩を借りれば、愛着理論というOSでは理解できない証拠は、OSの更新を要求していると考えるのがよい。そして、新しいOSとして私が提案しているのが、第3～5章で述べた愛情のネットワークというモデルである。OSを更新してもなお走るソフトがあるように、OSの更新はそれまでのすべてを反古にすることにはならない。愛着研究を、新しい愛情のネットワークのモデルによって再解釈してみるという提案である。この問題をさらに次章以降で検討しよう。

第7章　母子関係

第6章では、人間関係についての巨大な理論、愛着理論を紹介した。人間関係について常識だと思われていることの多くが、愛着理論の仮説でもあることに気づいてもらえたであろうか。そして、その常識には疑わしい部分があることも指摘した。本章ではさらに、真の人間関係の理解には母子関係についての歪んだ思い込みから解放される必要があることを述べてみたい。第一に愛着研究が明らかにした成果を再検討してみる。そして、第二に人間関係の研究の中でも特に関心を集めている母子関係の心理学について述べてみよう。

1　愛着理論はなにを明らかにしたか

愛着理論は「有能な他者」に「不安や窮地を解消してもらうという機能」だけに焦点をあて、発達についての重要な仮説を立てて、半世紀にわたり膨大な実証研究を生んできた。第6章で検討した愛着理論の骨格を作る仮説は次の五つにまとめられる。

①　愛着はヒトの生存にとって不可欠であり、進化の過程で遺伝子に組み込まれるようになった。

② 愛着が十分に充たされることは、生涯にわたって重要である。

③ 人生のごく初期にどのように愛着が充たされるかについての鋳型ができ、いったんできあがった鋳型の性質は生涯をとおして変わりにくい。

④ 愛着の鋳型を作るのは、乳児にとって「有能な他者」であり主な養育者である母親である。つまり、乳児の愛着行動への母親の対応の仕方が鋳型の性質を決める。

⑤ 現在の愛着の性質は、幼い時に母親がどのように愛着行動に対応したかについての表象によって知ることができる。

これらの仮説は実証的なデータによって支持されているのか。これまでのデータでは愛着が乳児から高齢者まで広く見られること、しかもそれを充たされることが人の心の平穏にとって欠かせないこと（仮説②）については支持されたといえるであろう。そして、仮説①については第1章で述べたとおり、このように進化論で考えることに現時点で異議を唱える人は少ないであろう。しかし、仮説③、④、⑤は再検討の余地があることが指摘されてきた。そしてこれらは愛着理論の根幹をなす重要な仮説であり、その意味では根底からの理論の検討が迫られているといえる。

たとえば、第6章で紹介した中堅の愛着研究者であるコバックの「愛着の対象は成長につれて〝転移〟する場合がある[140]」という結果を受け容れようとすれば、少なくとも仮説の③、⑤は修正しなくてはならない。愛着の連続性については控えめに考えるべきであるし、愛着の鋳型説そのものも検討しなくてはならないかもしれない。特に、なぜ愛着の対象が成長につれて別の人に〝転移〟することがあるのか、たとえば、子ども時代には母親が愛着の対象であったものが青年期には友だちに〝転移〟することがあるのはなぜか、この仕組みは愛着理論では説明できない。

私の提案は、母親だけに注目して成長を見るのではなく、愛情のネットワーク・モデルを用いて、子ども時代から母親も友だちも含む複数の重要な他者との関係をとらえ、母親が愛着の対象である時期から、友だちがどのように心理的に意味づけられているかを見ておく必要があるということである。つまり、母親だけに、そして愛着の機能だけに限定してしまうと、将来は愛着の機能を担うようになるかもしれないが現在はそうではない、いわば愛着の機能を果たす潜在的な候補者といえるかもしれない、友だちを見落とすことになる。したがって、コバックが困惑しているように、なぜある青年の愛着の対象が友だちに転移するのかが説明できない。そしてさらに、ネットワークとして見ることのメリットは、愛着の対象は絶対的なものとして独立して存在するのではなく、他の重要な他者との関連で相対的に決まるという事実を見落とさないことである。つまり、青年期にあっても引き続き愛着の対象を母親とする者もいれば、友だちに転移する者もいるのは、青年それぞれが持つ愛情のネットワークの内容が異なるからである。

愛着の対象の変化や個人差を理解するためには、人はソーシャル・ネットワークの中で人生をスタートし、多様な他者に同時に関心を持つという事実から始める必要がある。しかも、人は不安を解消し、安全や安心感を手に入れるという、愛着の機能のためにだけ他者に関心を持つのではない。人とのつき合いが持つ数種の機能、つまり、心理的な意味を同時に取り上げて、それぞれの人にとっての複数の親しい人との関係を同時に考えるのがよいのではないかというのが、第3～5章で述べた私のこれまでの研究の結論である。愛着の機能や性質をその一部に含む愛情のネットワークを、人間関係を理解するOSとして考えようということである。つまり、このようにOSを更新することによって、愛着研究が明らかにした事実を活かし、さらに、従来の愛着理論では説明できない結果が理解できるというわけである。このように考えることによって人間関係の性質の理解がどのように進むかを具体的に検討してみよう。以下に紹介するのは、同じ人の愛着と愛情のネットワークとを同時期に測定した研究である。

●愛着と愛情のネットワークの関連

三宅プロジェクト　一九八〇年代の初め、北海道大学の三宅和夫教授が始めた誕生から六歳までの発達を追跡する三宅プロジェクト[191][193]に私も加えてもらい、愛着と愛情のネットワークの測定と分析を担当した。手間のかかる乳児期の測定を実施したのは、当時の三宅研究室のスタッフたちである。生後一二か月時に、第6章で紹介したストレンジ・シチュエーション法を採用して愛着の質を測定することにした。

このプロジェクトの縦断研究の協力者は、大学付属病院で誕生した中産階級の核家族の第一子とその父母であった。両親は高校卒業以上の学歴を持ち、当時はほとんどの父親はいわゆるホワイトカラーの給与生活者、母親（出産時二二～三二歳）は全員が専業主婦で主な養育者であった。

手続きとしては、ほぼ満一歳（生後一一・二か月〜一三・一か月）時に、ストレンジ・シチュエーション法によって愛着を測定した。そして、分析が可能であった六〇名（うち女児二九名）が成長するのを待ち、彼らが平均一九・五歳になった時に、再び調査をした。ようやくＡＡＩ（成人愛着面接）とそれを分析する私たちの準備ができたからでもある。しかし、六歳で縦断研究を終了してから時間が経っているために、彼らの所在の確認が必要であった。いろいろ手を尽くしてみたところ、約半数の青年たちの現住所がわかった。そのうち、五名（うち女性二名）が再調査への参加を拒否し、最終的には二八名（うち女性一四名）に協力してもらえることになった。

協力者のうち三名が就職していて、二名がいわゆるフリーターだと報告したが、残りの二三名は学生（大学生が九名、専門学校生が八名、受験準備中が六名）であった。四名が大学や会社の寮で暮らしている他は、親と同居していた。ひとりずつ調査場所に出向いてもらい、現在の愛着についての面接（ＡＡＩ）の他、現在の愛情の関係の調査（ＡＲＳ）、生活の状況についての調査、数種の心理尺度、これまでの生活史調査、小学生時の愛情の関係の回顧的な調査（ＰＡＲＴ）などについて、合計三〜四時間の調査に協力してもらった。そして、母親にも子どもの幼児期から現在までの生活について郵送で報告してもらった。

一歳時の愛着　ストレンジ・シチュエーション法によって測定した二八名の愛着型は、Ｂ型（安定型）、Ｃ型（不安定なアンビバレント型）、IC型（エピソード5まではＢ型の特徴を示すが、エピソード６の子どもが実験室にひとりで残される場面でひどく動揺して、この後ではＣ型の特徴を示すために、私が非連続的（inconsistent）C、IC型と命名した型）、そしてD型（無秩序型で統制が取れていない行動を特徴とする型）がそれぞれ一六、五、六、一名であった。A型（回避的な不安定型）が非常に少ないのが、日本の子どもの特徴である。[273][276] なお、愛着の類型の分布には性差は見られず、これは欧米の研究と一致している。

一九歳時の愛着　一九歳時の愛着の測定には、第6章で紹介したＡＡＩを使った。私たちはあらかじめ日本の女子大学生二六名にＡＡＩを実施し、日本人の日本語によるＡＡＩのプロトコルに英語版のオリジナルの分析の枠組みを適用することが妥当かについて検討し[282]、その結果をもとに議論を重ねた上で、用いることにしたのである。

公表されているＡＡＩの質問項目を表7-1に示した。これは概要であるが、おおよそを知ることはできるであろう。この面接での発話のプロトコルを、主として母親に対する愛着が理想化されたり、歪められたり、隠されたりせずに、率直に、的確に、生きいきと語られるかを、手引きに従って詳しく分析し、愛着の類型を特定するのである。

私たちの調査では、ＡＡＩは特別に訓練された二名の女性の臨床心理士によってなされ、さらに、その分析については二名の正式な訓練を受けたコーダーに依頼した。もちろんのことであるが、面接者も分析者も青年たちの乳児期の愛着型についてはなにも知らされていない。ＡＡＩのコーダー間の愛着類型の一致度は八三パーセントで、十分に高いといってよいであろう。

一歳時と一九歳時の愛着の関連　一歳時と一九歳時の愛着の類型の関連は、表7-2のとおりである。

表7-1　AAIの質問項目の概要 (98)

1	まず、あなたの子どもの頃の家族構成や生まれ育った場所などについて話してください。
2	子どもの頃のあなたとご両親との関係について話してください。思い出せるかぎり昔にさかのぼって、そこから始めてください。
3	それでは、お母さんとあなたとの関係を表す五つの形容詞や言葉を挙げてください。あなたが言われた言葉を、まず、ひとつずつ書き留めていきます。五つ挙げてもらった後で、あなたが選んだそれぞれの言葉についての記憶や経験についてうかがいます。
4	それでは、お父さんと……（「あなたとの」以下、3と同じ）。
5	ご両親どちらに対して、あなたはより親密な感じを抱いていましたか。それはなぜですか。
6	あなたが幼い頃、腹を立てたり、機嫌を損ねたりした時にはどうしましたか。具体的な例を挙げてください。怪我をした時とか、病気の時とか。
7	あなたがご両親と初めて離れた時、どうだったか話してください。
8	子どもの頃、ご両親に拒絶されたと感じた経験がありますか。その時、ご両親は拒絶していることを意識していたと思いますか。
9	あなたのご両親はあなたを脅すようなことがありましたか。たとえ、しつけのためにでも、冗談にでも。
10	全体として、あなたのご両親とのいろいろな経験が、今のおとなのあなたの性格にどのように影響していると思いますか。あなたの成長に悪影響を与えたと感じる点はありますか。
11	あなたが子どもの頃、ご両親はなぜそのように振る舞ったのだと思いますか。
12	子どもの頃、ご両親と同じくらい、あなたがなついていたおとなは他に誰かいましたか。
13	両親やあなたが子どもの頃よくなついていた人を亡くされた経験はありますか。
14	子どもの頃と現在では、あなたとご両親との関係は大きく変わりましたか。
15	最近のあなたとご両親との関係はどうですか。

表7-2　1歳時と19歳時の愛着の類型の関連

		19歳時の愛着		
		安定型	不安定型	合計
1歳時の愛着	安定型	14	2	16
	不安定型	10	2	12
	合計	24	4	28

それぞれの時期に愛着が安定していると判定されたか、不安定とされたかの二分類にして二時点の関連を見た。表7-2に見るとおり、二時点での愛着の類型の一致度はきわめて低く、統計的にも有意な関連はない。一歳時には安定型と不安定型がほぼ半々であった（一六対一二）のに対して、一九歳時には二八名中二四名が安定した愛着であるF型（これは乳児期のB型に対応する）に分類された。

一九歳時に不安定型だと判断された四名を見ると、一歳時にも一九歳時にも一貫して無秩序型とされた一名（女性）、一歳時にIC型で一九歳時にDs型とされた一名（男性）の計二名が一貫して不安定型であるとされた。しかし、Ds型はストレンジ・シチュエーション法でいえば、母親との距離を大きく取るA型に相当し、母親との距離が接近しているIC型とは異なる傾向を持つ愛着型であり、この点から見ると連続性があるとは言い難いだろう。不安定型だと判断された残りの二名はいずれも男性で、一歳時にはB型であったものが一九歳ではDs型と判定された。この二名はAAIでの発話が少なく、「よく覚えていない」「忘れた」などと語りたがらず、分析基準によってDs型と判断されたものである。

一九歳時の愛情のネットワーク　なぜ、一九歳時には二八名中二四名の青年が安定した愛着型だと判定されたのであろうか。同時期にARSで調べた彼らの愛情のネットワークに注目してみよう。

ARSは、第4章で紹介したように、愛情の要求が誰にどのように充足されるかを明らかにしようというもので、愛情の要求の六種の機能を記述した一二項目について、母親、父親、同性の友だちでもっとも親しい人、異性の中でもっとも好きな人、もっとも親しいきょうだいの計五名、そして、その他に重要な人がいればその人を加えた計六名のそれぞれについて、繰り返し評定するという方法で評定してもらった。ただし、「その他」（祖母、先輩、友だちなどについて）を回答したのは一〇名であり、しかも、そのARS得点が前述の五名のそれを上回ることはなかった。ARSでは愛情の要求のどの機能を、誰に、どの程度強く向けているかがわかる。つまり、ARSが親しい五名との愛着を含めた現在の愛情のネットワークの表象をとらえるものであるのに対して、AAIでは表7-1の質問によって、過去の母親についての愛着経験を聞き出して、それをもとに現在の愛着の表象をとらえようとしているのである。

ARSによって愛情のネットワークの類型を特定して、それとAAIの愛着の類型との関連を見ることにしよう。愛情のネットワークの類型とは、第4章で述べたように、報告された五名の対象の中で誰が中核的な役割を担っているかに注目して、特定するものである。このようにして、重要であろうと思われる数名について同時に注目してみるとなにがわかったかを、表7-3に示した。

一九歳時の愛着と愛情のネットワークの関連　表7-3は一九歳時点での愛着（AAI）と愛情のネットワーク（ARS）のそれぞれの類型の関連を示している。愛情のネットワークの類型で見ると、一九歳時点で母親を中核とする母親型は二名しかいない。この二名の女性はAAIではF_4型（安定型

表7-3　19歳時の愛着型と愛情のネットワーク型との関連

愛着のネットワークの類型	愛着の類型						
	Ds型	F_1型	F_2型	F_3型	F_4型	U型	合計
母親型	0	0	0	0	2	0	2
同性の友だち型	1	1	0	6	1	0	9
異性型	1	1	1	8	2	0	13
二焦点型	0	0	0	1	0	0	1
多焦点型	0	0	0	0	0	1	1
一匹狼型	1	1	0	0	0	0	2
合計	3	3	1	15	5	1	28

の中でも心理的距離が母親と近いもの）である。二二名の青年は同世代の友だちを中核としている、同性の友だち型（九名）と異性で好きな人型（一三名）であると分類された。そして、この同性あるいは異性の友だち型のうち一四名が、ＡＡＩではF_3型（F_4型ほどではないが、母親との距離が近く、率直に愛着を表現しているもの）に分類されていることが注目される。つまり、ＡＡＩで安定型（Ｆ型）とされた青年は、ＡＲＳで見ると、それぞれの愛着の機能を中核として果たしている人を持っているが、それがもはや多くは母親ではないとされたのである。

一方、ＡＡＩによって不安定型とされた四名についてみると、Ds型の三名は、ＡＲＳによると同性の友だち型、異性で好きな人型、一匹狼型であり、いずれも中核的な対象に与えられる得点がこの研究の協力者たちの中核となっている対象の平均よりも低かった。また、Ｕ型（無秩序型）とされた一名は、ＡＲＳでは多焦点型と判定された。つまり、五名のすべての対象に対してほぼ最高の得点を与えていて、誰が中核であるかが特定できなかったのである。

以上のように、一歳時のストレンジ・シチュエーション法で測定した愛着と、一九歳時にＡＡＩで測定した現在の愛着との間には、連続性は認められず、二八名の青年のうち二四名が安定型だと分類された。そして、これは乳児期には不安定型であった者も含め、多くの青年が、母親、友だち、恋人など、本人がもっとも自分にとって必要だと選んだ人を中核として持つようになるためではないかと考えられた。実際、ＡＲＳではこれらの中核となる対象には、愛着に相当する機能の得点が高く割り振られていた。一方、ＡＡＩによって愛着が不安定型だと判定された四名は、人間関係への関心が弱い三名と、愛情の要求を複数の他者に無差別にしかも強く向けている一名に分かれた。このように、私たちの研究によれば、一九歳時のＡＡＩとＡＲＳは、「中核となる愛着の対象を持っているか否か」という点ではほぼ一致した。コバックが指摘するように、青年たちの多くは母親以外を愛着の対象とするという変化が、確かに見られたのである。

●愛情のネットワークの中に愛着を位置づける

愛情のネットワークの中に、その一部として愛着を位置づけてみる方が、人間関係の現実がうまく理解できると私は考えている。それはなぜか。

第一に、それぞれの対象はいくつかの心理的機能を軽重織り交ぜて果たしているので、愛着の機能しか見ないというモデルは、人間関係をとらえるにはふさわしくない。そして、人は身の安全、安心感を最大に確保しておくために、複数の重要な他者をそれぞれの機能について程度を変えて、ワイスの表現を借りれば、確保している。[326] 母親だけというように特定の人にしか注目しないというのでは、たとえば、母親が愛着の対象としてうまく働かなくなった時に、他の対象が代わってその役を一時的に果たしたり、あるいは取って代わったりするという現実をうまくとらえられない。

第二に、母親の養育行動が愛着の鋳型を作るとする愛着理論では、自分に合う愛着の対象を子ども自らが選ぶ、つまり、人間関係の心的枠組みを本人が構築するという主体の働きを重視していない。愛着理論では、愛着の変化を環境の変化で説明しようとする。[254] しかし、愛情のネットワーク・モデルでは、人間関係の枠組みを作り上げる本人の意思や能力をも重視している。つまり、環境の変化にどのように影響を受けるか、誰をどのように重要とするかについて、本人が決める部分が多いと考えたほうが事実に合っていると考えられる。たとえば、一九歳の青年で母親型、同性の友だち型、異性で好きな人型というような個体差があるのは、本人がそのような人間関係の枠組みを作ってきたからであろう。もちろん第9章で述べるように、生きてきた時代、文化、環境の影響は否定できないが、人は状況に一方的に左右されるのではないと考えた方がよさそうである。三宅プロジェクトの協力者は、私たちが接していなかった六歳からの日々に、両親の離婚（一名）、父親の死（一名）、高校中退（四名）、学校でのいじめ体験（七名）などの出来事があったと報告したが、これらのライフ・イベントと愛着型の変化には明確な関連は認められなかった。むしろ、本人の主体性を考えれば、青年期に愛着の安定型が増大するのは、単純に環境が変わったと考えるよりは、個々の青年が努力して安定型へと発達を遂げた結果だと解釈したほうがよいであろう。

第三には愛着の測定の問題である。三宅プロジェクトの追跡研究では青年の愛着の測定にＡＡＩを用いた。幼少期の母親との関係から、現在の愛着の質を決めようとして一時間余りの面接をし、その発話について、きわめて複雑な分析に一ケースあたり数時間を費やした。その結果が、質問紙形式のＡＲＳによる愛情のネットワークの型とほぼ一致したというのは興味深いことであろう。愛情のネットワーク・モデルでは、それが誰であるかは問わないが、中核となる対象を持つ階層的な表象を持っているか否かを特定することが重要だと考えている。それは、第4章で述べたように、中核となる対象が決まらない人間関係の枠組みでは、真の安全・安心感を得られないという仮定に立つからである。そして、これは愛着理論が重視するように母親との関係だけを測定したのでは決して出てこない特徴である。測度は測定される者にとってはもちろん、研究者にとっても簡便であるに越したことはない。愛着をどのように測定するかについても再検討の余地が大いにあると思われるのである。

2　母子関係の心理学

発達心理学には母子関係の心理学という人気のジャンルがある。第6章で紹介した二〇〇九年の発達研究学会（ＳＲＣＤ）においても、母子関係、養育行動、養育スタイルなどをキーワードにした発表がもっとも多かった。この状況は日本でも同じである。いずれもが子どもの発達にとって母子関係や養育行動がいかに重要であるかを調べようというものである。母子関係の心理学をここで取り上げるのは、（たとえ、研究者は明確にはしていなくても）愛着理論の仮説を真に受けている場合が多い、母親の重要性を必要以上に強調しがちである、そして、手ぐすね引いて待ち構えている子どもや家族についての政策を担当する為政者や行政官に都合のよい材料を提供している、という問題を検討するためである。

●母親偏重主義

母子関係の心理学の多くの研究では母子関係だけしか扱わない。研究者は子どもの発達では母親がとりわけ重要だと考え、母親はどの子どもにとっても同じ心理的意味を持つと仮定し、母親の行動の量や質の差のみで子どもの発達の差を説明してしまうという乱暴なことをしている。たとえば、子どもの言語発達を母親の言葉かけの差だけで説明しようとするのである。子どもに話しかけるのが母親だけでないことは、ネットワークの中で生活していることを考えれば、すぐにわかることである。さらに、子どもの持つ人間関係の枠組みを考えれば、どの子どもにとっても母親の言葉かけがもっとも重要であるとも簡単にはいえないであろう。他の家族、さらに、保育所に行っていればそこでの先生、仲間などの影響は無視できない。テレビやＣＤ、ＤＶＤなどからの影響も大きいであろう。母親の言語行動だけを取り出すことがいかに現実離れし、馬鹿げているか、今さらいうまでもないであろう。母子関係の心理学の母親偏重主義の弊害について考えてみたい。

●ジェンダー・イデオロギー

愛着理論を打ち立てたボウルビィは、「子ども」と「子どもを産む母親」との結びつきは、子どもの生存や発達のために不可欠だと考えた。彼が、戦災孤児の不幸は戦争による「母親の剥奪」（英語ではmaternal deprivation）が原因だとした[27]ことはすでに述べた通りである。この考え方は、女性に母親役割を当然のものとして割り振っていることになる。母子関係の心理学はこのボウルビィのような考えを土台にしているといっても過言ではない。

子どもの発達における母親の重要性をとりわけ強調し肥大させることは、「男は外（仕事）、女は内（家事・育児）」という性別による役割分業をよしとする、ジェンダー・イデオロギーに加担することになる。社会に生まれ、社会のメンバーのひとりとして子どもが育つ・子どもを育てる仕組みを考えようという立場とは異なるものである。

母親の役割を強調しながら不用意に垂れ流される大量のデータは、「母性」「三歳児神話」「母の手で」「母乳重視」「母原病」などという、特に日本に蔓延している母親を特別視する素朴理論（つまり、素人の持つ信念）を支持する〝科学的証拠〟として使われる。研究者にはその気がなくても、データの便利なところだけ取り上げられ、利用されることもある。この種のデータを歓迎するのは、家父長的、母親偏重思想や政策を支持する根拠をほしがっている教育・家族・育児にかかわる人々である。「小さい時は母親が育てたほうがよい」「三つ子の魂百までだ」というような素朴理論を持つ市民に、「心理学のデータがある」「愛着の研究者のボウルビィがいっている」とダメ押しをするのである。

「児童心理学は、とてつもなくイデオロギッシュな学問です」と鋭く指摘しているのは、心理学を背景に持つフェミニストの小倉千加子である。[216] このことを私たちは肝に銘じておきたい。

家庭科の教科書　家庭科教育を専門とする教育学者の鶴田敦子は、教科書の検定を受けるという体験をとおして、当時の文部省の教科書検定調査審議会の持つイデロギーを明らかにしている。審議会委員は、〝一般的なことを書くように〟〝変化は扱わない〟とし、「家族の情緒的結合」「伝統的な家族の重視と家族の多様化の否定」「道徳主義的教育」などを容認するよう、教科書の記述を変更するように要求したと報告している。[314] たとえば、現実の家族生活を客観的にとらえることこそ重要だとして「家族にはさまざまなかたちがあることを述べた」ところ、「それをぼかす文章に変更された」という。[315]

そこで私は、二〇〇七年度の検定済みの高等学校の「家庭総合」の教科書七冊（六社）の保育のセクションを読んでみた。現在の教科書からは、さすがに「母性」「母親役割の強調」などの、育児の性別役割分業についての用語や赤裸々な記述は姿を消している。たしかに、「母親」と以前はされていたものが「親」という表記に変わっている。これは家庭科教育学者の長年の努力のたまものであるに違いない。しかし、家庭科の教科書には依然として問題が大いにある。特に二つのことを指摘しておきたい。

第一に、伝統的な「家族モデル」（男性が主な稼ぎ手、専業主婦、子どもふたり）が〝標準モデル〟として見え隠れすることである。それは、この標準モデルに合わない育児、養育、家族のあり方などの現実の問題を明確に述べないことによって浮き上がってくるのである。このモデルに合わない、しかし、現実には見逃せない社会状況は、「いろいろな問題がある」「いろいろな意見がある」とするだけで具体的には述べられない。教科書の検定を体験した鶴田が〝ぼかす文章に変更された〟と指摘しているとおりである。どの教科書も現実の問題についての具体的・直接的な知識の伝達や議論を避けているのである。家庭科はまさに人の生活そのものを扱う興味深い科目であり、科学であるはずなのが、現実離れした〝甘いお話〟になっている。これでは、現実を生き、家族や自分の将来について問題を抱えているはずの高校生の、「そんなわけない」という白け顔が浮かぶ。きれいごとを並べた退屈な教科書だと、生徒は興味を持たないであろう。つまり、教科書は嘘をついてはいないが、伝えるべき真実を隠すことによって、結果的には大きな嘘をついているのである。

第二に、驚くべきことに、ボウルビィの亡霊が確かに潜んでいることである。なんと分析した七冊のすべての教科書が、愛着（あるいは、アタッチメント）という〝学術用語〟を使って、これが人にはきわめて重要だと強調している。どの教科書も、愛着とは親子の絆、親子の心理的一体感、愛情や信頼感の絆のことであるなどと広く曖昧に定義した上で、これが「子どもの安定した発達に欠かせない基盤となる」「発達の土台となり、人間関係の基礎になる」「乳幼児期は人間形成の基礎を作る重要な時期である」と、愛着に絡めて幼児期決定説を採用している。そして、親の〝スキンシップ〟や情動的に親密な親子関係が必要だと強調する。このような記述はまさにボウルビィの仮説そのものであり、かつ、生徒や教師が持つであろう素朴理論そのものである。これによって生徒の素朴理論は強化されるに違いない。「やはり、幼い子どもは母の手で育てるべきなのだ」「乳幼児期は大切で、失敗は取り返せないのだ」と。教科書には「親」と書かれていても、このような常識が羅列されている文脈の中では、生徒はこれを「母親」と読み替えていることであろう。この親とは誰のことかとたずねたら、「母親」と迷わず答えるであろう。そして教科書では続いて、少子化が問題だと指摘して、国が進めてきたいわゆる子育て支援計画が紹介され、さらに、集団保育として保育所と幼稚園がひととおり説明される。これは単なる政策や制度の紹介であって、とても生徒に考えさせるための教材とはいえない。

追い込まれる女性　このような教育や国の政策にはびこる母親偏重主義の素朴理論は、女性たちを追いこむことになる。現代の女性の多くは、「乳幼児期から保育所に預けてよいのか」という切実な疑問には答えてもらえずに、責任の重い、しかも自分の自己実現を妨げるような出産はやめておこうと思うのである。官僚や政治家は、少子化は保育所の待機児童をなくせばよいとか、保育ママ（家庭的保育員、家庭福祉員など）を増やせばよいとかと考えているようであるが、原因はそこにはない。その証拠に少子化はとまらないではないか。

市民は、「専業の母親」が子どもの成長の責任を負うように期待されていることをしっかり教えられている。母親になると四六時中子どもに縛られることもよくわかっている。数年にわたって拘束され、自分の時間が取りにくく、まして自分のキャリアを追求することを阻まれることになることは、母親や先輩を見ていればよくわかる。そして、女性は無理に育児と仕事をこなそうとすれば、いくつもの障碍を覚悟しなくてはならないこともわかっている。社会制度も世間も、そして、相棒の夫も全く理解がないからである。少子化、非婚化は、ジェンダー・イデオロギーによって作られている社会に対して、女性が出した答えである。ジェンダー・イデオロギーにうんざりし、経済力を持つようになった女性にとっては、結婚はもはや生活保障手段ではなくなり、出産も含め人生の選択肢のひとつでしかなくなったのである。

私たちは、日本の男性が家庭や職場でどのような意識を持って生活しているかを、『日本の男性の心理学』という本を作って明らかにしてみた[127]。男性についての研究のデータを持つ計二八名の協力のもとに完成させたものである。現在もなお、「男らしさ」にとらわれ、「自分が稼ぎ手である」と信じ、そして、「育児を放棄している」男性たちの姿がとらえられた。結婚の満足度も、女性は男性ほどには高くはないことも明らかにされた。

これらの状況は、世界的に見ても異常である。二〇〇九年七月、国際連合の女性差別撤廃委員会は、日本における女性差別（就労、民法――特に、夫婦同姓の規定、婚外子の差別など――における差別、従軍慰安婦問題）が著しい上に、一九八五年に女性差別撤廃条約は批准しても、被害を受けた者を救済するなどしてこの条約の効力を高める「議定書」には批准していないことを指摘した（毎日新聞、二〇〇九年七月二四日）。こういう絶望的な社会状況を作るのに、母子関係の心理学や愛着理論の母親偏重主義が手を貸すことになっているのである。とりわけ研究者の社会的責任が問われる領域なのである。

3　母子関係の心理学を超える

母子関係の心理学が母親偏重主義から脱するにはどうしたらよいのか。それには母親の意味を相対化してとらえることだと思われる。そのための三つの有効な視点を述べてみたい。

●進化論の知恵

ボウルビィは、愛着を、生き延びるために養育者（母親）に庇護を求めるという傾向が、進化の過程でヒトの遺伝子に組み込まれるようになったものだと説明した。したがって彼は、進化論に準拠しているとされる。しかし、ボウルビィは、無力でひ弱な乳児が生存を確保する手段として、強くて賢い母親を絶対視したのである。これは、彼が精神分析の背景を持っており、精神分析がジェンダー・バイアスの強い理論であるせいであろう。

霊長類を専門とする人類学者で進化論の背景を持つハーディは、『マザー・ネイチャー』[11]という著書で高い評価を受けた。この本は、「母親であるとはどういうことか」「乳幼児は母親になにを求めているのか、そして、それはなぜか」というテーマに答えようとデータを集めた、彼女の三〇余年の研究成果である。多くのフィールドワークを重ねていくと、母親しか子どもの面倒を見られない、母親となったら本能的に子どもを育てる、母親は自分を犠牲にして子どもを育てる、というような母親についての素朴理論や社会的期待に、相反するデータがたくさん出てきたという。ハーディはこれまでの進化生物学において、母親や母性愛を賛美するような社会的通念に迎合するような仮説や理論が優勢であったのは、研究者がほとんど男性であったせいだと指摘している。つまり、家父長制イデオロギーにしたがって仮説を立て、データを解釈し、生き物の雄の視点から雌の行動を観察してきたというのである。

これに対してハーディが試みたのは、たとえば繁殖戦略を考える時に、繁殖にかかわる全員（雌と雄、おとなと子ども）の利害を考慮するということである。その結果、ヒトを含む類人猿では、母親になっても育児をするとは限らないこと、母性本能は疑わしいこと（母親が実子殺しをすることも少なくないこと、捨て子をしたり子どもを差別して育てたりもすること）、むしろ、母親になることには学習が必要であること、アロ-ペアレンティングが広く見られること（雄があるいは雌雄が同じように子育てをする種がある、親戚や家族が世話をする、乳母や子守を雇う、里子に出すなどの習慣がある）、そして、霊長類の雌も育児と生産活動を両立させていたこと（雌も食べ物を探しに行く必要があった）などを見出しているのである。このように、母親偏重主義から解放される方法のひとつは、人を生き物として相対化する進化論や進化生物学の最先端の証拠や議論を重視することである。

● 母親の心理学という発想

母親偏重主義を克服する第二の可能性は、逆説的に聞こえるかもしれないが、子どもではなく親を研究するという発想の転換を図ることである。たとえば、家族関係を専門とする心理学者の柏木惠子は、親子関係の心理学が子どものことしか考えていないのは問題であると、次のように指摘している。「『子どもの育ち』や『子育て』というと、とかく、親の側が子どもに何をしてやるべきかに関心が向かいがちです。特に、昨今、日本の社会では『子どもをいかに育てるか』といった関心から、子どもの〝育て方〟がとかく偏重される傾向があります。(中略)育てる側のおとな、すなわち、親自身が成長・発達することが、実は子どもの発達にとって重要であることは、今日の社会ではほとんど認識されていません[125]」。

そして、多くの貴重なデータを集め、子どもを育てる当然の装置のように扱われてきた母親の〝親としての発達〟が、実は、母親の持っている条件(学歴、年齢、経済状況、価値観)、夫婦関係、夫の育児への参加の程度、さらには、その人たちの所属する社会・文化(ジェンダー・イデオロギー、時代、世代)やそれとの葛藤などの、多くの要因に左右されていることを明らかにしている。

たとえば、柏木らの質問紙調査[128]は興味深い。協力したのは、東京近郊に住む三~五歳児の両親三〇〇余組であった。その結果によると、子ども・育児への肯定感(子どもはかわいい、育児は楽しいなど)については父母間には差がなかったが、否定感(なんとなくいらいらする、やりたいことができなくなるなど)については母親の方が得点が高かった。しかし、父親が育児に参加するほど母親の育児への肯定感が増し、否定感が減るという関係があることもわかった。そして、母親がわが子を分身と見るという通説に反して、父親の分身感の得点の方が統計的にも有意に高いこと、しかも、育児をしていない父親ほど分身感が強いこともわかった。

菊地ふみは、育児休業を取得した男性七名と妻が有職でありながら取得しなかった男性一四名に、面接調査をして比べている(138)。その結果、まずわかったことは、育児休業取得群ではもともと積極的な男女平等観、子育て観を持っていたこと、そして、この〝主体的養育者〟になったという経験によって、この男性たちは親としてさらなる成長をしたことであったという。子どもの成長について知るだけではなく、育児は女性がするものだと決めてしまっている社会の矛盾にも気づいている。たとえば、子連れで外出してもっとも困ったのはトイレであったと、ある男性は指摘している。「オムツ交換台は女性トイレにあるのですよ。だから仕方なく、男子トイレの便器のふたを閉じてしました。子育ては女性のやるものという認識があるから、男がやるには不便だなーって思いますね」。

男性の育児休業の取得は、進歩的なジェンダー観、子育て観が出てきた時代精神、そして、それを引き受ける個人の価値観と関連し、さらにそれが実践によって充実していくのである。このような時代・社会に生活し、新しい体験を選択した男性、そのようなパートナーを持った女性、そしてそのような両親がする育児の内容、ちょっと考えただけでも、家庭で育つ子どもの発達は、母親の養育行動や母子関係だけによって決まらないことは明らかである。このように、親に注目するという発想の転換によって、子どもの発達に関連する有効な要因のひとつとして、母親の役割を相対化して見ることができると思われる。

●愛情のネットワークという視点

母親偏重から抜け出すための私の提案は、子どもの愛情のネットワークの中の一メンバーとして母親を位置づけることである。この見方が便利なところは、それぞれの子どもにとって母親の意味が異なることに気づくこと、母子関係が他の人々との関係と関連していることが明らかにできること、である。

たとえば、長谷川麻衣の研究[93]を紹介してみよう。まず、長谷川は育児ストレスを強く持つ四、五歳児の母親は、育児ストレスが弱い母親に比べて、QOL（生活の質）が低いことを確かめた。そして、母親に子どもの愛情のネットワークを幼児用のPART（第4章参照）を用いて予想してもらったところ、育児ストレスが強い母親は、わが子はおそらく重要な心理的機能を自分に割り振らないであろうと回答したのである。QOLの低さが母親に自信を失わせているのだろう。そこで、このような母親を子どもの側はどう考えているかを、同じくPARTを使って子どもにたずねると、四、五歳児は、そのような母親にも愛情の要求を向けていることがわかった。自信のない母親、母子交渉では適切ではない母親にも、子どもは強い期待をしているのである。しかし、小学一年生になった二年後に再調査をしたところ、育児ストレスが強い母親の子どもの愛情のネットワーク内での位置づけは下がり、代わって父親や友だちに愛情の要求を向けていることがわかったのである。ネットワークの中での母親の影響が、他の人々との関係に及んでいることを示している。この状況は、母親の愛情のネットワークの中での子どもの位置づけという点からも検討できるであろう。

愛着・母子関係という二者関係だけに注目していると、事実を誤認しがちであることを述べてきた。母子だけを切り離して見ていると、すべてのことを手持ちのデータだけで説明しようとしてしまい、その結果、多くの場合に母親が子どもの問題の原因だと責められることになる。母子関係、愛着を、母子それぞれが持つ愛情のネットワークの中に解き放つことの必要性を強調しておきたい。

第8章　高齢者の人間関係

二〇〇九年度版の『高齢社会白書』は、二〇〇八年度の高齢者（六五歳以上）が日本の総人口の二二・一パーセントになり、さらに後期高齢者（七五歳以上）に限ってみると一〇・四パーセントであり、〝本格的な高齢社会〟になったと報告している。[202] 一九五〇年には高齢者は五パーセントに満たなかったというのであるから、日本ではきわめて急速に高齢化が進み、人類が経験したことのない状況に、どの国よりも早く突入したということである。定年退職後、そして子育ての義務を果たした後に、突然現れた二〇〜三〇年をどう過ごすかについて、明確な手本を持たない高齢者は模索を続けている。医療や福祉の行政・政策は後手に回り、高齢者が生きにくいのも事実である。

では、高齢者についての研究はどうか。研究もまだ決して活発とは言えない。近年、日本でも欧米に倣って、老年学（gerontology）というタイトルを使って学際的に高齢者問題を扱うというアイデアが定着しつつある。老年学という大きな傘を開いて、その下で医学、看護学、薬学、生化学、工学、建築学、社会福祉学、老年社会学、教育老年学、そして、生涯発達心理学などが、従来のそれぞれの学問の枠を超えて高齢者問題に取り組もうという機運が高まってきた。この人類初の高齢社会は、いろいろな意味で私たちに発想の転換を迫っていると思われる。そして同時に、新しい可能性を拓くという楽しみもある。

本章では、この老年学という視点から、サクセスフル・エイジング、上手に年を取るとはどのようなことか、それに人間関係がどのようにかかわっているかを述べてみたい。

1　加齢と人間関係の変化

●高齢者のソーシャル・ネットワークの大きさの変化

社会の中に生まれ、社会生活を長年にわたって続けてきた高齢者のソーシャル・ネットワークとはどのようなものか。BASE（The Berlin Aging Study＝ベルリン加齢研究）の資料を紹介してみよう。(23)BASEは世界の高齢者研究を一九七〇年代から牽引してきたドイツのマックス・プランク研究所のポール・バルテスが中心になって組織した、彼の晩年の大事業である。いわゆる旧西ベルリンの七〇～一〇三歳の市民五一六名に協力を得て一九九〇年に始まった、四〇名の専門家が参加する学際的（生化学、医学、老年学、歯学、放射線学、精神医学、心理学、神経心理学、社会学、医学、経済学、社会政策学など）プロジェクトで、二〇〇六年のバルテスの逝去後も縦断的な追跡研究や資料の分析が続けられ、後期高齢者についての貴重な資料を提供し続けている。二〇〇九年での生存者は二六名になったという。

BASEでは、高齢期の人間関係を第3章で紹介したコンボイ面接法によって調べている。これは

図8-1の右上に示した本人（P）を中心においた三重の同心円の図版を用いて、内側の円から三段階に分けて自分にとって重要な人を何名でも挙げてもらう方法である。三六〇名分のデータを分析したところ、年齢と三円で挙げられたネットワークの合計人数とは負の関連を示し、加齢につれてネットワークのメンバーが減少する傾向が認められた。ところが、図8-1に見るように、三円の人数のうち外側の、それぞれの人にとって重要度がより低い円ほど人数の減り方が大きく、もっとも内側の円に挙げられた大事な人については減り方が小さいことがわかったのである[163]。

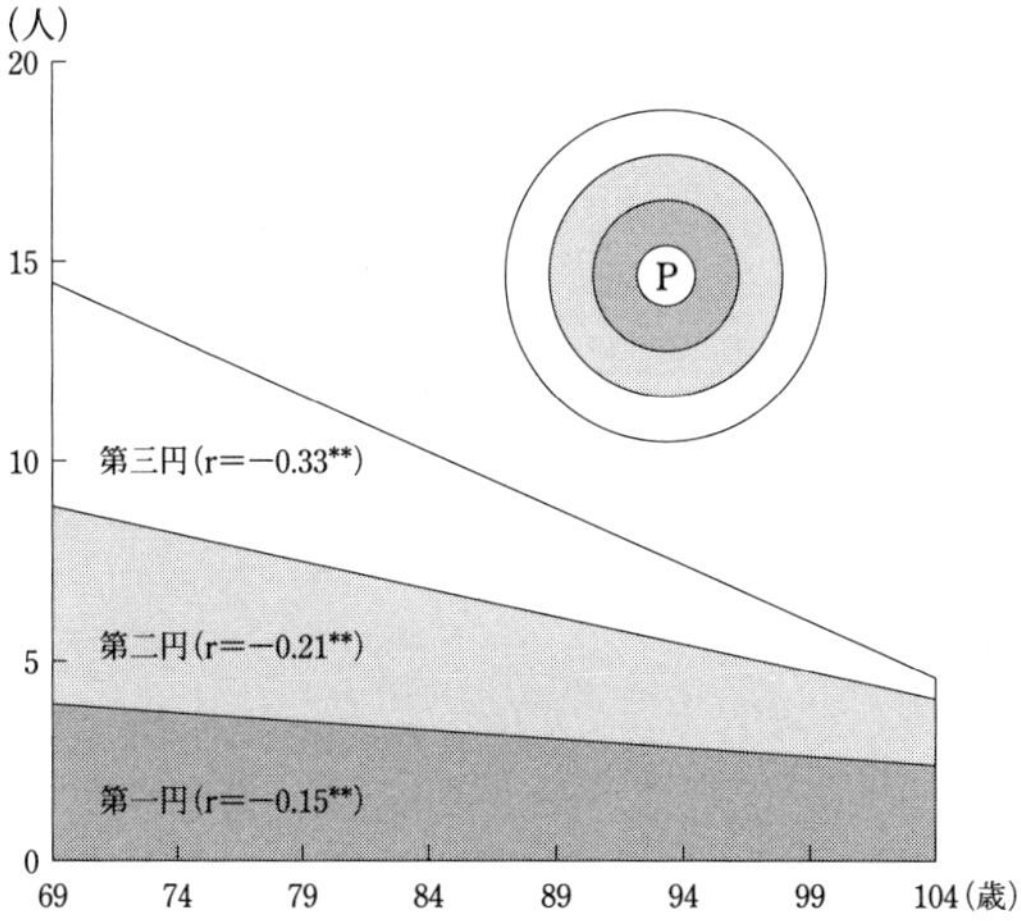

図8-1　年齢とコンボイの三円の人数の関連[163]

さらに、BASEが縦断研究であることを活かして、三円の合計人数の四年後との相関を見たところ、挙げられる人数はおおむね安定していることがわかった。そして、四年後のネットワークの人数の減少は外側の円で起こる傾向が再確認されている。人数の減少の平均は内側の円からそれぞれ〇・五、一・二、二・六名であった[158]。加齢によって活動や行動範囲が狭まるにつれて重要度の低い人の数は減るものの、高い人の数は維持されるという仕方で、高齢者

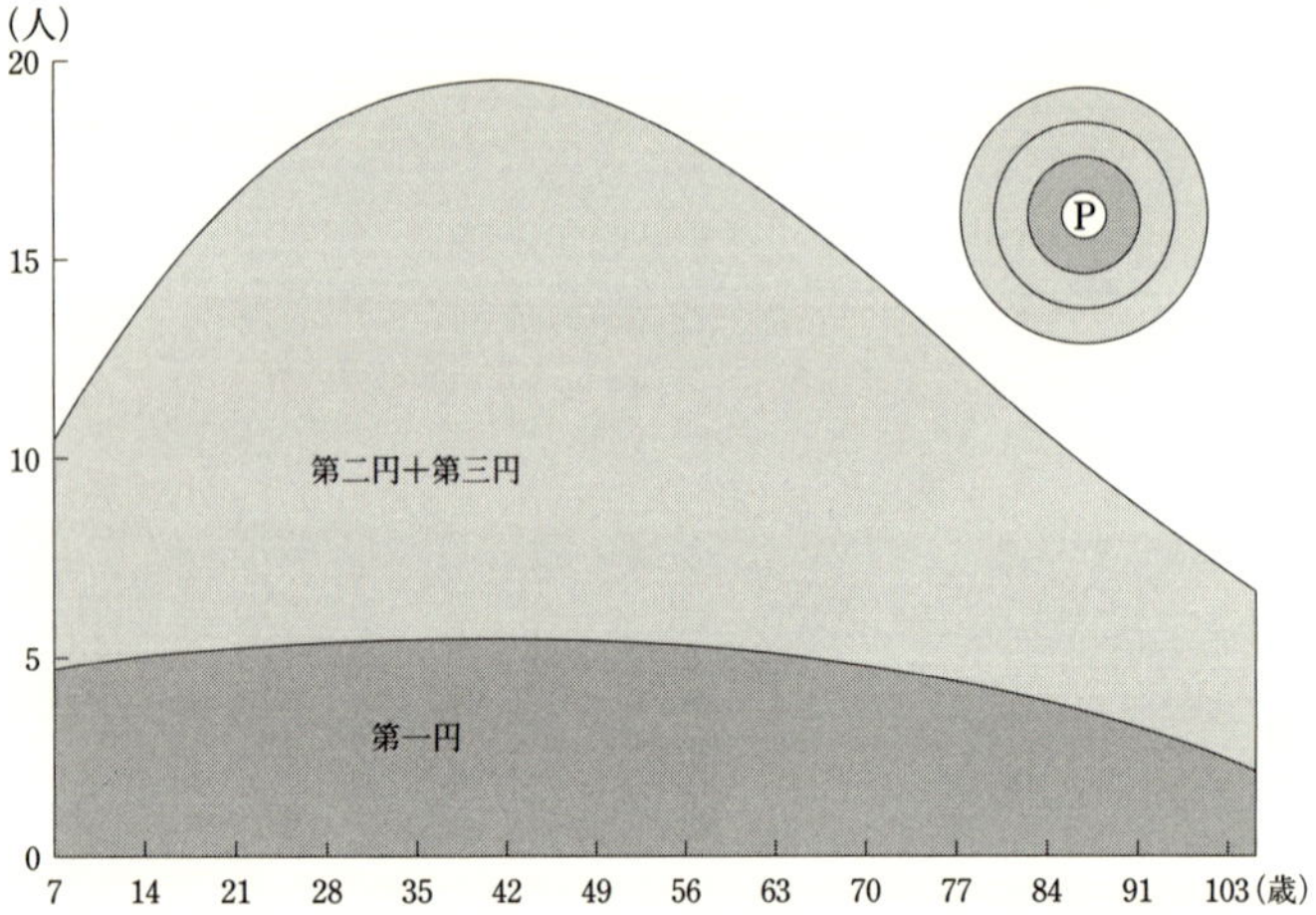

図8-2　コンボイ面接によるネットワークの人数の生涯発達の仮説(159)

が複数の人々を心理的サポーターとして持つという事実は、内外の多くの研究が報告するところである。(39)(89)これは高齢者の生活の質を高める上でうまい仕組みであるといえよう。高齢になっても生存や安心感の支えとなる重要なメンバーは維持しているということである。

● ネットワークの大きさの生涯発達

フリーダー・ラング(159)は、コンボイを用いた七歳の子どもから高齢者までのデータにもとづいて、ネットワークの人数の生涯にわたる変動は、図8-2のようになるとした。ネットワークの人数は社会生活が活発になる中年期がピークになる逆U字形になっているが、もっとも重要な人を挙げる第一の円ではUの窪みが浅いという仮説を立てたのである。(161)(166)私たちは日米でランダム・サンプリングによって八〜九三歳までの男女合計三五〇〇余名を選び、コンボイによる面接調査に協力してもらった。米国では、デトロイト市とその周辺地域、日本では、人口、人口の構成、社会・文化的背景などの点でよく似た場所として、横浜市とその周辺地域を選んで、住民に研究への参加を依頼し、調査員が戸別訪問をして面接調査をした。その結果、ネットワーク人数の年齢による変動は、ラングが描いた仮説をほぼ支持するものであった。そして、日米の国の差はごくわずかであった(14)。

2　高齢者にとっての重要な他者

●ネットワークのメンバーは誰か

では、ネットワークのメンバーとして挙げられる人々とは誰であろうか。前述の私たちの日米比較研究によると、コンボイ面接法で挙げられた人々の内容についても、性差も国の差もわずかで、両国の結果はきわめて類似していた。たとえば、七〇～七九歳では、両国とも第一円（以下、平均は日米の順にそれぞれ、三・四名、三・五名）には配偶者、娘、息子、第二円（二・〇名、二・六名）には娘、息子、米国では加えて女性の友だち、第三円（〇・六名、〇・九名）には女性の友だちが挙げられたのである。さらに、八〇～九三歳でも、日米ともに第一円には家族が、第二円には子どもと友だちが挙げられ、日本では第一円に、米国では第三円に孫も挙げられた。

こうして調査協力者の回答をグループとしてまとめてみると、もっとも重要な人としては家族が挙げられることが多く、それが〝ふつう〟であるように見えるが、家族が必ずいなければいけないというわけではない。第4章で述べたように、ネットワークのメンバーとして自分に必要な相手を、それぞれの個人が選んでいることを忘れてはならない。家族がいない人、あるいは家族を頼らない生き方を選ぶ人々は、仲間や友だちによるネットワークを作っていることが報告されている[163]。日本の地方都市でひとり暮らしをする後期高齢者（七五〜八九歳）の事例研究は、加齢に伴って人間関係は縮小しているものの、近隣の人々、友だち、サークル仲間などとそれぞれの方法で交流し、子どもや家族がいれば、その家族、そして他の親戚とも関係を維持しながら、「自立した」暮らしを「楽しい」とする高齢者の日常を報告している[183]。『おひとりさまの老後』[317]といった本が話題になるのは、今は多くの人々が、結婚しないこと、生物学的なつながりのある子どもを持たないこと、ひとり暮らしなどを、ライフ・スタイルの選択肢と考えるようになったこと、あるいはいずれにしろ最後はひとりになることを意識するようになったこと、の証であろう。おひとりさまが孤独であるというわけではむろんない。むしろ自分のネットワークを作る機会や自由に、より恵まれているともいえよう。ひとりだから、家族がいないから、子どもがいないから「さびしいでしょう」というのはいらぬおせっかいであるだけではなく、間違いでもある。これまでは多くの人が結婚する習慣があったために、データをグループにまとめてしまうと少数派の回答が見えにくくなり、〝家族が一番〟という印象を与えるが、数字に騙されてはいけない。

●高齢者の愛情のネットワーク

私が提案している愛情のネットワークでとらえてみるとどうであろうか。ARS（第4章参照）を用いて、配偶者（あるいは、パートナー、恋人、異性で好きな人の誰か）、子どもがいれば子どものうちのひとり、母親、父親、同性の友だちの五名の対象について回答してもらった。数種の質問票とともにARSを含めて郵送して調査した。協力者は東京都内のある区が提供する老人大学を修了した、六四～八五歳（平均七三歳）の男女一二五名（うち女性が五四名）であり、二三パーセントがひとり暮らしをしている。どの対象についても無回答が多いという理由で分析からはずしたのは二名だけであった。回答した対象の人数は平均四・六名で、五名すべてに回答した人が六八パーセント、四名が二三パーセントであった。一名しか回答しなかったのは男性一名であった。そして、各対象についての愛情の要求の評定値の平均は、五段階評定（一～五点）で三・五点であった。また、五名の誰に対しても愛情の要求が弱く、「一匹狼型」と判定されたのは、二名の女性のみであった。このように、高齢者も愛情の要求を向ける重要な複数の他者を持っていることがこの調査でも明らかである。

さらに、ARSでの心理的機能についてみるとどうか。第4章で説明したように、ARSでは六種の心理的機能を測定している。すなわち、a（近接を求める）、b（心の支えを求める）、c（行動や存在の保証を求める）、d（激励や援助を求める）、e（情報や経験を共有する）、f（ケアを与える）、である。五名の対象について六種の機能別にARS得点をまとめたものが、図8-3である。グループとしてまとめて見ると、配偶者への愛情の要求が男女とも高いこと、心理的機能別の得点ではfが

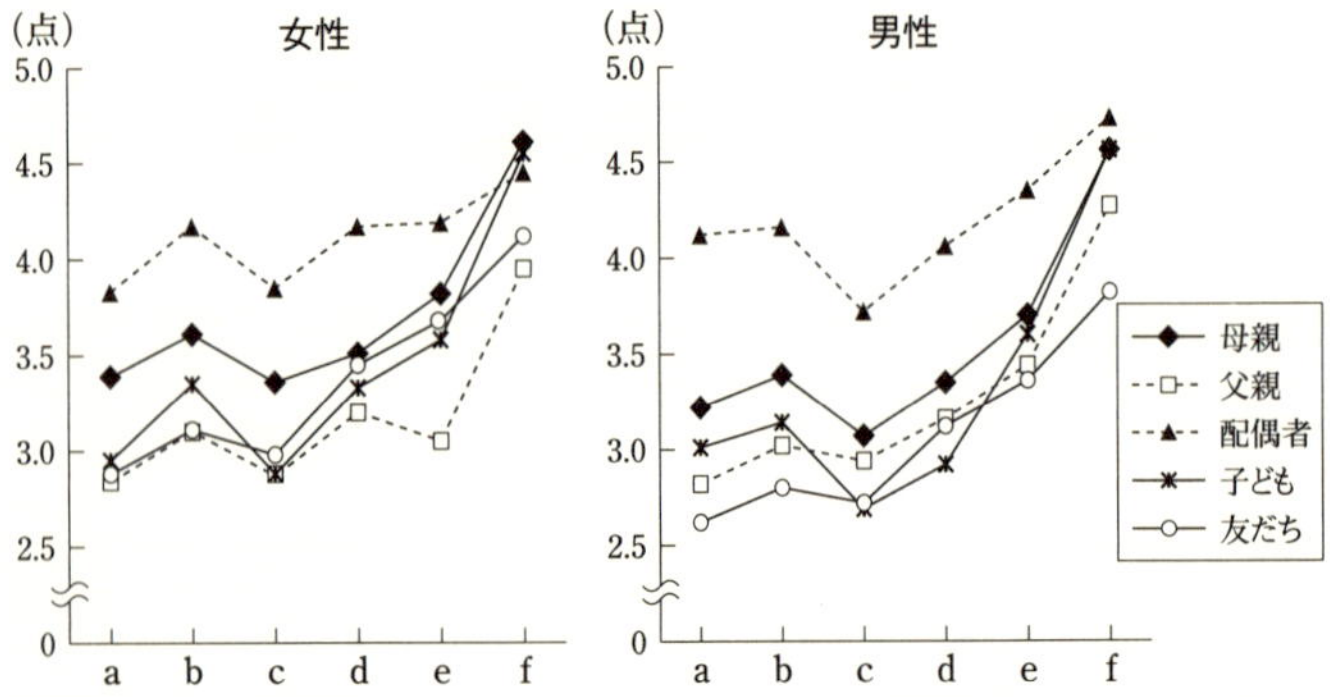

図 8-3　各対象に対する心理的機能（a〜f）別の愛情の要求（ARS 得点）

高く、重要な他者の誰にでもケアを与えたいという気持ちが強いこと、そして、若い世代では愛情の要求の対象になりにくい父親にも愛情の要求を向けていること、などが注目される。

さらに、愛情のネットワークの中でもっとも中核的な人は誰かによって類型化した結果が、図8-4である。男女ともに配偶者型（以下、女性、男性の順にそれぞれ、四四パーセント、六八パーセント）と母親型（二二パーセント、一四パーセント）とで七、八割を占めた。子どもがいても子どもを中核とする人はごくわずかである（六パーセント、四パーセント）。成人した、あるいは自分の家族を持っていることが多いであろう子どもには、愛情の要求を強くは向けないということであろう。また、非家族がネットワークの中核になっている友だち型は、全体で六パーセントに過ぎなかった。ただし、七二パーセントの人は親友を持っていると回答している。非婚の人が増えていることを考えれば、将来は友だち型の割合がもっと高くなるであろう。

亡き母親との関係　平均七三歳の人々の中に母親型が一七パ

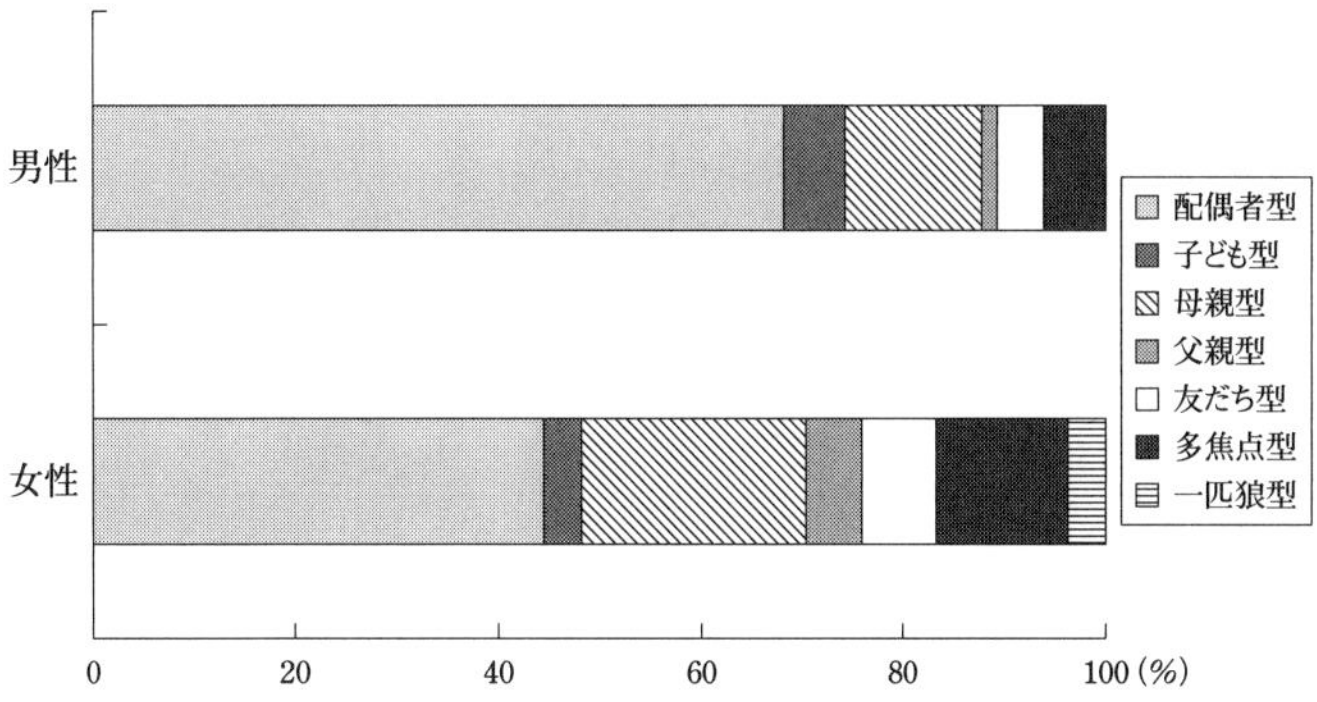

図8-4　愛情のネットワークの各類型が全体に占める割合

ーセントも見られたのは興味深いことである。当然、母親のほとんどは彼岸にある。亡き人を人間関係の中核にしているのは問題ではないかと考える人がいるかもしれない。しかし、第4章で、人は愛情のネットワークの表象を持っていると指摘した。私たちは、「きっとこの人が自分を支えてくれる」「この人が自分を応援し理解してくれる」と思える人々がいて、それによって安心し、豊かな気持ちになるのである。最近の愛着の研究は、愛着の対象の利用可能性（availability）について論じている。いざという時に愛着の対象が利用可能であると思えるかどうかが重要だということである。[58] つまり、表象を問題にするのであれば、愛情のネットワークのメンバーには身近にいない人でも、亡くなった人でもなれるはずである。では、実際にはどうか。

　この問題を検討するために、先の老人大学修了者のうち、亡き母親を中核としている母親型一〇名（うち七名が女性）と配偶者型一六名（うち五名が女性）に詳しい面接調査をしてみた。母親型の母親は全員がすでに亡くなっていた。二名は未婚であり、結婚経験のある八名のうち六名の配偶者は健在であり、一名は離婚し、残る一名は死別していた。一方、配偶者型一六名の母親はすべて、そして、配偶者の三名がすでに亡くなっていた。おとなでは、心理的機能のa（近接を求める）とb（心の支えを求める）を中心になって充足させているのが中核的な人、すなわち、母親型では母親、配偶者型では配偶者であるはずだ。亡き人でもそのような中核的な対象の役割を果たしているかを検討してみよう。母親型と配偶者型の、母親と配偶者それぞれのaとbの合計点について注目し、母親型にとっての母親は配偶者型にとっての配偶者に該当しているかを見たところ、愛情のネットワークの類型と対象との二要因の分散分析の相互作用（類型×対象）は有意であった。つまり、現実にはいない母親であるが、確かに中核的な対象の役割を果たしていたのである。面接をしてみると、母親型の人々はなにかにつけて母親を思い出し、母親に支えられていることを実感し、母親ならどうしたかを考えると述べている。さらに、仏壇の母親に話しかけている、あるいは、いつもそばにいてくれていると感じていると報告した者もいた。人々に広く支持された『千の風になって』[18]の世界である。幼稚なアニミズムとは片づけられないであろう。これに対して、配偶者型では母親についてこのような発言は全く見られなかった。そして、この二型では心理的安寧を示す心理尺度得点（QOL調査票と自己概念）には有意な差がなく、母親型の人々は配偶者型と同じようなよい適応状態を示したのである。

さらに興味深いことは、両群にコンボイについての面接をもしてみたところ、実際にどのような関係を持っているかについてたずねるこの調査では、配偶者型では生存している場合には全員が配偶者をもっとも重要だとし、配偶者がすでに亡くなっている場合には子どもを挙げた。そして、母親型では配偶者が生存する六名は全員が配偶者を、その他の人は子どもと友だちをそれぞれ挙げたのである。つまり、亡くなっている人と生存している人とを組み合わせて、自分の愛情のネットワークを作っていることがわかる。(283)

愛着の対象としての神　愛着の研究では、高齢者の場合、配偶者や子ども、あるいは、きょうだいの死などによって重要な他者が欠けた時に、神が愛着の対象になることがあると報告している。この研究では、七〇～九七歳の男女一〇九名（うち女性が九三名）に個別に面接して検討している。調査時に配偶者が健在であった人はこのうちの一六パーセントで、六三パーセントが配偶者と死別し、一八パーセントは離婚、三パーセントが非婚であった。神に愛着要求をどの程度向けているかは、「祈りをとおして神に近づきたいと願う」「神に愛され見守ってほしいと願う」「神に癒しと心地よさを与えてほしいと願う」「神に安心感と強さを与えてほしいと願う」などの七項目についての発言を、三段階（一～三点）で評定して測定している。神への愛着得点は七点から二一点までの可能性があるが、一〇九名の平均は一三・四点で、うち二〇名は一八点以上であり、明らかに神を愛着の対象としている人がいるとしている。そこで、さらにどのような条件がある時に神への愛着得点が高くなるかを検討したところ、配偶者、子ども、または、きょうだいと死別していること、信仰（この場合はキリスト教の信仰）を持っていること、高齢者の中でも年齢がより若いこと、黒人であること、貧しいことなどが特徴として指摘された。(44)

愛着の研究では本人と誰かとの二者関係しかとらえていないので、重要な人が欠けた時の代理として神を考えるのが普通である。[85][139] しかし、ソーシャル・ネットワーク理論で考えれば、神を誰かの〝代理〟と考える必要はない。神は重要なネットワークのメンバーではあるが、あくまでメンバーの一員だと考える方が現実に合っているであろう。亡き人を中核としている人々が見せたように、神が中核になっていても他のメンバーとも関係を持ち、神はそれらのメンバーと心理的機能を分かち合っているに相違ない。

●死別の悲しみからの回復

高齢者は若い世代に比べ、さまざまな重要な他者との死別を体験することが多くなるのは避けられない。配偶者との死別についての多くの研究は、残された者はうつ状態、無力感、孤独感などを体験することを指摘している。[133][221] 遺族が悲しみを乗り超えるグリーフ・ワークについての報告も多い。[154][320] そして、一年くらいすると、[217] あるいは三回忌の頃には、[134] 悲嘆から人々が回復していくことも報告されている。愛情のネットワークのメンバーの誰かが欠けた時、ネットワークに混乱が起こるのは当然である。その人が重要な機能を果たしていればいるほど、ネットワークのダメージは大きいはずである。しかし、ヒトは生き延びるために、このような危機を凌げるようなネットワークの仕組みを進化させてきた。つまり、ネットワークのメンバーを複数にしておくこと、あるメンバーの心理的機能を極端に肥大させないこと、あるメンバーが担う役割は他のメンバーにも強度は弱くても割り振っておくこと、などである。このような仕組みを考えると、この危機的状況が早晩治まることも十分に予想される。

事実、片桐あすかが、配偶者と死別した七二～九六歳（平均七七・五歳）の女性二二名（死別後平均七・七年）を調査した結果は、友だちや子どもなど、夫以外もネットワークのメンバーになっている場合の方が、死別の喪失感からの回復が順調であることを示している(129)(130)。この研究ではすでにグリーフ・ワークを終えた人々に平均二時間半の面接をして、配偶者の生前と死別後の現在の両方のネットワークの内容（コンボイと高齢者版のＰＡＲＴによる）、配偶者との関係、当時と現在の親子関係、配偶者との死別前後の生活や感情について、配偶者についての現在の気持ち、現在の適応などについて調べている。その結果、協力者二二名は三つのグループに分けられたという。夫婦独立型（死別による悲嘆がほとんどない者）九名、長期回復型（立ち直るのに二年以上かかった者）七名、そして、早期回復型（一年程度で立ち直れた者）六名である。

まず、夫婦独立型は、夫の生存中にも妻の愛情のネットワークの中での夫の重要度が低い傾向が見られ、存在を支える中核的な心理的機能であるａ（近接を求める）では、配偶者を挙げずに友だちや自分ひとりがよいとした割合が五六パーセントであった。看取り後は、「あー終わったと思った。とても厳しい人だったから」「三日でもよいから後から死ねというでしょう。送ったのでほっとしたんです」などと回顧し、解放感を報告した。長期回復型は、生前の夫との関係がきわめて親密で、多くの心理的機能を夫が果たしていたこと（心理的機能ａとｂでは配偶者という回答がそれぞれ八六パーセント、九〇パーセントを占めた）、その分ネットワークのメンバーが少ないことが特徴であった。「（看取り後）二年間外へ出られなかった。他人様の顔を見ると悲しくてね」「三回忌を過ぎるまで、明るい色のついた洋服が着られなかった」とし、現在の適応点は低くはないが、現在のネットワークのメンバーも子どもや孫に限定されている。これに対して、早期回復型では、夫の生前からネットワークに家族以外の友だちも含まれていたことが特徴である。生前も心理的機能aで四名が友だちを挙げている。「亡くなって大変だったけど、立ち直らなくっちゃね。よい友だちが大勢いて助けられたりしたものだから」「一年くらいは落ち込んだね。伴侶がいなくなるのだから。でも、子どもたちも心配しますからね」と語っている。そして、現在の適応点はこのグループがもっとも高く、本人も「現在がもっとも幸せ」と報告していることが注目された。このように、配偶者との死別による悲嘆からの回復を支えるのは、まず、人間関係に関心を向けていること、死別時に（あるいはそれ以前から）持っていたネットワークの中で、配偶者に割り振る機能が多すぎないこと、配偶者以外の家族、特に同世代の友だちがメンバーに含まれていること、が重要であったとしている。

このように、高齢者でも後期高齢者をも含めて、それぞれの人が自分にとってふさわしい重要な他者を選んで、自分の愛情のネットワークの表象を持っていることがわかる。そして、選択するメンバーは、本人が重要だとすれば誰でもよく、誰でなければならないというわけではない。ひとりの人物に極端に集中するのではなく、しかし、中核になる人は決まっていて、誰がどのように重要であるかが明確になっている構造化されたネットワークが、危機をも支えることがわかる。では、年を上手に取っていく、サクセスフル・エイジングという高齢期の課題を、人間関係はどのように支えるのであろうか。

3　サクセスフル・エイジングと人間関係

●サクセスフル・エイジングの三つの条件

サクセスフル・エイジングには成功加齢という訳語が使われることもあるが、日本語としていかがかと思うので、そのまま使用する。その意味は「うまく年を取ること」である。

実は、サクセスフル・エイジングとはなにを指すのか、文献を整理した研究者たちは、研究によって定義がまちまちであったと報告している(53)(303)。現在、もっとも広く使われているのはジョン・ローウェとカーンの定義(235)である。彼らは、米国のマサチューセッツ州など三州の七〇～七九歳の男女四〇〇〇名を対象に、一九八〇年代に始められた縦断研究、いわゆるマッカーサー研究のデータをもとに、三つの条件がサクセスフル・エイジングにとって重要だとした。すなわち、①病気や病気による障害がないこと、②身体機能、認知的機能がうまく働いていること、③積極的に社会とかかわること、である。そして、この三つはどれも欠けないことが肝心だとしたのである。

この三つの性質が真に高齢者のサクセスフル・エイジングにとって不可欠かを検討した実証研究は、その通りであったというものもあるが(223)(302)、他方では、三つをすべて充たしている人の割合はきわめて低く、五パーセントからよくても二、三割程度であったという報告もある。後者の研究では、慢性病や身体機能に障害があっても六～八割、時には九割の高齢者が「自分はうまく年を取っている」と回答することを指摘した[196][258]。つまり、高齢者は病気や機能障害と折り合って、加齢をうまくこなしていると主観的には考えていることを明らかにしたのである。健康であること、機能障害がないことは、確かに一般的には幸福感を高めるとされているが[149]、実際には、病気や障害を本人がどのように受けとめ対処しているかで、本人の満足感も、そして暮らし方も変わるであろう。たとえば、鶴見和子は、脳出血で左片麻痺になった後の一〇年の仕事が、それまでとは別の輝きを見せたと高く評価される社会学者であるが、俳人の金子兜太との対談でこう語っている。「病気になると、死が近くなると、命が輝いてくるのよ。それをみんなもっと自覚してほしいと思うの。病気になると、もうだめってなっちゃうでしょう。そうじゃないのよ。奮い立つのよ。この時にはじめて生きているということを自覚するのよ。日々が命でつながるのよ[123]」。

このような例を見ると、サクセスフル・エイジングの条件を論じても意味がないのかもしれない。あくまでも当人の心の持ち方であるからだ。

●人間関係の役割

しかし、多くの研究者がサクセスフル・エイジングの特徴として特に注目するのが、ロウとカーンの三番目の条件である「積極的に社会にかかわること」である。「人と話したり、触れ合ったり、心を通わせたりしなければ、健康に、幸せには暮らせない[235]」、というものである。

健康と人間関係の関連を明らかにした最初の実証研究は、米国のカリフォルニア州でのバークレー研究である。調査は、アラメダ郡全域から選んだ四三〇〇余世帯の二〇歳以上の住民約八〇〇〇名を対象に一九六五年になされ、さらに九年後に追跡調査がなされた。この研究は一九六五年の調査で得た四種類の社会とのかかわり（婚姻状態、親しい友だちや親族とのつき合い、宗教活動、その他の組織活動への参加）をもとに、ネットワークが疎か密かを四段階に分けて、これと健康との関連を見たものである。図8-5は、六〇～六九歳の人々の一九六五年時点でのネットワークの密度と一九七四年時点での死亡率との関連を示している。図に見るように、男女ともにネットワーク指標が疎であるほど死亡率が高くなっている。この研究では、病気が社会的な孤立を生んだのかもしれないという可能性を否定するために、開始直後の二年間について検討したところ、社会的に孤立している人が重大な疾患を持っていたわけではないことを確かめている。さらに、一九六五年時点での健康状態とは関係なく、社会的に孤立している人ほど早死にするという傾向があることも確かめ、社会参加の少なさが寿命を縮めることを実証したのである。[26] この研究の結果は衝撃的であり、その後の多くの研究がこのような人間関係の働きを確かめることになった。

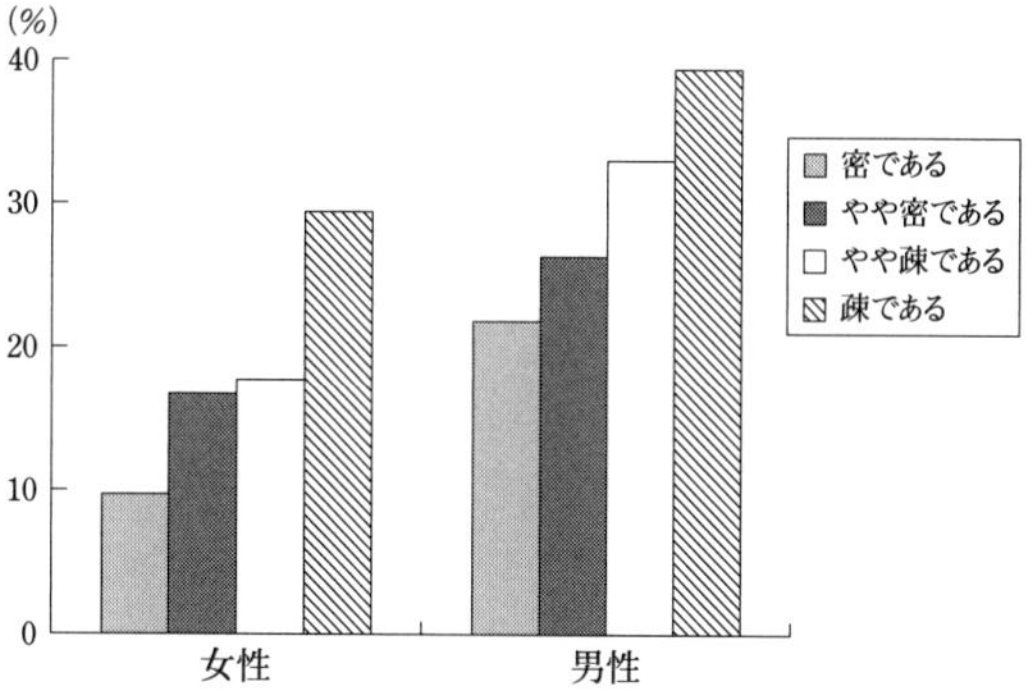

図8-5　60～69歳のネットワーク指標と死亡率の関連[26]

多くの実証研究の結果はこれを支持し、積極的に社会参加すること、あるいは人間関係を持つことが、心身の健康や生命を支えることが確認されたのである。(24)(84) さらに興味深いことは、自分の存在が他者に認められているという確信が重要だと指摘されていることである。たとえば、岡本和士らは、「あなたは他人や社会にとって重要だと思いますか」という質問に対して肯定することと、六年後の健康と生存率が関連していることを、日本の六五歳以上（平均七三歳）の男女約八〇〇名の調査によって報告している。(218) 同じ傾向がマッカーサー研究のデータの分析でも見出されている。すなわち、七〇～七九歳の男女一〇〇〇余名に「あなたは友だちや家族の役に立っていると感じますか」と質問した結果を分析すると、このような感情を持てることが九年後に調べた寿命と関連していたという。(88) また、社会的自己効力感（「私は友だちを慰めることができる」などの項目で測定）という概念を使って、五六～八八歳（平均七七歳）の人々の自己効力感には、人的資源を持つという認識（「私が誘えば友だちや家族は来てくれるであろう」「私の言葉に耳を傾けてくれる人がいる」などの項目で測定）とが関連しているという報告もある。(162)

日本では「生きがいを持っているか」という質問で適応状態を調べる伝統があり、生きがいについての研究が多い。そして、高齢者が生きがいを持つための欠かせない要因は人間関係であることが報告されている。(182) また、大学生、中年期、高齢者（六五歳以上で平均七二歳）の人々の生きがいと人間関係の関連を調べた研究では、高齢者がもっとも生きがい得点（「人生に満足している」「自分の存在価値を感じている」「生きていることに喜びがある」「好きなことを楽しんでいる」などで測定）が高く、しかも、高齢者において生きがいと人間関係とがもっとも強く関連していたという[155]。

● 社会参加と人間関係

社会参加とは　人間関係が社会参加によって広がり、深まるという報告も多い。内閣府の調査[200]は、六〇歳以上の人々が社会参加をしてよかったことは「新しい友人ができたこと」であったとしている。ここでいう社会参加活動とは、自治会・町内会、住民運動、ボランティア、あるいは市民講座などでの学習活動への参加である。興味深いことは、片桐恵子と菅原育子[131]が、夫が退職して家にいる時間が増えたことで起こるという「主人在宅ストレス症候群」を問題にしたことである。東京と近県の五八〇名に面接調査をした結果、定年退職した六五歳以上の男性が社会参加すると、その妻の生活満足感（「あなたの人生は他の人に比べて恵まれていると思いますか」などの項目で測定）が高まったというのである。定年退職後の夫の社会参加が夫婦関係にまで影響を及ぼすというのである。

では、なぜ、あるいは、どのように、社会参加は人間関係と関連するのであろうか。

写真を撮る高齢者の場合　社会参加が高齢者の生活をどのように変えるかを見たのが、私たちの「シルバー・アマチュア・カメラマン」の研究である[295][297]。定年退職後にグループに属しながら写真を撮っている人たちに協力してもらったものである。

高齢者が楽しんでいる活動はなにかについての調査[200]によると、四分の一の人が報告したのが写真、絵画、陶芸、俳句、書道、華道、茶道、社交ダンスなどの学習活動であったという。このような学習活動を目指す人々の多くは、市民講座、カルチャー・スクールなどの稽古場を探して、いずれかのグループに属し、そこで指導者について技術や知識を習得することが多いであろう。そして、この学習の場には年齢、前歴、性別に関係なく人々が集う。そこに行けば同じ志を持つ仲間に出会える。さらに、学習の進歩を知るようなコンテスト、展覧会、発表会があり、そこで達成感を持ち、人々の評価を受け、また、新しい人々との出会いも期待できるであろう。つまり、このような学習活動はまさに社会参加である。ここに注目して、私たちはグループに属して写真を習っている高齢者に調査の協力を依頼した。特に写真を選んだのにはいくつかの理由がある。写真はシャッターを切れば誰でも可能であること、どの家にもたいていカメラがあるだろうと考えると、活動を始めるための道具の準備がいらないこと、カメラと写真という〝物〟を扱うので、他人とのつき合いが億劫な人でも試せること、そしてなによりも感謝すべきことは、調査に全面的に協力してくれる写真グループの人たちに出会えたことである。

面接、心理測定、実験、観察などによる四年にわたる縦断研究に協力してくれたのは長野県上田市で定年退職後にグループ（調査初年度のメンバーは、五八～八九歳の男女八三名）に属してアマチュアとして写真を撮り続けている男女三二名（うち女性は八名）である。このグループは約二〇年前に高齢者のための市民講座として出発し、優れたアマチュア写真家である花里吉見が今日まで一貫して指導を続けている。毎年数名の新メンバーが加わるが、当初からのメンバーが継続して参加しているので、メンバーはこのグループでの写真学習歴二〇年以上のベテランから初心者までさまざまである。

メンバーは居住地域別に一〇～二〇名の四グループに分かれ、月に一度会合を開いている。この月例会では、メンバーが前月に撮影した写真（ひとりにつき最大二〇作品）についての指導者の花里による講評と、新しい技術や考え方についての講義がなされる。写真の講評は各作品についてその作者に向けてなされるが、他のメンバーの前でコメントをもらうという形式で進められる（図8-6参照）。その他に撮影旅行、撮影会、撮影した写真を老人施設に展示するボランティア活動、市の行事への参加などの多様な活動をしている。さらに、さまざまなコンテストに応募して腕試しをすることが指導者によって強く勧められている。応募して受賞すれば意気も上がるし、作品が多くの人の目にふれる機会になるし、賞金が出ることもある。また、年度末には、その年度に全メンバーの撮った選りすぐりの写真（合計六〇〇～七〇〇作品）から受賞作品を中心に市民に公開する作品展を開いている。この選者を初回から引き受けているのが著名な写真家の細江英公であり、世界で活躍するプロによる評価が、自分の写真の進歩を知るよい機会になっているとメンバーは報告している。

では、定年退職後の写真の学習活動という社会参加が人間関係をどのように広げ、また人間関係が写真の学習活動をどのように支援したかについて見てみよう。

コンボイ面接法を用いて「写真を撮る上で重要な人は誰ですか」とたずねたところ、私たちが予想していなかったのは、「写真」についてであるのに、もっとも重要な第一円に挙げられた人の四九パーセントを家族が占めたことであった。挙げられた理由は「応援してくれる」「理解してくれる」からであった。月例会に出す写真を選ぶのは〝家族会議〟であると報告した者が多い。写真を毎日撮る

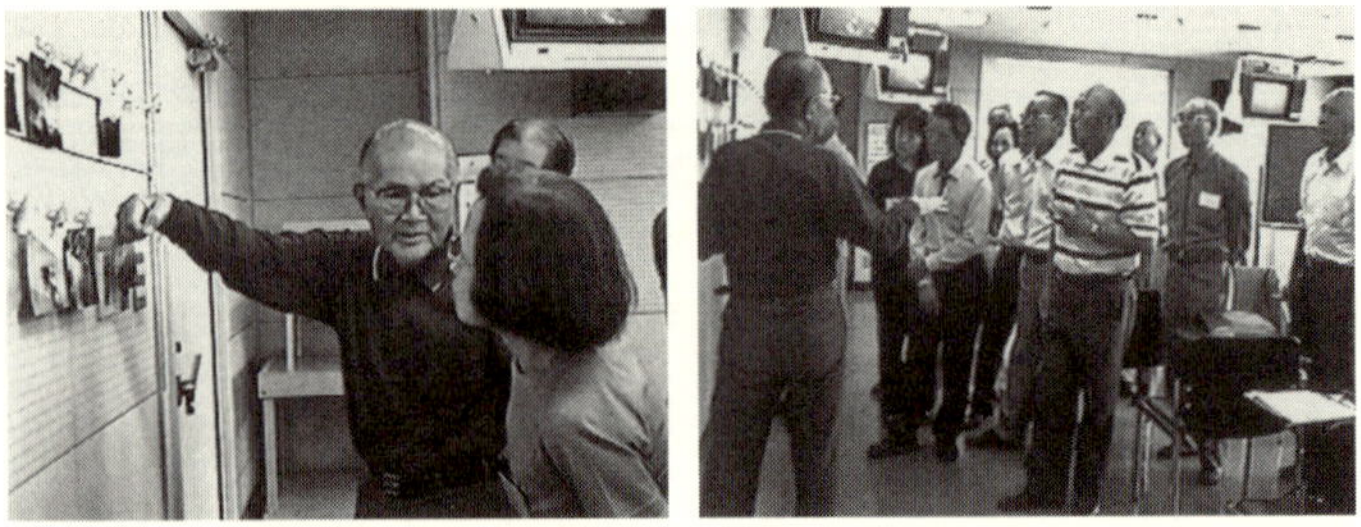

図 8-6　月例会で作品の講評を受けるメンバーたち（撮影：所真紀子）

ようにというのが指導者の勧めであり、月に三六枚撮りフィルムで一～七本も撮っているので、そこから講評を受けるための作品を選ぶのがひと苦労なのだが、「写真なんか撮らないのに、家内がよいというのを出すと、先生に褒められる。見る目があるんだね」という。あるいは「出かけようとすると、娘が、お母さんカメラ持ったかい、といってくれるの」、そして「賞を取ったら娘が祝電をくれたので驚いたね」「孫を撮るのが楽しい」などと報告し、家族の生活の中に妻や夫の（あるいは、母、父、あるいは、祖母、祖父にあたる人の）写真が確かに位置づいていることがわかる。そして、第一の円の三五パーセントを占めたのは写真仲間であり、「一緒に撮るので頑張れる」「よい写真が撮れると〝いいな〟といってくれる」などの意欲にかかわる理由と、「わからないことを教え合う」「一緒に車で撮りに行く」などの知識・労力を共有しているという理由が半々であった。残りの一六パーセントが指導者であり、応援してくれるという理由が多かった。

このグループの使っているカメラの多くはデジタルではなく、しかも、彼らはマニュアルで撮ることが多い。そして、「写真は奥が深く」「やればやるほど難しく、おもしろい」「写真のことで頭がいっぱい」

という日々を送っている。写真をしていなければ定年退職後は「こたつの番人だっただろう」と報告する人もあって、たまたま写真展に行って興味を持って「軽い気持ち」で始めた写真が、その後の生活を一変させたことがわかる。写真の学習活動によって仲間ができ、手本になるアマチュア・カメラマンの先輩である指導者と出会い、家族関係が変わったという。そして、これらの人々が写真の学習活動を支えてもいるのである。

「なぜ、グループに入って写真を撮っているのですか」という問いへの回答でも、感動を共有できる、写真について話ができる、一緒に写真を撮りに行ける、先輩に教えてもらえる、先生に指導してもらえるなどの理由が挙げられた。この研究では、グループに属して写真の学習活動をすることによって、後期高齢期になっても知識を増やし、人間関係を豊かにし、なによりも毎日の生活に満足感を持っていることがわかった。詳しくは、他にまとめたので参照されたい[296]。

自己表現としての側面　アマチュア写真家は、彼らの表現を借りれば〝奥深い〟写真に魅せられ、仲間、指導者、家族に支えられて写真の学習活動に熱中し、それが家族関係を変え、写真仲間をさらに増やした。重要なことは、彼らの活動の目的はあくまでも自分の納得のいく写真を撮ることで、仲間を作ることとそれ自体ではなかった。とりわけ、職場や家庭では十分にはできなかった自己表現をすることが、高齢者の社会参加活動の醍醐味なのだと彼らは語った。

私たちの研究に協力してくれたアマチュア・カメラマンは、年度末の作品展の会場で自分の写真の前に立って作品について語る。「ここの静けさを表現したいと風が来るのをずっと待っていた。よい具合の風が来て水面にさざ波が立った。川面の色もこの程度でよいかと思った。この木の枝がもう少しかかるともっとよかったんだが」「この親猫はもう歳であまりよく目が見えないのだけど、障子の向こうから来た子猫の気配を感じて立ち止まったところが、気持ちが出ていてよいかなと思って」などと。こういう自分の作品についての語りには、作者としての主張と自信が明確に表れている。また、もっとも彼らが苦心しているのは自分の写真につける題名である。どうつけたら自分の表現が要約できるかが問われるからである。彼らにとって写真はまさに自己表現である。写真を撮っている高齢者の高い生活満足感は、自己表現できていることと深くかかわっていると思われる。このような点を見ると、社会参加を人間関係を広げるという側面だけでとらえるのは正しくないことがわかる。

●個人の尊厳の配慮

調査によれば、六〇歳以上の市民の四割はなにも社会参加をしていないし、したくもないと答えている。[202] また、東京都内の老人福祉センターに「なぜ行かないのか」を調査した研究は、非利用者の理由が多様であることを明らかにしている。[145] 多くの人が社会活動に参加しやすいようにドアが開かれている必要はあるが、誰もが参加しなくてはならないとは思わない。多様な暮らし方があってよい。

高齢社会白書は、ひとり暮らしをする日本の高齢者は女性一九・〇パーセント、男性九・七パーセントであり、今後も増加していくと予想している。[202] 希望する人が介護施設やグループ・ホームに住むことを保証されることは重要であるし、建築家の外山義が提案したように、個人の尊厳を尊重するようにシルバー・ハウジングの思想を吟味し直すことも必要であろう。(308)～(310) ただし、ひとり暮らしだから不幸だと決めつけることは慎むべきである。大切なことは、本人がどうしたいかである。

人にとって他者は、好ましい存在であるが、同時に、煩わしい存在でもある。「自分らしくあるために他者が必要なのだ」ということを、高齢者、特に、後期高齢者とかかわる際には確認しておきたい。第3章で述べたように、人間関係は自己の存在を応援するものであり、自己を妨害してはならない。妨害するようなおせっかいな人間関係は嫌われるし、相手の尊厳を冒す。加齢はさまざまな機能を低下させたり、欠落させたりするために、特に高齢者はケアを受ける側になりやすい。しかし、無神経なケア、行き過ぎたケアは受け手の自尊心を傷つけ、心理的な負担感を生むことも考えておかなければならない。

第9章　人間関係と文化・社会

誕生から人生の終末まで、個々人がそれぞれの人間関係をどのように作るかを述べてきた。私たちがそれぞれ、自分の人間関係を作っているのは事実である。しかし、図9-1を見てほしい。まず、第1章で述べたとおり、対人的行動には生物学的制約がある。人に関心を持ち、関係を作り、しかも、自己を確立しながら他者ともつき合うというのうまい仕組みは、ヒトが進化の過程で獲得してきた性質だと考えられる。この性質は数万年あるいはそれ以上の長い時間をかけてヒトの遺伝子に組み込まれたとされている。今のところこれ以上の適当な説明が見つからない。そしてさらに、私たちの対人的行動は社会的、あるいは、文化的制約も受けている。それぞれ自分が属する社会、おかれている状況で暮らしているので、関係を持つ人の種類も数も無限というわけではない。また、どのような種類の人とどのようにつき合うのが〝一般的〟で〝普通〟であるかについての、社会的通念、社会の期待や規範があるのも事実である。これは数十年、数百年の時間をとおして人々に共有され、受け継がれてきたものである。

つまり、私たちは自分が現在生活している状況の中で、自分好みの人間関係を作っていると思っているが、図9-1に描いたように、ヒトが生き延びるために進化させてきた生物学的遺産である人と

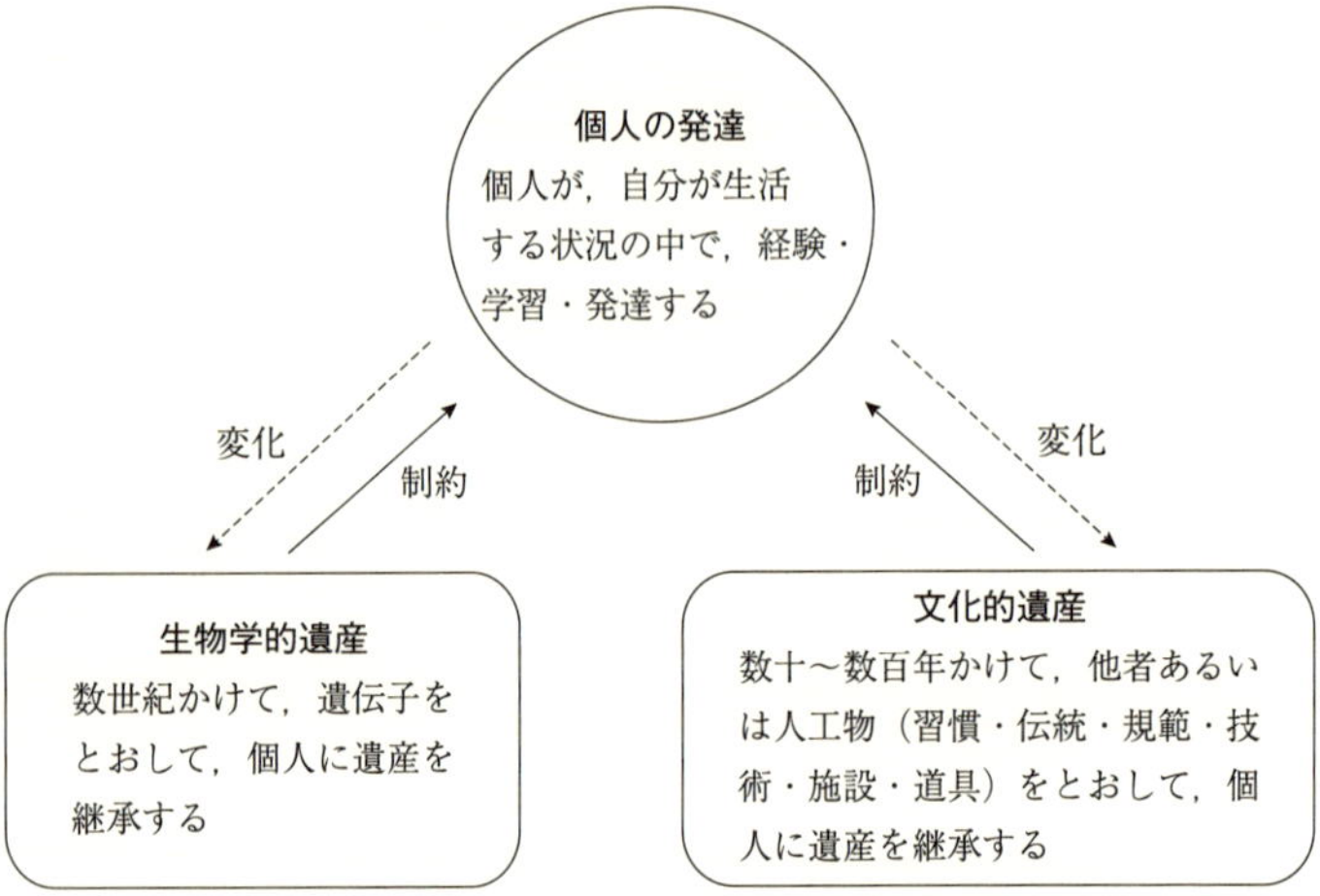
個人の発達
個人が，自分が生活する状況の中で，経験・学習・発達する
変化
制約
制約
変化
生物学的遺産
数世紀かけて，遺伝子をとおして，個人に遺産を継承する
文化的遺産
数十～数百年かけて，他者あるいは人工物（習慣・伝統・規範・技術・施設・道具）をとおして，個人に遺産を継承する

図 9-1　個人の発達・生物学的遺産・文化的遺産の関係

の関係をうまく作る性質と、文化的遺産として受け継いできた人間関係についての習慣や規範とに〝制約〟を受けているのである。本章では主に個人の人間関係と文化的制約との関連を考える。それぞれの人がどのように所属する社会の文化と自分の生活する状況との影響を受け、それと折り合いながら、自分固有の人間関係をいかに作っているか、そして、文化は〝制約〟ではあるが人々が文化を作り、必要であれば変えることができることをも述べてみよう。

1　文化的制約と文化の変容

● 文化とはなにか

比較文化心理学から文化心理学へ　文化とはなにを指すのかわかりにくいかもしれないが、文化について関心を持つ人は多いであろう。特に日本人の特徴を問題にする日本人論は大変に好まれ、これまで多くの本が出版されてきた[17]。中でも「日本人は集団主義、米国人は個人主義」という文化比較が、一般人から専門家まで多くの人々を惹きつけてきた。自己よりも集団を優先する集団主義か、自己をより優先する個人主義かという思い切って単純化したアイデアに惹かれるのであろう。

これまでの文化差についての心理学の研究では、国、地域、男女、世代などの明らかに差異がありそうなグループを取り出して、同じ物差しをあてて比較するという方法が主流であった。それぞれのグループの数値や特徴を示すエピソードを比較して、差を問題にしてきたのである。この方法でなされる文化差の心理学的研究は、比較文化心理学（cross-cultural psychology）と総称される。これに対して、このようなやり方では文化と人間行動の関係に真には迫れないと批判して生まれたのが最近の文化心理学（cultural psychology）である。

文化の定義　文化心理学では、文化が人々の行動とどのように関連するかを丁寧に見ようと工夫を凝らしている[47][95]。ここでは文化心理学の視点から、文化を次のように定義しておこう。

文化とは、道具や設備として具体化され、法律・規則などの文書として蓄積され、また、習慣、知識、技術などとして集約されている人工物の全体をいう。文化は人から独立して存在するものではなく、人からの働きかけによって、あるいは人の他者との交流をとおして、存在が明らかになる。文化は、人が必要として作り、多くの人々に共有されて広まり、世代から世代へと継承されてきたものである。人は誕生時から文化を実現した道具にふれたり使ったり、あるいは、文化を体現する養育者とつき合う。そして、学校や仲間をとおして人が蓄積してきた知識を獲得し、また、地域、職場、趣味のグループなどでの実践をとおして技術や知恵を学習する。

こうして文化は人々に使われながら継承されていくものであり、また、道具や技術、知識や制度を提供して個々人の発達を実現し、支援するものでもある。そして、文化によって成長した人々が文化を不便と感じれば、文化は変えられる可能性がある。

このように、人は伝承されてきた道具や知識や技術を使い、また、仲間に支えられながら発達するが、文化に完全に縛られているわけではない。知識や経験は先人から継承されてきたものであるが、私たちは先人による文化を主体的に経験し、選択し、獲得し、それによって既存の知識を精緻化したり、新しくしたりもする。歴史を見れば、人が文化に参加し、文化に変更を加えてきたことは明らかであろう。

● 文化と個人の相互作用

文化と個人はどのように相互にかかわっているか、例を挙げてみよう。

「名前のない問題」　一九六二年、「大学を出て、結婚し、夫も子どもあり」、その上にフリーの雑誌記者もしていたベティ・フリーダンは、『新しい女性の創造』(73) という本を書いて訴えた。高学歴、既婚、子どもあり、郊外住宅に住む主婦、という伝統的なジェンダー観からすれば、〝女性が夢見る〟幸せの条件をすべて手に入れているのに、自分も、そして、同じ境遇の女性たちも〝名前のない問題 (unnamed problem)〟に苦しんでいると。(73) 女性の幸せの条件とされるものをすべて持っているにもかかわらず、日々心が充たされず、自分の人生はこれでよいのか無意味に感じる、生きている気がしない、夫や子どもや家の他にもっとなにかがほしい、といった焦燥感にさいなまれるという苦痛。ニューヨークの書店で平積みにされていたこの本は、一九六五年には日本で翻訳出版されている。活字をひとつずつ拾って組んで印刷していた当時としては、相当の早さの刊行である。当時、女性たちの伝統的なジェンダー観を拒否する運動が世界のあちらこちらで、同時多発的に起こったとされる。これは、米国の一記者が多くの女性の心に火をつけたというよりも、時代の流れを感じ取ってそれを代表したといえるだろう。

ようやく、公平や公正について考える力をつけた女性が増えてきたということである。そういう女性たちが、生活の中で伝統的習慣、制度、価値などにふれ、女性だから、母親だからと行動が制限され、自由や権利を制限されるのはおかしいと気づき、異議を申し立て始めたのだ。個人的な問題だ、わが家の父親や夫に特有の横暴だ、などと思っていた習慣や規則が、実は社会の仕組みによるものだ、政治的な策略だ（personal is political）(190)と気づいたのである。そして、さまざまなアクションが始まった。ピンクのヘルメットをかぶって声高に男性に詰め寄る行動がマス・メディアのからかいの標的にされたり、フェミニストを「女性に甘い男性」のことだと揶揄するなど、日本特有の奇妙な紆余曲折もあった。そして、現在もなお強力なバックラッシュがあり、気が抜けないのも事実である(321)。しかし、フリーダンの問題提起から半世紀になろうとする今、男性の意識の立ち遅れはまだまだ大きいが(127)、たとえば、二〇代の女子大学生たちのゼミでの発言を聞いたり、非婚、晩婚、少子という行動を選択している女性たちを見ると、伝統的なジェンダー・バイアスに抗するうねりは、ほぼ草の根に届いたと思われる。産業革命以来の近代社会が作ってきた男性中心・男性優位の文化に「否」をつきつける、新しい文化が生まれたといえるであろう。歴史を見ればこうして、時には大きな犠牲を伴いながら、文化は変わってきたのである。

「辻井のベートーベンが聴きたい」　二〇〇九年、若いピアニストの登竜門といわれるヴァン・クライバーン国際ピアノコンクールで金賞を得た二〇歳のピアニスト、辻井伸行は、「将来どういうピアニストになりたいですか」という質問にこう答えている。「辻井のベートーベンが聴きたいと思ってもらえるようなピアニストになりたいです」と。ベートーベンが残した楽譜は文化的遺産であるが、それをどのように演奏するかについての自由度は実は大きいことは周知のとおりである。演奏は楽譜に書かれた情報に制約されながらも、個々のピアニストの解釈や技術に任されるところも多い。辻井は先輩ピアニストたちのベートーベンの演奏を聴いて伝統の多くを学ぶであろうが、それによって自分ならこう演奏したいという構想ができあがるのであろう。若いピアニストが今後どのような演奏を聴かせてくれるのか楽しみであるが、「辻井のベートーベン」はその演奏を聴きたいと音楽会に足を運んだり、CDを購入したりする大衆に支持されて初めて、新しい文化的遺産になる可能性を持つ。

このように、先人の知識を使って編み出された個人の新しい試みは、人々に共有され、伝播することによって、やがて新しい文化的遺産となるのである。文化と個人は相互に影響し合っている。そこでの個々人の役割はきわめて大きいのである。

2　人間関係の普遍性と文化差

文化が対人的行動に与える制約は多岐にわたる。それは、社会が人間関係をどの程度重視するかという価値の問題、さらには、他者への感情をどのように行動として表現するかという行動様式の問題、そして、対人的行動を向ける相手の種類や範囲についてなどである。代表的な議論を中心に検討することにしよう。

●人間関係についての意味づけの文化差

人間関係をどのように価値づけるか、いかに重視するかについては文化差があるといえよう。ここまで述べてきたように、人間関係が人の精神的安定を維持するために不可欠であることは人の普遍的な性質だとしても、建前として、あるいはイデオロギーとして人間関係をどのように重視するかは、文化によって異なるといってよい。

個人主義対集団主義　西洋と東洋をざっくりと二分する時に使われるのが、個人主義対集団主義という文化の枠組みである。この文化二分法が発表された初期の論文では、人間社会は集団主義から個人主義へと発達したものであるとして個人主義を優位とする差別意識が見え見えであった。この個人主義がより発達した価値であるという差別意識を避けたいと、一九九一年に発表されたマーカスと北山忍の「文化と自己」という論文[178]では、相互独立的対相互依存的とラベルを変えることを提案して、この二分法が文化の記述として有効であると主張した。しかし、内実は個人主義対集団主義という二分法を、差別も含めて再登場させたものである。

この二分法が有効であるかについては、賛否両論がある。[25][101][103][260][312]「認知科学」誌（一九九九年第六巻第一号）で北山と高野陽太郎との論争もあり、二〇〇八年には高野が『「集団主義」という錯覚――日本人論の思い違いとその由来』[300]を著して、この二分法には実証的な根拠が希薄であるという考えをまとめている。さらに、『児童心理学の進歩』第四九巻では、この本をめぐって四名の評者と高野との論争がなされている。[301]

多様な側面、複雑な特徴を持つ文化を記述するには、この二分法はあまりにも単純すぎる。文化的差異の証拠としてなにを取り上げるかによって、議論が分かれているといえそうだ。私は、個人主義対集団主義は、社会が個人と集団のどちらをどの程度優先させることをよしとするかについて見るには、便利な枠組みではないかと考えている。人が他者を回避する傾向と他者に接近する傾向という矛盾した傾向を持つことは、第3章で述べたとおりである。そして、この二つの葛藤をどう処理し、どのようにバランスを取るかについては、人の根本問題として議論されてきた。[20][248]この拮抗する二傾向の相対的な比重やバランスの保ち方という点で文化差を考えるのは妥当であろう。ハルミ・ベフは、日本を集団主義的ととらえるのはイデオロギーであるとしている。[25]

個人主義対集団主義の枠組みで日米の人間関係の差異を論じたのが、フレッド・ロスバウムらの論文である。[233] 彼らは、他者と関係を作るという傾向は生物学的に制約されたヒトの普遍的な性質だと認め、したがって、この傾向は人間関係を作る基盤として文化に共通にあると考える。その上で、彼らは、個人主義対集団主義の枠組みを採用する。アメリカ文化の特徴である〝個人化傾向〟と日本文化の特徴である〝他者との協調・調和を重視する傾向〟が、本来ヒトの持つ他者との関係を、それぞれ異なる質のものに発達させると考えるのである。つまり、それぞれの文化が提供するそれぞれの価値観、実践、制度などによって、米国人は一方ではヒトに普遍的な性質である他者との関係を持ちながら、他方では自立することを重視し、自由に探索し新しい関係を作り上げるように振る舞うとする。ロスバウムらは、これはまさに安全地帯を得て探索する、〝安定した愛着〟を持つ状態だとする。一方、日本人は自己を他者に合わせるように発達する。そして、この原型は子どもの〝甘え〟、つまり、完全な依存であり、長じては甘えを基盤にした相互依存的な人間関係を作るという。この論文では、彼らの仮説に合う言説、エピソード、実証研究の断片をつなぎ合わせて理論を正当化するという論法が使われている。

〝やせ我慢〟の文化と〝甘え〟の文化　私は、米国人が他者との関係と自立・自由をともに達成し、日本人は相互依存的になり、他とは独立した自己を獲得しないというロスバウムらの指摘は、事実に合わないと考えている。ある文化に暮らす人々が文化の価値、習慣、規範のとおりになるという単純な文化決定論には与しない。それぞれの人が文化に接し、文化の期待と自分の好みや意向を調整しながら、文化の提案のいずれかを選択し、あるいは拒否もし、自身の行動を組み立てていると考える方が事実に合っているであろう。

ロスバウムらの論文の興味深い点は、いくつもの研究結果や議論を根拠として、日米の人間関係についての建前の差を見出していることである。すなわち、米国文化は建前として自立することに高い価値をおき、他者を心の支えにするような弱みを見せないことを重視している。私の表現でいえば、これは〝やせ我慢〟の文化である。これに対して、日本文化では他者と良好な関係を築くことに高い価値をおき、自分の弱みを他者に見せることをより許容しているとする。ロスバウムらはこれを〝甘え〟の文化だとした。〝やせ我慢〟と〝甘え〟は日米の人間関係を扱う上での建前の違いだと考えると理解しやすい。

日本人の精神構造を理解する鍵概念は〝甘え〟であるとしたのは、精神分析学の立場に立つ精神科医の土居健郎で、これに該当する英語がないとして、ローマ字で〝amae〟と表記して英文の論文[54]を発表した。これが欧米人の強い関心を引くとともに、「日本人は甘えている」という誤解を生むことになったのではないであろうか。その後、日本語で書かれた『甘えの構造』[55]はベストセラーとなり、現在も読み継がれている。土居は米国で患者に接する医師を見て、彼らが「患者がもがいている状態に対して鈍感であると思うようになった。いいかえれば、患者の隠れた甘えを容易に感知しないのである。（中略）患者のもっとも深いところにある受身的愛情希求である甘えを容易に感知しないことは、私にとってはちょっとした驚きであった」と書いている。加えて、「私は、甘えの観点からアメリカ精神療法の実情を批判的に考察したのであるが、同時に私はその背景になっている現代西洋文明についての一つの批判を投げかけた」と。[55] つまり、土居は、人の〝愛情希求である甘え〟を認めにくい西洋文明に対して、それに敏感な日本文化を対比させたのである。〝甘え〟を日常語として持つ社会は、人間関係に特に関心を持つ社会であり、〝日本のイデオロギーは甘え〟であり、そう考えるとさまざまな現象が理解しやすいと指摘したのである。

たとえば、乳児が夜、誰と寝ているかという「寝方」の研究が文化差を示す証拠としてよく使われる。[42][244] 日本人は親子が川の字で寝るといわれてきたし、現在でも親が乳幼児と同室で休むことは普通のことである。これに対して、中産階級のヨーロッパ系米国人は誕生後間もなく（生後二週間くらい）から乳児をひとり部屋で寝かせることをよしとしている。子どもの自立のために、親に依存させないために、夫婦関係を妨害しないために、あるいは、添い寝によって乳児を押しつぶすことがないようになどの理由を挙げて、二〇世紀の初め頃から主に小児科医をとおして広められた育児法だそうである。しかし、調べてみると、これは欧米の高度に工業化された地域の、しかも中産階級に特有の習慣であり、世界でも類を見ないと報告されている。[185] つまり、ひとりで乳児を寝させるというのは世界的に見ると例外的な習慣なのである。一〇〇の社会を調査したところ、米国人の親だけが乳児のひとり部屋を準備していたというほどまれなのである。[230]

きわめて例外的であるというのは、おそらくこの習慣は乳児や親の自然に持つ要求に反しているからであろう。欧米の白人の一部、つまり、エリート男性中心の文化だけが、彼らにとっての至上の価値である〝自立〟の実現には乳児を別室で寝かせることだとしたのである。しかし、実際にはこれは乳児にも親にも我慢を強いるものである。「赤ん坊は子ども部屋で泣き、私たちはかわいそうにと寝室で泣いたものよ」「ひどく泣いている時には一緒に寝たわ」と、ある米国人の心理学者は話してくれた。親のベッドに子どもを寝かせている米国人は、「望ましい方法ではないとはわかっています」と語ったという調査報告もある。「乳児と親とは自立した夜間の睡眠をめぐって、しばしば対立します。そこでは親と子は、精神力と精神力の戦いにおける敵同士の役割を演じるのです」とバーバラ・ロゴフは書いている。[230] 人の心の特徴からすれば、これはまさに〝やせ我慢〟の文化である。しかし、文化が〝やせ我慢〟を建前として掲げたとしても、個人がそれを守るとは限らない。そして、この〝やせ我慢〟を遵守した親は、別の方法で子どもにどんなに愛しているかを伝えて、気持ちの埋め合わせをしていることであろう。たとえば、親の子どもの反応に対する〝敏感さ（sensitivity）〟の大切さをとりわけ強調するのは、一例であろう。

自己と他者の葛藤の解決　欧米の研究者は、日本の文化を〝甘え〟を容認する文化だと特徴づけることを好むが、建前はそうであっても、日本人といつもそうだというわけではない。平井美佳は、自己を優先させるか他者を優先させる（つまり、他者の判断に任せたり、それを甘んじて受け容れようとする）かは、問題がどれほど本人にとって深刻か、また、相手が誰であるかという状況次第だという仮説を検証する実験をした。[100] 大学生男女六三名に自己の希望と他者の希望とが葛藤を起こす架空の場面を与え、自他のどちらの要求をどのように考慮して問題を解決するかを考えてもらった。葛藤場面として、三種類の相手（家族、友だち、世間）と三段階の深刻さ（深刻な問題、中間の問題、さほど深刻ではない問題）を組み合わせた九（三×三）場面を用意し、それぞれの問題について〝もし私ならどうするか〟、考えを進めているプロセスをすべて声に出してもらう、発話思考法で調べている。発話は本人の許可を得て録音し、後ですべて文字に起こして、葛藤をどのように解決するか、自己と他者のどちらを優先するかについて整理したのである。その結果は予想したとおりであった。本人にとって深刻な問題の時には自己を優先する割合が高く、相手について見ると、家族、世間、友だちの順番で自己を優先させる割合が高かった。もっとも深刻ではない問題では相手の主張に譲る割合の方が高くなり、その割合は友だち、世間、家族の順に低くなった。つまり、状況の条件（この研究では問題の深刻さと相手の種類）によって、自己と他者の優先の度合が変わったのである。本人にとってさして重要ではない問題（どの種類のピザを食べるかなど）では、文化が期待するように他者に譲っておこうとしたのである。そして、若者よりは伝統的価値観を持っているであろうと予想される高齢者（平均六九・八歳）でも結果は同じであった。いうまでもなく、高齢者の実験では大学生と同じ原則に基づいて、高齢者にふさわしい九場面を設定して調べている[101]。平井の研究の協力者は今までのところすべて日本人であるが、同じ原則で米国人の協力者にふさわしい課題を用意して実験すれば、おそらく同じような結果を得るであろう。文化が自他のどちらかを優先する方がよいとしていても、たとえば戦時下や独裁体制下で逸脱することに厳しい罰を与えない限り、一貫して自他のどちらかを優先するような人を想定することは難しい。本人にとってさして深刻でない問題ではその文化が期待する〝建前〟に同調しても、深刻な問題であれば当然自己を優先する人の割合が増えるであろう。

●愛着の文化差

愛着概念とその測定　前述のように、米国人が他者との関係と探索行動を両立させる様子を安定した愛着にたとえたロスバウムらは、したがって、愛着という概念は西洋の主流文化の考え方であり、日本人にはあてはまらないという論文[234]も書いている。彼らによれば、個人化・自立を重視せず、協調・調和を重んじる日本のような文化では、安定した愛着の重要な特徴である、安全地帯を使って〝探索する〟行動は奨励されないので発達しない。したがって、愛着という概念がうまく機能しないというのである。これは興味深い主張ではあるが、誤った議論だと私は考えている。なぜなら、この議論では愛着の概念とその測定にまつわる文化の問題とを混同しているからである。

ロスバウムらは、愛着とは他者との関係と探索行動を両立させること、つまり、愛着とは愛着の対象を安全地帯として持ち、その質がよければ探索できることであると考えている。しかし、これはボウルビィのいう愛着の定義そのものではない。第6章で述べたように、愛着とは「〝無能で無力な乳児〟が〝有能で賢明な養育者（多くは母親）〟に生存、安全を確保するために保護や援助を求めること」をいう。

愛着を安全地帯の質として測定しているのは、第6章で紹介したエィンズワースらが考案したストレンジ・シチュエーション法である。[7]〝中産階級のヨーロッパ系米国人の家庭で育つ乳児〟の愛着を測定するためには、探索を可能にするほど良質な安全地帯となっているかで愛着を測るのが適当だとしたのである。つまり、他者とのよい関係よりも自立・自己の確立を強調する文化のもとでの測定法としては、愛着の機能のひとつとして安全地帯について見るのがよいと考えたのである。どのように愛着を測定するかは文化によって当然異なる。愛着の概念と測定法における操作上の定義とは分けて議論しなければならない。

ストレンジ・シチュエーション法と文化差　ストレンジ・シチュエーション法については第6章で紹介した。エィンズワースらはこの測定法は米国の中産階級の家庭児のために考案したもので、欧米以外でそのまま使えるとは思えないとはっきり書いている。たとえば、自分がかつて観察したアフリカのウガンダのガンダ族の母子には耐えられないものであろうと述べている。(4) 図9-2は五つの国でストレンジ・シチュエーション法を原案通りに実施した場合の、愛着の三類型の出現率を示している。米国のデータは、エィンズワースがストレンジ・シチュエーション法を提案した時の分析に使われたもので、ヨーロッパ系米国人の中産階級の乳児では、安定型（B型）が六三パーセントであり、不安定型では回避型（A型）が二一パーセント、アンビバレント型（C型）が一二パーセントである。図に見るようにA、B、C型の分布は測定された都市によって異なる。この割合の差が、愛着の質そのものが異なることを示しているのか、あるいは単にストレンジ・シチュエーションという手続きの意味が文化によって異なるために出てきたのか、直ちには決めにくい。日本の愛着の型（三宅プロジェクトのデータ）の大きな特徴はA型が皆無であったことである。そこで、私は、日本ではなぜA型の子どもがいないのかを考えてみた。(273)(276)

愛着行動は、子どもの気持ちが安定している時には出現しない。探索に夢中になり、安全地帯を必要としないからであると、エィンズワースらは考えた。また、逆に不安がひどく強ければ、誰にでも助けを求めるために、誰が真の愛着の対象であるかわからない。そのために、〝ほどほど〟の不安があることが愛着の測定には重要だとしたのである。そこで、ヨーロッパ系米国人の中産階級の乳児の日常生活を考慮して、ストレンジ・シチュエーション法では、表6-1に手続きを示したように、①測定を実験室で行う、②初対面の女性が登場する、③実験室でひとりにされる、という三種の〝ストレンジな〟状況を使うと適度の不安を引き起こすと考えたのである。

ところが、私たちのデータを分析してみると、日本の乳児はひとりにされた途端に泣き始め（以下、日本の乳児、米国の乳児の順に、それぞれ九三パーセント、四五パーセント）、ずっと大泣きを続け（九一パーセント、五八パーセント）、ひどく泣くためにこの場面の時間を短縮された（九〇パーセント、五三パーセント）。そして、米国の乳児の六二パーセントがひとりにされた場面でも周りを探索したり、玩具で遊んだりしたのに対して、日本の乳児でそうしたのはわずかに九パーセントであった。つまり、実験室でひとりにされるという手続きは、私たちが測定した日本の乳児には過度の不安を引き起こしていることが予想されたのである。このような状況では、A型の特徴とされる母親を避ける行動が見られないのは当然であろう。母親を拒否するどころではない、とにかく抱っこして、ということになってしまうのである。この乳児たちの母親にたずねたところ、測定前の一か月間に、母親が子どもをおいて外出したのは平均二・二回であり、その時も父親や祖母などが代わって面倒を見ていて、子どもがひとりにされるということはきわめて少ないことがわかったのである。つまり、ひとり

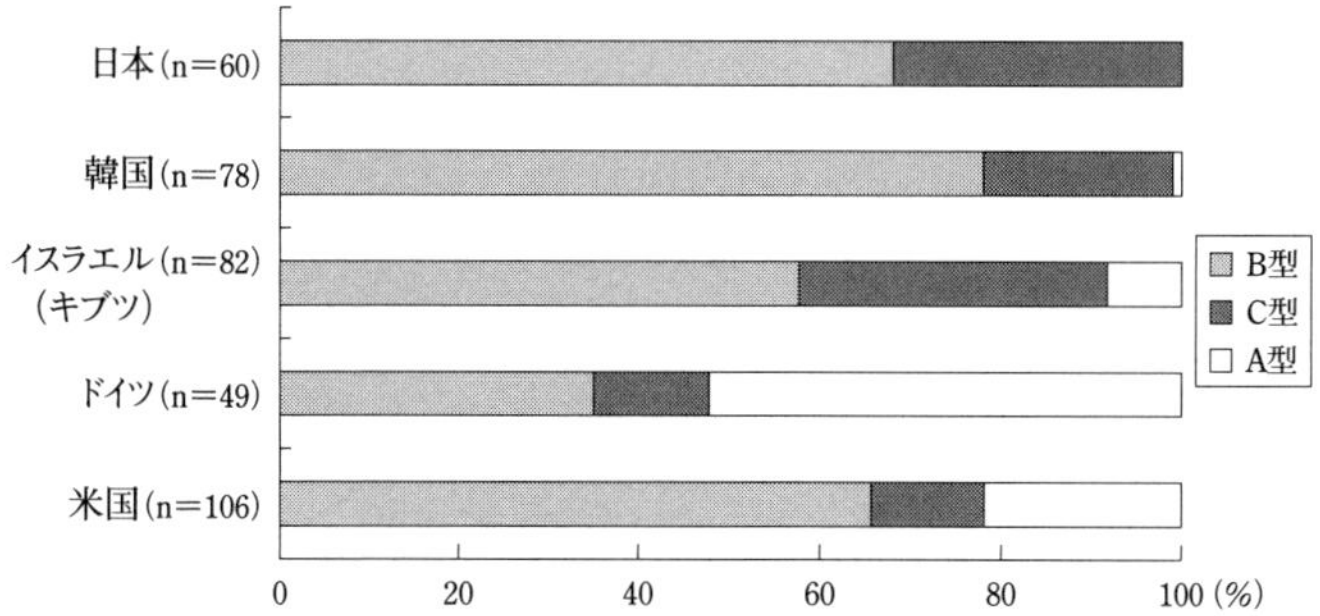

図9-2　ストレンジ・シチュエーション法による愛着の類型の文化差[7][86][121][237][273]

にされることが日常生活で体験されていないことがわかり、A型が皆無であったのは、ストレンジ・シチュエーションという実験手続きの性質によると予想されたのである。

さらに、実験室でひとりにする手続きの前後（エピソード6、表6-1参照）で愛着の分類をし直してみると、C型とされた乳児の約半数は、ひとりにされる手続きの前（エピソード2～5）にはB型的な行動を見せるが、ひとりにされた後（エピソード6～8）ではC型的な行動に変わったことがわかったのである。つまり、本来B型である子どもが、測定具の性質によってC型にされた可能性が疑われたのである。ストレンジ・シチュエーション法では適度の不安を引き起こすことが重要であるが、どのような手続きが適度であるかは、子どもが日常を過ごす状況によって異なるという厄介な問題がある。図9-2に示す愛着の類型の文化差にもこの問題がかかわっていることが予想される。しかし、重要なことは、この問題はあくまでもストレンジ・シチュエーション法という愛着の〝測定〟にかかわるものであって、これだけで愛着そのものに文化差があるとはいえないということだ。

●愛情のネットワークの日米比較

米国人の愛情のネットワークはどのようなものであろうか。日米の愛情のネットワークをARSによって測定した結果は、文化を超えた共通性と差異の両方を示した。

ARSがどのようなものかは第4章で詳しく紹介したが、これは私が自分の理論に基づいて日本の多くの人々のデータをもとにして作った尺度である。人がどのように他者を必要としているか、近しい他者に対する愛情の要求とその配分の状態を測定しようとするものである。このような他者の存在を重視する日本製の尺度に米国人はどのように反応するか。日米の比較研究でARSを用いるに際しては、共同研究者とともに注意深くARSを英語に翻訳し、予備調査を繰り返したものの、米国の協力者が回答に困難を示さないか、どのような結果になるか、不安と楽しみが半々であった。なにしろ、心理学では欧米の尺度を翻訳して日本で使うのがこれまでの習慣であって、その逆はほとんど例がないからである。

この研究は、第8章でも紹介したコンボイ面接法をも含めた、大規模な日米研究の一部としてなされた[291]。協力者は米国ではデトロイト市とその近郊、日本では横浜市とその近郊の住民のうち、八歳以上の男女からランダムに選ばれた。そのデータから、この分析では子どもと高齢者を除いた二〇歳から六四歳までの成人、日米それぞれ一〇〇〇余名のデータを比較することにした。調査はすべて調査員が家庭を訪問して行った。ARSでは五名（父親、母親、配偶者あるいはパートナーや恋人、子ども、同性の友だち）について回答してもらった。幸い、米国でもこの調査票が記入しにくいというク

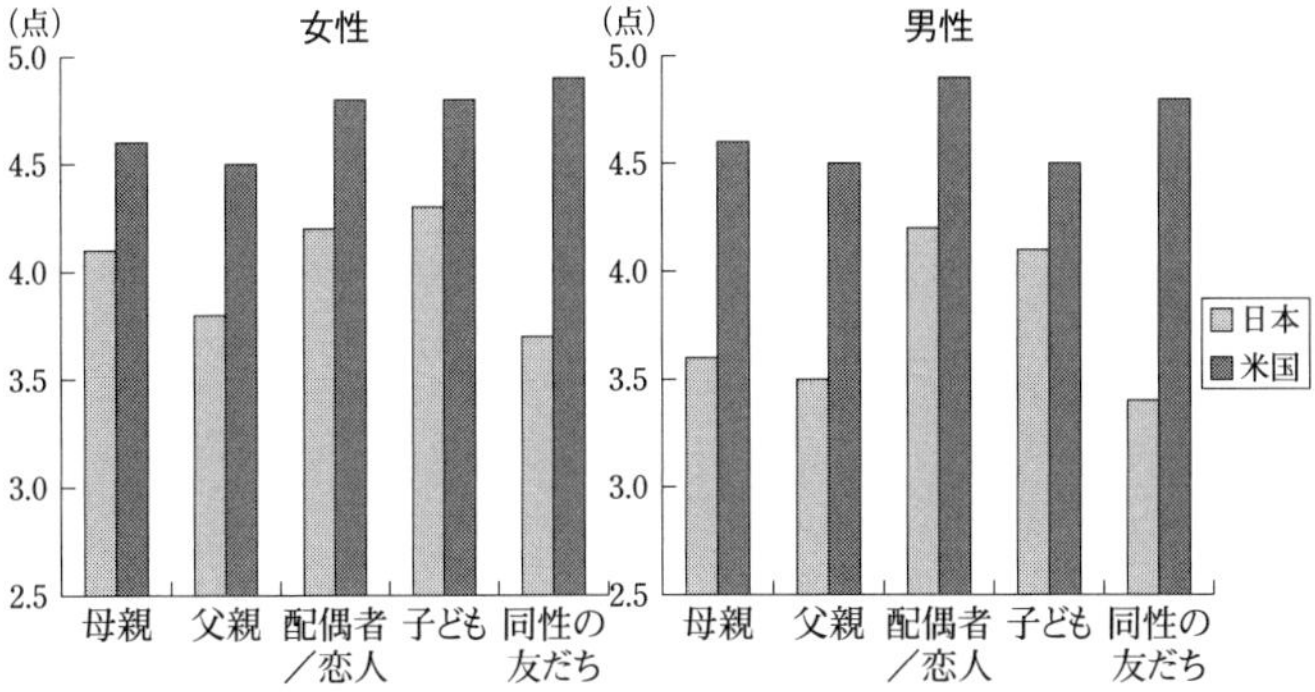

図9-3　5名の対象に対する愛情の要求についての日米差[291]

レームはなかった。分析の結果、まず、日米共通に、愛情の要求について回答された対象は複数であった。五名全員について回答した者は日米でそれぞれ三五パーセント、二〇パーセントであり、四名について回答した者は三八パーセント、三四パーセントであった。一名しか回答しなかった者は一パーセントと四パーセントであった。そこで、さらに詳しい分析は、五名全員について回答した者、日米でそれぞれ八〇八名と五四七名について行うことにした。

各対象についての評定値の平均は、図9-3のとおりである。図に見るように、すべての対象について米国人のほうがＡＲＳ得点が高い。これは、統計学者の林知己夫[97]が指摘しているように、評定に強く反応するという米国人の特徴のせいだと思われる。そこで、直接に得点を比較するのではなく、五名の評定のうち上位三名が誰であるかを両国間で比較してみることにした。その結果、日本人のトップ3は家族のみである割合が高い（女性が五六パーセント、男性が五〇パーセント）のに対して、米国人では同性の友だちを含む割合が女性で高い（女性が七五パーセント、男性が五一パーセント）という差異が見られた。つまり、米国人の特に女性が、同性の友だちをネットワークの重要メンバーとする傾向が強いということである。

以上のように、文化を超えて共通に、愛情の要求が複数の重要な他者に向けられ、その他者の中で重要さの違いが区別されていることがわかる。そして、日米をそれぞれグループとして見れば、日本人の重要な他者が家族中心である傾向があるのに対して、米国人はその中に同性の友だちを含める傾向が、特に女性で強いという差異が見られた。愛情の要求は人にとって重要であり、この要求を持つことは文化を超えた人の特徴であろう。そして、文化は誰にそのような要求をどの程度向けることが、その所属する文化では〝普通か〟〝望ましいか〟〝許容されるか〟という選択の幅を決めていると考えてはどうであろう。しかし、その拘束力はそれほど強いものではない。

3　人間関係の性差

人間関係には性差が見られる。たとえば愛情の要求の得点は、どの年齢でも女性の方が高い。この特徴は、先述のように日米でも共通に見られたし、私たちが調査した中国(102)（北京市）、台湾(43)（台北市）、韓国(288)（ソウル市）の学生でも同様であった。女性の方がこういう感情を他者に向けること、あるいは表明することについてのハードルが多くの文化で低いように思われる。さらにまた、女性が介護を担うという習慣も一般的であろう。子育て、保育、病人の介護、高齢者の介護などいわゆるケアの仕事は、文化を超えて女性にふさわしいと見なされているふしがある。たとえば、高齢社会になった日本では、介護保険制度のもとで要介護または要支援と判定された六五歳以上の人は合計四二五万名にも上り、その主介護者では妻、嫁、娘などの女性が七二パーセントを占めていると報告されている[202]。この他者の世話をするのは女性の方がふさわしいという文化は、どのようにして作られたのであろうか。

●女性の声を聴く

道徳観の発達研究の主流派の権威であったのは、ローレンス・コールバーグである[147]。彼とハーバード大学で同僚であったキャロル・ギリガンは、女性に対する丹念な面接調査を繰り返して、彼とは異なる結論に達した。そして、『もう一つの声――男女の道徳観と女性のアイデンティティ[82]』を著した。この本を書き始めたのは一九七〇年代の初めで、当時はフェミニズム運動が盛んになっていたとギリガンは記している。ギリガンは一九三六年生まれであるので、当時三〇代半ばである。さらに、一九七〇年の春は学生がベトナム戦争反対の運動を強め、彼女が所属していたハーバード大学では最終試験が中止され、卒業生が出なかったと、第二版の「読者への手紙」で、この本の時代背景を明らかにしている[82]。若い女性研究者のギリガンと彼女の調査に応じた女性たちの、両方の背中を時代が押した様子がうかがわれる。これはいくつもの調査を繰り返した努力が結実した画期的な仕事であった。

男性研究者のコールバーグが男性の協力者に見出していた最高の道徳とは、「公正と正義の道徳」であった。これは、人間関係や他者への温情に流されずに、自立や普遍的な倫理をよしとするものである。ところが、ギリガンがもう一つの声、女性の声に耳を傾けてみると、そこで繰り返し語られたのは、他者を思いやり、他者に対して責任があると感じる、つまり、人とのつながりを重視する「ケアと責任の道徳」であった。たとえば、「人生は他人と協力し、他のあらゆる人と協調して生きるように努力することによって豊かになります」「わたしは世界に対して責任があるということを非常に強く感じるのです……つまりわたしはただ自分の楽しみのために生きることはできず……この世界をより住みよくするためにできることをしなければならない」などというものである。(82) ギリガンは、このような他者を配慮する道徳観を未熟なものだと位置づけたコールバーグに異議を唱えた。彼が、道徳の最高の発達、「公正と正義の道徳」を段階6とすれば、「ケアと責任の道徳」は段階3であるとしたからである。そして、ギリガンは、「ケアの道徳」は女性が持つ低い道徳観だとされてきたが、「公正の道徳」も「ケアの道徳」も、ともに男女を問わず人にとって重要な道徳観だとし、二つを備え持つことこそが成熟だとしたのである。断っておくが、ギリガンの研究を単なる道徳観の性差の発見だとしたり、女性が表明した「ケアの道徳」が女性に本来的な道徳観だと固定的に考えたりするのは正しくない。

コールバーグが「ケアの道徳」を「公正の道徳」よりも下位に位置づけたのは、研究者も協力者もすべて男性であり、男性中心社会が理性的であることに価値があるとしていた、私にいわせれば〝やせ我慢〟文化であったことを反映しているといえる。強がりを旨とする文化からすれば、他者の気持ちを考えて判断するなどということは、価値が低いと考えても無理はない。そしてこの考えを決定的にしたのは、産業革命以後の近代男性中心社会が生産することに高い価値を置き、生産を上げるために性別役割分業を政策として採用したことである。生産第一とすれば、物を生産しない育児やケアは価値の低い仕事になり、これを女性の仕事だとする政策がとられたのである。こうして「ケアの道徳」は価値が低く、女性が持つものとされてきた。この仕組みをギリガンが明らかにしたことは画期的なことである。ギリガンの主張は米国では非常に関心を集め、一九九六年に彼女はタイム誌の「もっとも影響力のあった二五人」に選ばれてもいる。しかし、高齢者のケアを担っている人の七二パーセントが女性であるという日本では、頭の切り替え未だしの感が強い。道徳観における男女の相違は、男女の本質的な差異ではない。したがって、ケアをもっぱら女性の仕事だとすることにも根拠がない。文化によって、つまり、制度や習慣によって女性は人間関係の中に閉じ込められ、逆に男性は人間関係から締め出されるという状況ができあがってきたのである。

●男性は介護が苦手か

昨今、日本では妻を介護する夫、あるいは親を介護する息子など、男性が介護にとまどっているといった取り上げ方をされることが多い。小林彩の研究(144)は、高齢者を家庭で介護している男性介護者と女性介護者とにどのような差異があるかに注目したものである。年齢、健康状態、経済状態、被介護者の年齢、続柄、認知症の有無、要介護度、副介護者の有無など、介護にとって重要な要因を男女介護者間で個別に対応させ、なるべく同じ条件で介護しているそれぞれ二七名を選び比較した。介護者の年齢は六八～六九歳、被介護者は配偶者が六七パーセント、親が三三パーセントである。被介護者の認知症の有病率は男性介護者では三七パーセント、女性介護者では五二パーセントで、女性の方がやや重度の人を介護している傾向があり、この程度の差を認めて比較せざるを得なかったという。

このようにして男女介護者を比較した結果、まず、介護者の介護負担感、介護満足感、生活満足感については性差はなかった。男性では、介護によって初めて家事やケアをすることになった者が多いが、そのことが負担感を増大させたり、生活満足感を低減させることはなかったのである。性差が見られたのは、介護についての情報を男性の方が熱心に集める傾向があり、ケア・マネージャー、介護者グループでの経験者、本、テレビ、インターネットなどから情報を得ていたことである。注目されたのは、介護保険によって「ショートステイを利用すること」が男性介護者の介護負担感を高めていることであった。小林は、「男性介護者が介護を自分の仕事」と考え、ショートステイを利用するなどというのは自分の介護の不完全さをさらしていると考えるせいであろうとしている。男性が介護のために常勤職を辞めた割合は四一パーセント（女性では二一パーセント）であった。さらに、介護を始めてから時間を減らしたことはなにかを聞いたところ、男性では「外出を伴う活動」であると報告している。つまり、男性は介護が苦手ではなさそうであるが、かつては職場でしていたように、介護を仕事と考えて没頭し、情報を集めようとリサーチし、完璧を期そうとし、「介護ホリック」とも呼ぶべき状態に陥っている様子が浮かび上がってきたのである。(92) 男性は仕事をする人であり、他者に頼らずに熱心にこなすべきだという「男らしさ」の文化が、ケアにおいても見えてくるのである。これは「ケアの道徳」を学んでこなかったためだともいえるであろう。一方、女性介護者では、入浴サービスや訪問看護を利用して専門家に委ねることは、介護満足感を高めている(150)。

4　社会変動と人間関係

米国の社会学者、グレン・エルダーは、人の一生をライフ・コースという言葉で表現し、ライフ・コースは社会の変動と共にあるとし、それを実証的にも明らかにした。むろん個人が本人のライフ・コースを作るのであるが、それは時代の流れと不可分である。社会が大きく変動する戦争や不況などに人々がどのように翻弄され、その中で活路をどのように見出していたかに注目すれば、それは明らかである。

●大恐慌と子ども

エルダーの初めの重要な仕事は、『大恐慌の子どもたち(62)』を著したことである。この本でエルダーは、一九二〇～二一年生まれで、大恐慌時に一一～一二歳（小学五、六年生）であった白人の子ども一六七名とその両親を、三〇年間追跡したデータを分析した。子どもの五分の三は中産階級の家庭で育ち、経済恐慌下で青年期を過ごし、第二次世界大戦直前に高校を卒業し、多くは兵隊となり、戦後はベビーブームをもたらした世代である。分析されたデータは、カリフォルニア州立大学バークレイ校の人間発達研究所（当時は児童福祉研究所）がオークランド成長研究（一九三二年開始）として収集していたアーカイブである。

一九三〇年代には米国人の三分の一が失業し、労働時間が短縮され、国民の半数は大恐慌による痛手を受けたとされている。オークランドで生まれた子どもにとって、大恐慌時代を生きるとはどのようなことであったのか。エルダーの分析によると、大恐慌のあおりで父親が失業した家族の生活は厳しく、生活費を切り詰め、さらに母親が働きに出るようになった。そして、女の子は母親に代わって家事を引き受け、男の子は家計を助けるとともに自分の生活費も稼ぐことを余儀なくされたという。このような家庭では、娘や息子にとっては、稼げない父親の地位が失墜し、稼ぐ母親の力が増し、母親が経済的にも心理的にも家族の中心であるように映ったであろうという。このために父親の息子への影響力が弱まり、家庭がうまく機能しなくなると、息子は親の束縛から解放されて、家族以外の教師や友だちの影響を大きく受けることになる。大学への進学は難しかったが、息子たちは家庭の中の混乱や葛藤からは自由になれた。一方、家事を引き受けている娘は家に縛られることになり、学校教育の機会が狭まり、早く結婚するようになった。このように経済恐慌は青年たちに伝統的な性役割を受け容れさせ、また、早く大人になることを要求した。経済が安定していた一九二〇年代には家庭で保護され成長していた子どもが、一〇代で突然に社会に投げだされたのである。しかし、第二次世界大戦に動員されることで、皮肉にも失業を免れたという。

エルダーは、経済不況の影響をもっと深刻に受けたのはバークレイ・ガイダンス研究によって追跡された、大恐慌時に誕生した子ども（一九二八〜二九年生まれ）であったという。彼らは幼少期をまさに不況下で過ごすことになり、家族の緊張や葛藤にさらされ、傷ついた。将来に希望が持ちにくく、自信を失ってもいたという。そしてさらに、青年期を第二次世界大戦の戦時下の困窮の中で過ごすことになった。エルダーは二つのデータから、ライフ・ステージのどの段階で経済恐慌や戦争などの時代の変動を体験するかによって、社会変動の発達への影響は異なると指摘している(63)(64)。

●ベルリン加齢研究の高齢者

第8章で七〇歳以上の市民が参加して行われているベルリン加齢研究（BASE）を紹介した。この研究では生年によって三つの年齢群に分けて、個人の発達と時代との関連を分析している(173)。図9-4は高齢群（一八八七〜一九〇〇年生まれ）、中間群（一九〇一〜一〇年生まれ）、若年群（一九一一〜二二年生まれ）のそれぞれが第一次世界大戦、大恐慌、第二次世界大戦、戦後景気、ベルリンの壁のそれぞれの時代や社会状況を、何歳で経験したかを示している。図中の年齢の数字はそれぞれの群の年齢の中央値（年齢順に並べた時の中央の人の年齢）を示している。

たとえば、第一次世界大戦時に子どもであったか、青年であったか、成人であったかによって、戦争の影響が異なることは容易に想像できよう。このような社会変動やそれぞれの時代の価値観、習慣などと、本人がどのライフ・ステージにいたかについて考えようというわけである。著者らの分析によれば、女性では若年群ほど教育や就職の機会が開かれていたし、自分で稼いで年金も支払っていた。

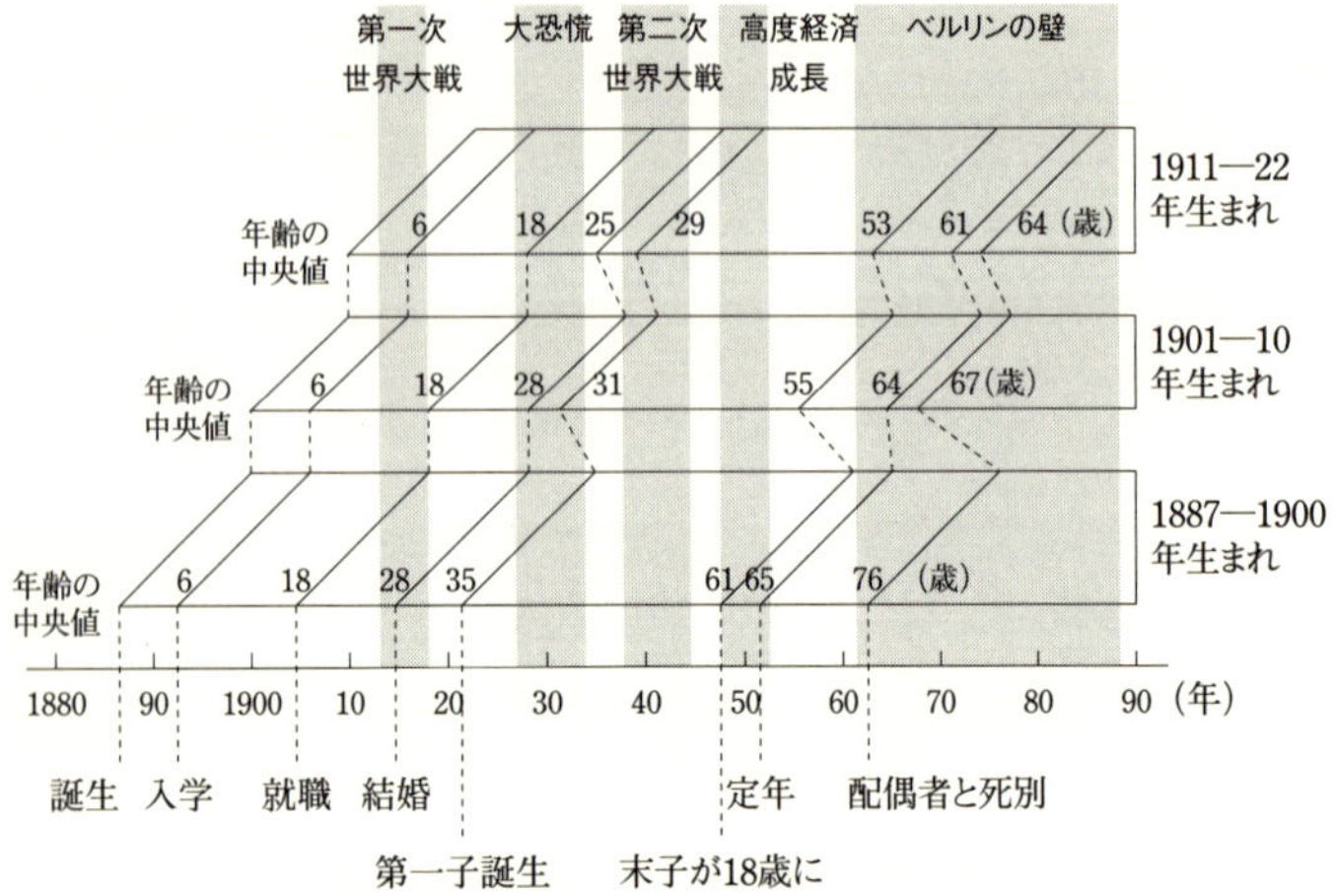

図 9-4　年齢群と時代の変動との関連（173）

また、男女ともに若年群ほどより健康な生活ができ、誕生した子どもの死亡率も低い。第一次世界大戦は高齢群の仕事や家族構成に影響を与え、第二次世界大戦はどの群でも生活になんらかの影響を及ぼしていた。たとえば、ナチス支配下では結婚が早められた。そして、どの群も第二次世界大戦で子どもを亡くしている。若年群の男性は軍人となり、多くが捕虜になり、銃後の女性は家庭を守り、そして未亡人になった者も少なくない。しかし、若年群では再婚もしやすかったという。第二次世界大戦の影響は戦後も続き、三群の男性と中間群および若年群の女性は失業に苦しんだという。ベルリンの壁が作られた一九六一年には、すでに高齢群では仕事をしていた人はごく一部であったが、若年群では働き盛りのほとんどを壁の時代に過ごしたことになる。したがって、壁の崩壊の意味はどのライフ・ステージにいたかによって異なるという。

●文化は人が作る

ここまで、人間関係がいかに人にとって重要なものかについての証拠を示してきた。子どもはもとより、おとなも愛する者を持ち、支えられ、存在を他者から認められることが、心の安定にとって不可欠である。しかし、同時に自己が大切であり、他者に邪魔されずに自分らしくありたいと奮闘している。私たちの暮らす社会はこのような拮抗する要求を持つ個人の集合体である。このような個人が作る社会では、人々が必要な規則や習慣、そして、思想を具現した道具や施設などを作って、世代から世代へと受け継いできた。それが文化である。多くの社会が、それぞれのメンバーが自分らしくあることができるように、これを保証するようにと人々の知恵を集めてきた。つまり、文化を作ってきたのである。したがって、都合が悪い文化を人が変えることができることも強調しておきたい。

第10章　人間関係の現在と課題

「人間関係が希薄になった」「他人への関心や愛着をなくしている」「子どもがうまく遊べなくなった」「子どもがすぐキレる」「子どもを愛せない親が多い」などというフレーズが、マス・メディアの中を飛び交っている。携帯電話やインターネットが人間関係に有害だという警戒心も強いようで、中学生以下に携帯を持たせるべきではないという議論を政治家や行政官がしたり、〝学校裏サイト〟が深刻な状況であるという調査報告が発表されたりした。

さらには、保育所に入れない待機児童を減らすべきだという大合唱が続き、行政は施設や保育環境の規制緩和を進めようとしている。それとともに保育の質の低下について懸念の声も上がっている。

今日、このような人間関係が危うい、人間関係力が退化している、人間関係の環境が変わってきたという議論が起こっている。では、そのような心配をしなければならないような証拠はあるのであろうか。本章ではこのような人間関係の現在の問題と将来の課題を考えてみたい。

1　人間関係は貧しくなったか

人間関係は希薄になっているのか。人間関係力は低下しているのであろうか。なにか事件が起こると、そこから短絡的に、最近の子どもは、青年は、若い母親は、と糾弾される。このような半ば感想的なコメントをするのは容易であろうが、このような安易な発言に対して「そうではない」と証拠を添えて反論するのはなかなか難しい。しかし、たとえば、愛着の研究で、以前に比べて安定した類型に分類される者が減少しているとか、無秩序型が急増したというような研究や議論は、私の知る限りされてはいない。コンボイ面接法によるデータも、第8章で紹介したとおり、どの年齢でもそれぞれの人々が重要な他者を躊躇なく選んでいるし、三〇年前[122]も現在も、家族がもっとも重要だと選ぶ人が多いことも変わっていない。

●愛情のネットワーク・モデルによる検証

愛情のネットワーク・モデルを用いて私が測定した、一九六四年の中学[267]、高校[266]、大学生のデータ[265][268][270]と二〇〇六年のデータ[105]とを比べてみよう。結論としては、この四〇年間に人間関係が希薄になったというような証拠は見つからない。私の研究の初期の段階では調査項目数が現在とは異なるところがあるので、直接的な比較はできない。しかし、たとえば、以前に比べて、愛情の関係の要求の強度が低下したとか、評定を依頼した誰かについて回答を拒否する割合が増えたとか、他人にあまり関心をもたない一匹狼型の出現率が高まったということもない。

たとえば、一九六四年では、大学生女子（一六八名）が五段階評定した人の中で最高得点の対象の平均得点は、四段階目の「どちらかというとそうである」（四点）よりも高い。これは、二〇〇六年の大学生女子（三二三名）の最高得点の対象の平均得点を見ても同じである。また、人間関係についての関心が低い一匹狼型を特定する基準にしている、最高得点の対象の評定値が三段階目の「どちらともいえない」（三点）よりも低いという条件をあてはめてみると、一九六四年ではこれに該当する者がなく、二〇〇六年ではわずかに二・八パーセントが該当した。そして、大学生男子について見ても、一九七七年（二七七名）に実施した結果と二〇〇六年（二七三名）での結果に大きな差異はない。

さらに、誰がもっとも重要な他者であるかという愛情のネットワークの類型について見てみよう。一九六四年当時と現在では類型の出し方がやや異なるので直接的な比較は避けたいが、誰かが単独で飛び抜けて高いという単一焦点型に限ってみると、大学生女子では、異性で好きな人型と同性の友だち型が多く、母親型がこれに続き、父親型はごくわずかであるという傾向は、両時点のデータとも同じである。男子では、両時点とも異性で好きな人型が飛び抜けて多く、同性の友だち型がこれに続き、母親型や父親型はわずかである。ここ四、五〇年で愛情のネットワークの性質、内容に大きな変化は見られないのである。

●子どもの友だち関係は貧しいか

〝子どもが遊べなくなった〟という論調も無視できない。では、子どもの友だち関係に焦点化してみるとどうか。私たちは、ドイツのベルリンのロター・クラップマンの方法を使って[151]、東京の小学生二、四、六年生の男女一二四名に面接調査をしてみた[290]。「あなたの友だちの名前を思いつくだけ全部挙げてください。何人でも友だちをいってください。あなたが誰を挙げたか忘れないように、友だちの名前を私（面接者）がこのカードに書いていきますので、友だちの名前かニックネームをいってください。男の子も女の子も思いつく友だちを全部挙げてください」と教示して、子どもが挙げるたびにひとりずつ、小さなカードに性別と名前やニックネームを書いていく。そして、「これで全部」と子どもがいったら、次に、カードに書いた一人ひとりとの関係をたずねた。カードはランダムに切って、それぞれの友だちについて、毎日遊ぶか、家に泊まりに行ったりするか、けんかをするか、秘密を教えるか、一緒にいると楽しいか（五段階評定）、好きか（五段階評定）などをきいた。そして最後に、図10-1の図版を見せて、「この図は、あなたに近い方から親しい順に、特別の親友、親友、友だち、知り合いと並んでいます。あなたの挙げた友だちがどこにあてはまるか、ここにある友だちのカードをあてはまる場所においてください」といって、すべてのカードを図版上においてもらった。この結果は興味深いものであった。

友だちとして、小学二、四、六年生はそれぞれ、平均一九・三、二三・五、二三・九名を挙げた。友だちがいないどころではなく、子どもたちはたくさんの友だちを報告した。この人数には男女の差はなく、学年差も統計的に有意ではなかった。挙げられた友だちは同じ学校の、半分は同じクラスの、同性の子どもであった。友だちの親しさの程度による分類の結果は、小学二、四、六年生をまとめると、特別の親友は二・九〜五・一名、親友は五・一〜六・二名、友だちは七・八〜一〇・九名、知り合いが一・五〜三・一名であった。この分類が親しさの水準によってなされているかは、それぞれの友だちとの接触の程度や親しさの程度についての子どもの報告を集計して確かめた。たとえば、特別の親友はもっとも頻繁に遊び、互いに家に泊まりに行き、秘密も教えるし、もっとも好きで、一緒にいると楽しいという具合の区別がなされていた。この関係の親しさの四水準の差は、統計的にも有意であった。

この結果はベルリンの小学生の結果とは二つの点が異なっていた。まず、ベルリンの小学二〜五年生は、友だちとして平均九名程度しか挙げなかった。平均して二〇名かそれ以上を挙げた東京のデータとは大きく異なる。そして次には、親しさの水準と友だちの数との関係を見ると、ベルリンのデータではもっとも多いのが親友で、親しさの程度が減るにつれて人数が減少している。しかし、東京の子どもでは〝知り合い〟を除けば、特別の親友、親友、友だちという順で人数が増したのである。友だちが多いのは、関係が希薄だからと考えると

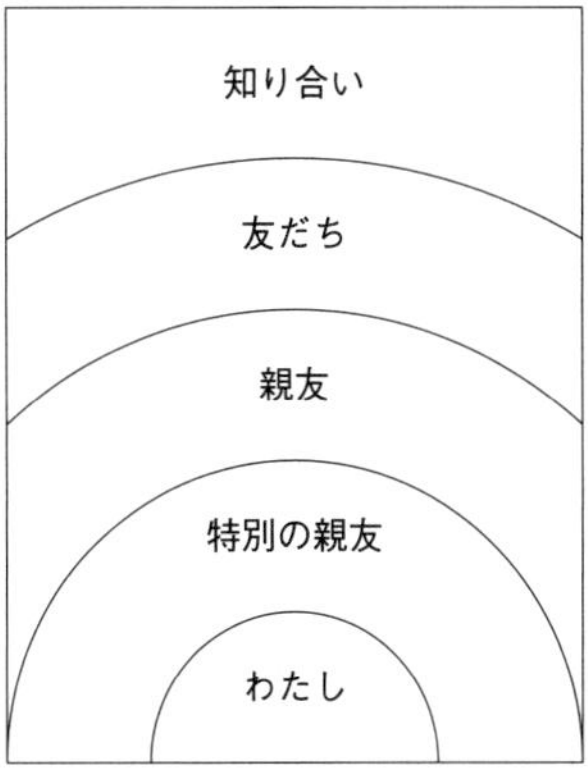

図 10–1　友だちのカードの分類に用いた図版（実際は B4 サイズ）

すれば、それは間違いである。

親友の定義や重要性の認識について、ベルリンと東京の子どもで違いがあるかを調べてみた。まず、特別の親友とのつき合い方、親しさの程度について比較してみると、両群では差異がなかった。そして、特別の親友はともに三〜五名程度で同じように少ない。では、なぜ東京の子どもは友だちをたくさん挙げるのであろうか。疑問を解くカギのひとつは、東京の子どもの友だちの挙げ方にあった。子どもたちは次々と友だちの名を挙げながら、「えーと、えーと」「〇〇ちゃんを忘れていた」「××くんをいわなかった。怒られちゃう」などといい、同級生の多くを挙げたのである。したがって、多い子どもでは友だちの総数が六〇名を超えた。この様子を見て、私たちが面接した子どもの友だちの概念は、ベルリンの子どものそれよりも広いのではないかと考えた。ベルリンの子どもたちが「友だちは誰か」とたずねられると、自分にとっての特別の子どもだけを挙げるのに対し、日本の子どもは「嫌いな子以外は全部友だちだ」と考えているのではないか。しかし、だからといって友だち関係が希薄だとはいえないであろう。それは、子どもたちが友だちという言葉を使って大勢の仲間を挙げながらも、親しさの水準を明確に区別し、少数の「特別の親友」とは密接な関係を報告したからである。

同じように、子どもの持つ友だちの概念の広さを示したのは、ジレンマ課題を用いた面接調査においてである。「相談事があるのでぜひ会ってほしいという親友からの誘い」と「転校してきたばかりで、まだ遊んでくれる人がいないので一緒に遊ぼうという転校生からの誘い」を、同日の同時刻に受けた主人公はどうしたらいいか、というジレンマを解く課題である。これはモニカ・ケラーらがドイ

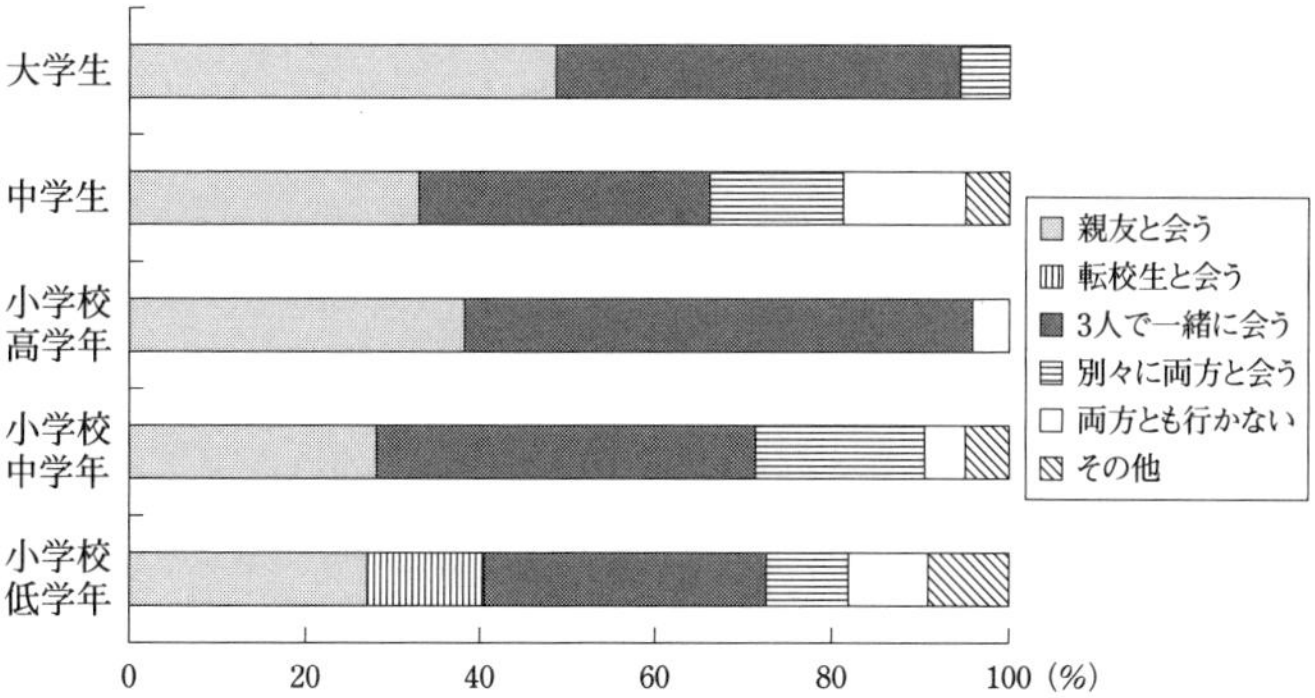

図 10-2　親友と転校生とのジレンマの解決法(104)

ツやアイスランドで調査した方法である。[136][137] 彼女たちの結果は、「親友の誘いを優先する」という割合が年齢にしたがって増えていくというものであった。小学校の低学年では、まだ親友の大切さの認識が明確でないため、転校生の魅力的な誘い（お菓子を一緒に食べよう、映画を見ようなど）に負けてしまうというわけである。

　私たちは、日本の子どもの友だちの概念を知りたいと、このジレンマ課題を使って小学一年生から中学三年生までの男女九〇名、そして参考のために大学生男女三五名にも面接調査をしてみた。[104] その結果は興味深いものであった。まず、親友の概念については、ケラーらの結果と変わらなかった。そして、小学低学年から大学生へと発達を示した。ところが、親友と転校生の両方の誘いは同時には受けられないというジレンマの解決法は異なった。図10-2を見てほしい。注目すべきは、ジレンマを「三人で会えばよい」という方法で解決するのがよいとした割合が、どの年齢群でも三〇パーセントを超えていることである。大学生では「親友と会う」とした者が半数に近いが、他の年齢ではこの回答がもっとも多い。「みんなで仲よくしたほうがよい」「仲間はずれはよくない」「親友は三人で会うことを〝いいよ〟といってくれると思う」というのがその理由であった。

ケラーにこれを伝えると、そのような回答は自分たちの調査では出なかったと驚いていた。この結果は海外の学会でのシンポジウムで報告もしてみたが、いずれも面白い結果だと注目された。つまり、私たちのデータを見る限り、子どもたちは友だちについて、少なくとも欧米の子どもよりは広い概念を持ち、来たばかりの転校生も広い意味では友だちに含めているのであろうと考えられた。転校生を紹介する教師は生徒たちに、「新しい友だちです」「仲よくしましょう」というのが普通であろう。たしかに、日本語の友だちの概念は欧米語のそれに比べてより広いが、これは新しい現象だとはいえないであろう。

●青年の友だち関係は変わったか

浅野智彦はいわゆるバブル経済の破綻以後、つまり、一九九〇年代半ばからの「失われた一〇年」には、若者論も否定的なニュアンスを帯びるようになったと指摘している(19)。そのような証拠は実際にはないにもかかわらず、人間関係が希薄化した、生身の関係を忌避している、他者への配慮が欠如しているなどと。浅野らは一九九二年からほぼ同じ調査を繰り返してきたデータから、一九九二年と二〇〇二年の結果を比較している。調査協力者は神戸市と杉並区の一六～三〇歳の男女一〇〇〇余名である。その中から友だち関係の調査結果を紹介してみよう。

まず、友だちの数であるが、平均して二〇〇二年には〝親友〟を三・八名、〝仲のよい友だち〟を一四・七名挙げ、〝親友がいない〟とした若者は六・九パーセントで、一九九二年の一〇・一パーセントに比べ、減っているという。そして、結果を精査しても以前に比べて人間関係が希薄化しているという証拠は見つからなかったという。しかし、二〇〇二年の調査では、友だち関係が〝多チャンネル化〟したこと、〝状況志向〟を強めていること、を変化として注目している。〝多チャンネル化〟とは友だち関係を始めたり維持したりするチャンネルが多様になり、その分、友だちの数が一〇年前よりも増え、質的にも多様になったということである。たとえば、アルバイト先で親しくなったり、インターネットや携帯サイトによって知り合ったりする場合が増えた結果、状況に応じて有効な友だちを選んでつき合うようになったという。それはきわめて理にかなったことであろう。武者小路実篤が描いたような〝男の友情〟だけを真の友だち関係だと考えて(109)、悲観的な論陣を張る人があれば、それは現実を正確に把握していないという他はない。ここまで紹介してきたように、少なくとも現在の日本の友だちの概念は知り合いをも含めるほど広く、そして、人々が知り合う機会は多種多様になり、親友を除けば、状況と機能に合わせてそれぞれの友だちとつき合っているということである。この現象をとらえて、「人間関係が希薄化」したとはいえないであろう。

2　インターネットと人間関係

浅野は、代表的な否定的若者論を具体的に取り上げて分析し、否定的な若者像は「多くのおとなたちにとっては、〝溜飲を下げる〟効果を持つために」広く受け容れられているのかもしれないが、「若者たちの中にネガティブな要素しか見い出せないというのは不幸なことである」と指摘している。(19) 分析された否定的な若者論の著者は、評論家、精神科医、精神分析学者、心理学者などで、目立つ社会現象や自分の経験した症例をもとに一般化して論じているのである。そして興味深いことは、これらの論者たちが共通に、若者の変貌は、携帯電話やインターネットを利用するようになったことが原因だとしているという。しかし、本当にこれが元凶なのであろうか。

●ウェブ時代の到来

ウェブ世界の変化は確かに急激である。たとえば、二〇一〇年元日から鳩山首相（当時）がツイッターを始めたと一月五日の朝日新聞が報じたが、記事ではすでに八万人がフォローしているとされた。他者の一四〇字以内の〝つぶやき〟をリアルタイムで受信するというツイッターの無料サービスが始まったのは、二〇〇六年七月である。そして、全世界のユーザーが二〇〇九年八月に五四七〇万人にもなり、一年前から見ると一二七〇パーセント以上の増加だという。(313) 日本でもすでにユーザーは一〇〇万人を超えたともいわれる。この新しいサービスが非常な速さで浸透していることがわかる。しかし、この先ユーザーがこれをどのように利用し、社会や人々にどのようなインパクトを与えるのかはまだ誰もわかっていないであろう。パソコンや携帯電話が作るバーチャルな世界で人々がつながり、しかも、見ず知らずの人々が意見や情報を交換し、それをのぞいている人がいる。しかも、今後どうなるか不確定であるというのでは、よからぬことの元凶だという理論を展開する人がいても無理からぬことかもしれない。

●コミュニケーションの道具としてのインターネット

一九九五年を日本のインターネット元年というのだそうである。それから一〇余年の二〇〇八年末にはインターネットの使用者は九〇〇〇万人を超え、日本での普及率は人口の七五パーセントであると報告されている。図10-3はインターネットの世代別の普及率を示している。一三〜三九歳では九五パーセントの人がインターネットを使っている。ただし、この普及率は年収と関連していて、世帯年収が二〇〇万円未満では五一パーセントであり、普及率が八割に届くのは年収八〇〇万円を超えている場合である。さらに、学歴が高いほどパソコンの利用率が増えるというような、いわゆるデジタル・デバイド（情報格差）があることも看過できない。新しい格差が生まれているのである。

インターネットの利用目的で上位にくるのは、パソコンの場合も携帯電話の場合も、ホームページやブログの閲覧、電子メールの送受信、商品やサービスの購入、メール・マガジンの受信、電子掲示

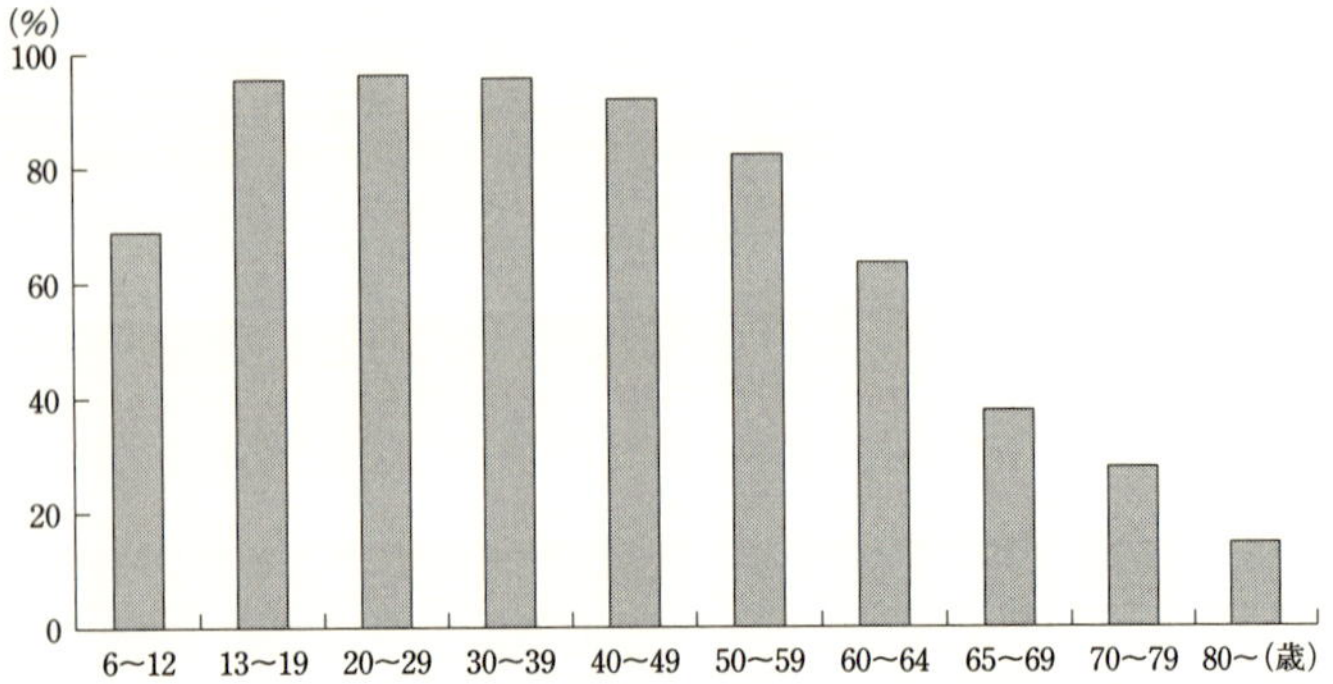

図 10-3　世代別のインターネットの普及率[251]

板・チャットの閲覧などである。[251] 他者からの情報を収集したり、時には情報を発信したりという、主としてコミュニケーションの道具として使われていることがわかる。これによって実際の行動がかなり変わることは確かである。今後、社会の変動の行動への影響を考える際には、「インターネット元年に何歳であったか」が重要であるに違いない。

しかし、インターネットが人の精神生活にどのような変化をもたらしているのかについては、研究が始まってはいるものの、まだわからないことが多い[117][194]。技術もアイデアもとどまることなく急速に変化を遂げていて、どのように使われ、どのように落ち着くのか、しばし様子を見ているという状態ではなかろうか。宮田加久子は、「参加者によってカスタマイズされるので」オンライン・コミュニティは多様になるとしている[194]。まさに当を得た指摘である。

● ウェブ時代の親しい人間関係

親しい人間関係は、もともと対面的な顔の見える交渉を前提に考えられてきたものである。近くにいて、身体的な接触もできるような交渉で始まり、必要な時には応えてくれるという性質が重視される。表象能力を持つ人は、自分が原則対面で作った関係を表象化することで、時間・空間の制約を超えることができているとも考えてきた。しかし、テクノロジーの進歩がこれまでにない質のコミュニケーションを可能にした。コミュニケーションの時間・空間の制約がはずれ、しかも高速化した。その気になれば特別な能力や資本がなくても、映像も声も伴うコミュニケーションを、世界中のほとんどの地域にいる人とできるようになった。この新しいテクノロジーが親しい人間関係の質にどのような影響を与えるかは興味深い問題である。インターネットを使えば、近くにいなくても「去る者日々に疎し」ということがなくなるのかはまだわからない。

現在の調査を見る限り、特に携帯の電子メールは親密な関係（ふだんよく会う友だちや配偶者）との間で使われることが多い。たとえば、若者ではメールで会う予定を決めることが多いので、メールを使うほど友だちとの接触時間が増えるという結果になっているという。(247) 二〇〇七年の女子大学の一～三年生約一〇〇名の調査データで見ると、(113) 調査協力者の全員が携帯電話を持ち、携帯電話に入れてあるアドレス数を一〇〇以下、一〇一～二〇〇、二〇一～三〇〇、三〇〇以上という選択肢を設けて答えてもらったところ、それぞれ一五、三四、三三、一七パーセントであった。かなりの数であるが、頻繁にメールを送るのはそのうちの二～五名の親しい人に対してであると報告している。これらの結果を見ると、オンラインによるコミュニケーション、特に携帯電話によるそれは、オフラインの交渉に代わるというよりは、オフラインの関係を補助したり、活性化したりするものであると考えたほうがよさそうである。[194] 未知の人を〝メル友〟にしても、その相手に実際に会ったことがあるという人は一〇パーセントにとどまった。[19] あるいは、インターネットを通して友だちや仲間になれたという人は六・八パーセントであったという報告もある。[194] 一般に匿名性が原則であるウェブ上のつき合いについては、若い人々でも警戒心が強く、オンラインをオフラインと結びつけようとしたソーシャル・ネットワーキング・サービス（ＳＮＳ、日本ではミクシィ（ｍｉｘｉ）など五〇〇くらいはあるという）でも、規模が大きくなればプライバシーが他者に知られてしまうという恐れを感じてやめたという人も少なくない。

二〇〇七年に女子大学の一～三年生約一六〇余名について調べた別の調査[316]によると、六五パーセントがミクシィを使っていたが、そのうち実名を使っているのは約半数であった。また、毎日アクセスするのも約半数で、日記を書いたりコミュニティに参加したりするのは週に一度程度が七割であった。多くは週に一、二度アクセスしてメンバーの日記を読んでいる程度の参加の仕方であった。そして「ミクシィへのアクセスが毎日で、日記も毎日書いている」熱心なユーザーと、「週一度しかアクセスしないし、日記も書かない」ユーザーとを比較したところ、前者ではマイミク（つながりのあるメンバー）がより多く、そのほとんどがもともと友だちであり、しかも活発に活動をしていた。つまり、その関係維持の手段としてオンラインを使っていることがわかったのである。そして、性格テストをして比べたところ、熱心なユーザーの方がより外向的で、自己開示傾向が強いという特徴も見られた。当然のことながら、誰もが同じようにテクノロジーを使っているわけではないということである。

●新しい人間関係を拓くインターネット

しかし、インターネットがグローバル化を促進し、新しい人間関係を広げる可能性を持つのも事実である[83]。たとえば、同じ問題や関心を共有する者同士がウェブ上で集まり、情報交換を始める。それがきっかけで、やがて親しい感情をも交換し、理解し合ったり、支え合ったりする。この典型例はオンライン・セルフヘルプ・グループ（ＳＨＧ）である。癌、ＨＩＶ、認知症、いじめ、育児、介護などの問題を持つ者が、それぞれインターネットで情報を交換し合っているものである。育児についてのＳＨＧの参加者に調査した結果は、「以前にこのフォーラムのメンバーが私をサポートしてくれたので今度は私が役に立ちたい」といった恩返しをしたいという気持ちがあり、参加者にはコミュニティへの強い関与や結びつきが認められたとしている[194]。このような場合には居住する場所を超えて同志を募ることができるというオンライン・コミュニケーションがきわめて有効であることがよくわかる。そして、電話で話したり、実際に会ったりというオフライン・コミュニケーションに発展する場合もあるであろう。

インターネットを利用するためのメディア・リテラシーを持てば、人間関係を始めたり、補強したりするチャンスが増すのは確かである。そして若い人ほどこのリテラシーに長けているので、人間関係を拡大する可能性も大きいことが予想される。しかし、それを人間関係の希薄化ととらえる必要はないであろう。

3　母親の就業と人間関係

最近の子どもの人間関係に大きな影響を与えているのではないかと危ぶまれているのが、家族の変化、なかでも幼い子どもの母親の就業である。「男は仕事、女は家事・育児」というジェンダーによる役割分業を制度化してきた近代市民社会では、母親は家庭にいて子育てを一手に引き受けてきた。その伝統が大きく崩れ始めたのであるから、心配が募るのは無理もないかもしれない。文化心理学者のロゴフも、彼女の代表的な仕事のひとつである著書『文化的営みとしての発達[230]』のなかで、米国社会の近年の大きな変化は「母親が働きに出ている子どもの割合」が急増したことだと指摘している。米国では就業している母親を持つ子どもが、一九四〇～九〇年にかけて増加を続け、その割合が一〇パーセントから六〇パーセントになったというのである。しかし、これは米国だけの現象ではない。そこで、母親の就業が子どもの発達、特に人間関係にどのような影響を与えているか検討してみよう。

●女性の就業をめぐる状況

労働力率のM字カーブの変化　図10-4は日本の女性の労働力率（一五歳以上人口に占める就業者＋完全失業者の割合）を年齢階級別に見たもので、M字カーブを描いている。これは、学校卒業後に働きだすものの、出産や育児の頃にいったん職場を離れるためであるが、図10-4に見るように、一九

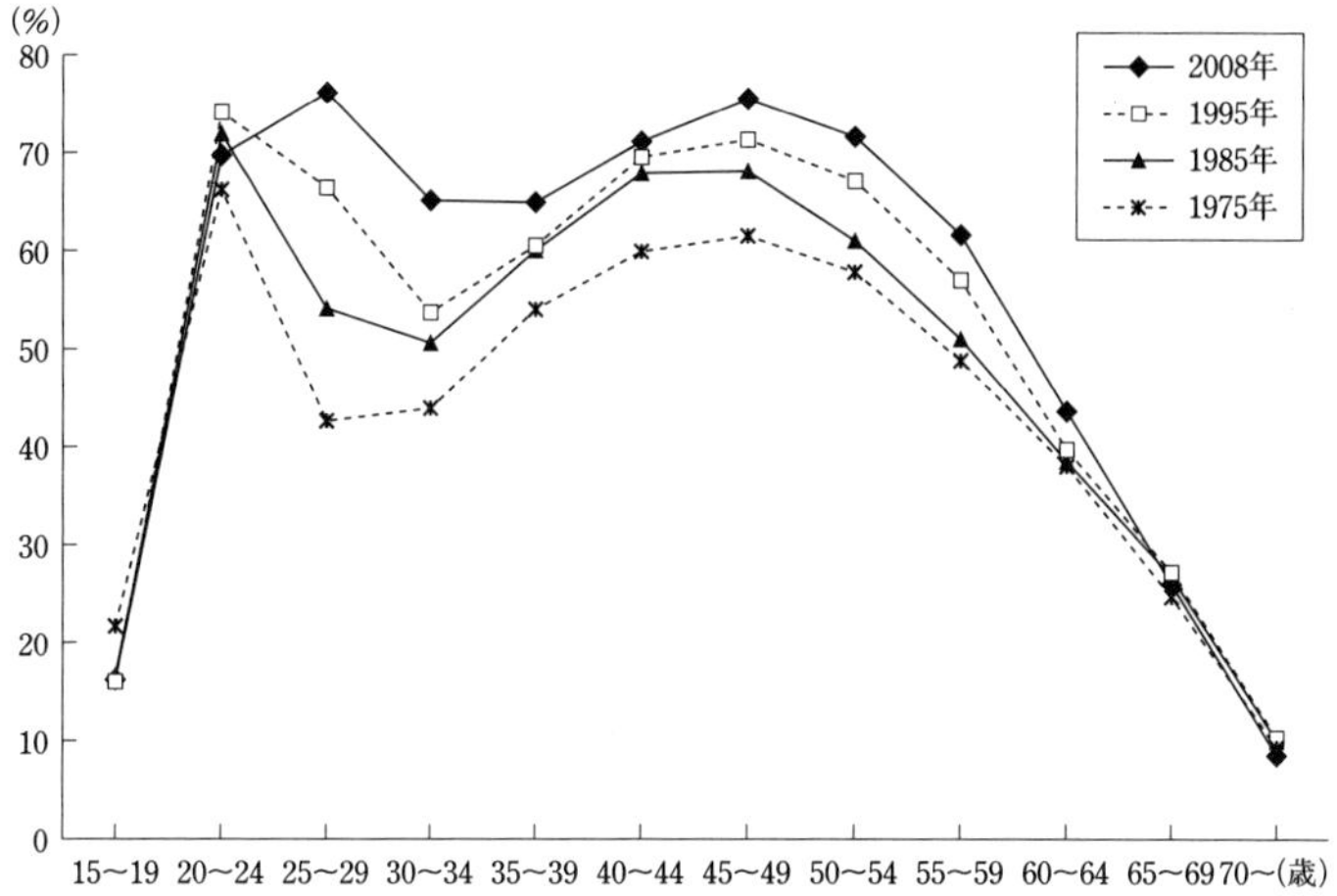

図10-4　女性の年齢階級別労働力の推移(203)

七五年に比べると次第にMの窪みが浅くなっている。そして二〇〇八年には、晩婚化を反映してMの窪みにあたる年齢群が三〇～三九歳と年齢が高くなってきているが、この窪みの年齢群でも六五パーセントの女性が働いていることを示している。大きな変化であることは確かである。

共働き世帯の増加　図10-5は日本の共働き世帯数の増加を示している。一九九一年に「働く夫と専業主婦の世帯」と「夫婦共働きの世帯」が同数になり、一九九八年以降は後者が前者を上回るようになり、以後は現在まで開きが大きくなっていることがわかる。一九九一年といえばバブル経済が破綻し始めた時期であり、家庭の経済的な事情がこの傾向を加速させたということであろう。現在では、未婚女性のライフ・スタイルの調査でも一生を「専業主婦」として暮らすというのは人気がない。二〇〇五年の調査によれば、子育て後の希望として「再就業

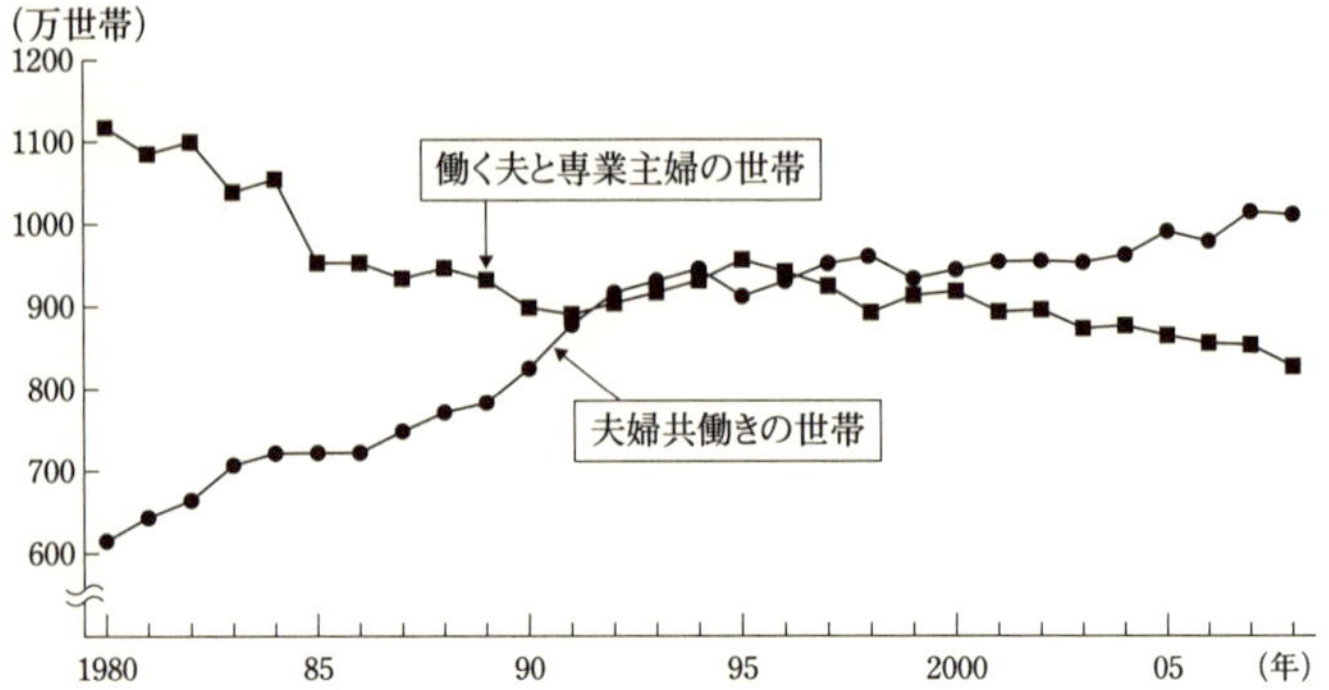

図10-5　共働き世帯の推移[203]

したい」と「継続して就業したい」を選択した人がほぼ同程度で、三三パーセントと三〇パーセントになっている。ちなみにこの調査では「専業主婦」を選択した人は一九パーセントであった[203]。

母親の就業状況　では、幼い子どもを育てている母親の就業状況はどうかといえば、二〇〇九年の非農林業雇用者家庭での末子の年齢と母親の就業率との関連を見ると、末子が〇《ゼロ》～三歳の母親の就業率は三一パーセント、四～六歳では四九パーセントであり、六割を超えるのは小学校高学年になってからである[148]。これはたとえば、EU全体では二〇〇三年に一二歳以下の子どもを持つ母親の就業率が六割を超えているのに比べて、まだ少ない。産休明けから働きたいという母親が今後さらに増えることが予想される。

しかし、日本では「夫は外で働き、妻は家庭を守るべきである」という伝統的性別役割分業を支持する男性が、二〇〇九年の内閣府の調査でもまだ半数を超えている。そして、男性が家事・育児に使う時間は、共働き家庭でも三〇分程度でしかなく

（ちなみに専業主婦家庭では三九分）、父親の育児休業取得率は二〇〇八年でもわずかに一・六パーセントで、働く母親は仕事と家事・育児の二重労働をこなしているという過酷な日々である。加えて、三歳までは「母の手で」という社会通念があり、母親は保育所に幼い子どもを預けることに対して現在でも罪悪感を持っているという状況もある。(126) したがって、母親の多くはこの二重労働によって疲労困憊の状態である上に、罪悪感まで背負い込んでいることが多いと思われる。体力的にも、精神的にも、ワーク・ライフ・バランスなどとはほど遠いというのが現状である。

● 乳幼児保育の問題

保育をめぐる状況　では、母親が働いている間に子どもの保育にあたっているのは誰であろうか。厚生労働省が二〇〇八年八月に発表した「保育所の状況（平成二〇年四月一日）等について」によると、保育所を利用している子どもは、当該年齢児のうちの〇《ゼロ》歳児は八・一パーセント、一〜二歳児は二七・六パーセント、三歳以上児四〇・〇パーセントで、合計約二〇〇万名である。しかし実際には、ここで計算している認可保育所の他に、認可外保育施設（ベビーホテルと事業所内保育施設）が七〇〇〇余か所あり、一八万名近い子どもが利用している。(335) さらに、二〇〇六年から認定子ども園、二〇一〇年に家庭的保育事業（保育ママ）が始まり、また、東京都の認証保育所のように自治体が独自に認める施設もある。個人が雇っているベビーシッターなどをも勘案すれば、現在では母親以外による保育を受けている乳幼児の割合は、厚生労働省の発表した数字をかなり上回るはずである。

母親の就業が子どもの発達に与える影響　母親の就業は女性の自己実現のために、そして、家庭の経済的困窮の打開のためにと進められてきた。そこでまず問われたのは、乳幼児が母親以外の人によって養育されることが子どもに悪影響をもたらさないか、ということであった。欧米では、母親の就労自体が子どもにとって好ましくないという議論は一九八〇年代にはほぼ終息し、家庭、保育施設を問わず、良質の環境を確保することこそが重要であるという議論に移ってきた[45][240]。そして、現在もなお子どもの保育・養育の問題の検討が真剣に続けられている[156]。

たとえば、第6章でも紹介した米国の国立小児保健・人間発達研究所（ＮＩＣＨＤ）の乳幼児の養育研究プロジェクトは、「乳幼児を保育所などに預けてもよいものか」「いつ頃から、一日何時間なら預けてもよいか」「質のよい保育施設とはどのようなものか」などの多くの人々が持つ疑問に答えるためにと始められた、大規模な縦断研究である。協力者のサンプリングや研究方法によって結果がさまざまになるというこれまでの研究上の問題を解消したいと、全米一〇か所の研究グループが、同じ研究方法で資料を集めているものである。協力者は合計一三〇〇余名の子ども（一九九一年生まれ）と、その両親である。生後一か月からデータの収集が開始され、第四波（二〇〇五〜〇七年）の研究では、九年生まで追跡している。データの分析も現在進行中で二五〇を超える論文（二〇一〇年一月現在）と概観的な本が出版されている[208]。なお、概要や論文のリストはこの研究所のホームページ(http://www.nichd.nih.gov/research/) で見ることができる。

しかし、日本でのこの問題についての研究は残念ながら不足している。その中で注目されるのは菅原ますみの研究である。一九八四〜八六年に首都圏の総合病院で生まれた子どもの縦断研究のデータから、三歳未満で母親が就労した就労群（九一名）と非就労群（二七七名）とを選んで、一一歳までの発達を比較したものである。その結果、一歳半と五歳の時点で非就労群の子どもにわずかに多くの問題行動があるという〝意外な結果が得られた〟が、他の時期には両群に差異はなかったという[259]。

保育時間の長さの子どもへの影響　長時間保育の弊害はないのか、これは多くの親や保育者が持つ心配であろう。日本の保育所の保育時間は、児童福祉法では一日に八時間とされているが、「地域事情等考慮し、所長が決める」とされているので、延長されている場合が多い。実際には保育所の開所時間は年々長くなり、二〇〇七年では一一時間以上開所している保育所が六八パーセントにのぼっている[335]。子どもが一日の半分かそれ以上を保育施設で過ごしていることになる。しかし、親が八時間労働をすれば、すぐに迎えに来たとしても八時間では不足ということになる。両親が現在のような働き方をしていれば無理からぬ開所時間だということになる。ＮＩＣＨＤのプロジェクトでも、〝長時間保育と子どもの発達の問題〟に答えようと分析を重ねている。

この問題を総合的に検討した最新の論文[184]では、生後一か月から五四か月までの間の母親以外の人による養育時間（父親、親戚、ベビーシッター、保育施設などによる保育の一週間の時間）の長さと子どもの問題行動（子どもにもっとも多く接している養育者によるチェック・リストを使った報告）との関連を見たところ、この〝非母親〟による保育時間が長いと問題行動が増えるという弱い関連が見られたという。しかし、母親の教育年数、配偶者の状態（夫かパートナーがいるか）、母親の養育行動、母親のうつ傾向、経済状態（収入と支出の割合）などの〝家庭の要因〟が、非母親による保育時間の長さのネガティブな影響を弱めたり強めたりする効果があることがわかった。さらに、非母親による保育の質のよさも長時間保育のネガティブな影響を弱める重要な要因であったという。

この分析は、〝保育の時間の長さ〟だけを取り出して子どもの発達を問題にするのは適当ではないことを示している点で重要である。長時間保育の結果には、多種多様なその他の要因が、複雑な仕方でかかわっているということである。そして、長時間保育のネガティブな影響がもしあったとしても、それを緩衝する要因があるという指摘は注目すべきものである。別の論文も、子どもの二、三歳時の発達や行動のもっとも強力な予測要因は、母親の応答的で統制の少ない養育行動であったと報告している(206)。働いている母親が実際に子どもに接する時間は少ないはずであるから、接する時間の長さではなく、母親の接し方が重要だという結果である。そしてさらに、母親が応答的に子どもに接することができるかは、母親の教育年齢、精神的健康などの個人的な要因と共に、生活費が不足していないか（貧困ではないか）という社会・経済的要因がかかわることも忘れてはならない。母親の個人的問題だけとしてとらえてはいけないということである(66)(333)。

保育の質の子どもへの影響　ＮＩＣＨＤのプロジェクトは、全米一〇か所の研究グループが総力を上げて進めているものである。測定された要因は多い。母親の特徴（年齢、学歴、性格、精神的健康度など）、子どもの特徴（気質、性質、愛着、能力、問題行動など）、母子交渉の内容（養育行動）、家庭環境の豊かさ（経済状態、生活環境の豊かさ）、そして、子どもと仲間との交渉の内容、保育環境、保育者の養育行動などの多岐にわたるデータが、質問紙調査、行動観察、面接調査、心理測定などを駆使して集められている。その結果、すでに紹介してきたように、どの分析も多くの要因が互いに関連しているという結論に至っている。ＮＩＣＨＤのプロジェクトでは、ありのままを調査するという、いわば〝自然実験〟によって、子どものおかれている状況とそれがもたらす結果を見ている。これ以上のことを明らかにしようとすれば、関連する条件を統制した上で、ある要因の影響を見るというような実験的手法が必要だという、研究者の〝愚痴〟が出るのも理解できる[184]。しかし、実生活では決して除けない要因（たとえば、経済状態や母親のうつ傾向）を研究上統制してしまうことで、誤った結論に至るという危険性も指摘されている[214]。多くの要因をそのまま分析に組み込む統計学の手法（たとえば、共分散構造分析）も使われ始めているので、この議論は今後高まるであろう。

ＮＩＣＨＤのプロジェクトで残念なことは、母親と子どもとの二者関係を重視し、母親の要因の調査の詳しさに比べ、非母親による養育の環境や交渉の質、それによって変容する子どものネットワークについての調査などが手薄なことである。そのことが母親の役割を過大視する結果をもたらしているのではないかと危惧される。家庭の中でさえ、父親や夫婦関係、あるいは、きょうだいなどが扱われていない。非母親の養育の現状が複雑なこともあって、そのデータの収集も分析も十分ではない。この欠陥の大きな原因は、乳幼児の養育はまず母親によってであるという伝統的な研究の枠組みから抜けきっていないからであろうし、さらには、このような研究者の信念のために、非母親の保育・養育の性質や環境をうまく扱う方法が充分に成熟していないからでもあろう。

子どもの発達の必要十分条件　日本では、母親になっても働き続けたいという希望が高まり、あるいは、平成不況のために母親も働かなければならないという事情も加わって、二〇〇九年の厚生労働省の調べでは、保育所の待機児童が二万人以上になっているという。やむを得ず別の保育施設を利用しているものの、できれば保育所をと希望している潜在的な待機児童が多いとも予想される。待機児童を減らすようにという市民の要望も強いし、マス・メディアの圧力もかかってはいるが、保育施設の増設を急ぐあまり、保育の質の議論がおろそかになるのは問題である。市場原理にもとづく〝聖域なき規制緩和〟を保育・教育に持ち込むことで、保育の質を低下させることがないか、細心の注意を払う必要がある。そのためにも、子どもが幸せに育つための最低の条件はなにかについての議論の高まりや、実証研究が急がれているのである。

●母親以外による保育と子どもの人間関係

母親以外による保育を経験することは、子どもの親しい人間関係の形成や深まりにどのような影響を及ぼしているのであろうか。

母子関係への影響　母親への愛着については、一九八〇年代から保育施設での養育経験が不安定な愛着をもたらすのではないかという議論がされてきたが、サンプルや研究方法の違いによってさまざまな結果が報告され、明確な結論を見出せずにいた(156)。そこでＮＩＣＨＤのプロジェクトによるデータが収集されたのである。

ＮＩＣＨＤのプロジェクトでは、一一五三名の乳児の愛着の測定が、生後一五か月の時点でストレンジ・シチュエーション法（第6章参照）によってなされた。ストレンジ・シチュエーション法を使おうとすれば、母子で一緒に大学などの観察室に来てもらい、ビデオの操作をする人も含めると五、六名の研究者が三〇分程度一緒に働かなければならない。そして、愛着の類型を特定するための分析にも時間を要する。この意味でストレンジ・シチュエーション法はコストの高い手続きであるために、ひとつの研究では数十人を測定するのがせいぜいで、合わせて一〇〇〇名を超えるデータが集められたことは画期的なことであり、その結果も興味深いものである。

母親以外による養育経験と母親への愛着との関連を検討したところ、母親以外の養育を長く受けると、母親に対する愛着が不安定になるというような関連は見出されなかった。ただし、もし母親が子どもの反応に敏感に応答せず、加えて母親以外による保育の質が悪い場合には、母親以外による養育経験が不安定な愛着をもたらすことが指摘されたのである。つまり、母親以外による養育経験それ自体が単独でネガティブに働くことはなく、保育環境と家庭の条件次第だというわけである[205]。リーゼロッテ・アーネルトらはこの結果の説明として、親が子どもの扱いを工夫し、うまくサポートして、母親以外による保育での子どものストレスを減らすこと、つまり、ストレスとサポートをうまく均衡させることが、子どもの適応には必要なのだとしている[1]。保育所に迎えに来た母親の胸に飛び込んでいく子どもの姿を思い出してみると、納得できる説明ではないだろうか。

ソーシャル・ネットワークへの影響　このように母親以外による保育経験の母子関係への影響は、

母親の接し方次第ではマイナスにならないことが確かめられたのである。さらに興味深いのは、母親以外による保育を利用している子どもでは、ソーシャル・ネットワークが広がる可能性があるという結果である。まず、すでに紹介したように、子どもの母親および保育士への愛着を検討している研究のメタ分析（四〇の研究で、子どもは平均二九・六か月の二八〇〇余名）によると、四二パーセントの子どもが、保育士との間に安定した愛着を形成していたという。[2] さらに、保育経験が仲間との交渉にプラスに働くことが、子どもの二歳時と三歳時の観察や評定によって、報告されている。そして、仲間との交渉における子どもの有能さは、母親の子どもに対する敏感性、保育時間の長さ、友だち経験、そして、子どもの特徴（気質、認知発達）などが関連しているという。[207] これは仲間との関係の発達には、きょうだいや仲間との交渉の経験が重要であるという他の研究結果[57][198]を支持するものでもある。

4　残された課題

第1章から、親しい人が人にとってどのような意味を持つかについて検討してきた。現在の多くの研究者は、人が人に関心を向け、人との関係をどのように維持するかについての能力は、二〇〇万年以上の時間をかけてヒトが獲得してきた進化の結果だと認めている。この能力を生物学的な遺産として受け継いできたと考えているのである。現代人も社会に生まれ、社会の中で育ち、社会を作って生活している。人は、物質的にも、精神的にも、ひとりでは生きられない。他者に親密さを感じ、精神的に支えられ、そして互いに助け合うという性質を持つ。しかし他方では、人は自己意識を発達させるような高い能力を備えてもいるので、自分自身でありたい、干渉されたくないという性質をも持つ。したがって、この拮抗する性質のバランスをうまく取ることが必要であり、そのような仕組みもまた、進化の過程で獲得してきたと考えるのが妥当であろう。すでに見てきたように、人にとっての人の意味について、このような仮定をおいて人間関係の科学は進められてきた。愛着理論、コンボイ理論、そして、愛情のネットワーク理論も然りである。

これらの理論が扱う人間関係の中核の部分に、もし現在の社会の変化が不都合を起こしているとすれば、大いに問題であろう。しかし、検討してみたように、今日の社会が「人間関係を希薄にしている」「社会力を低下させている」といった種類のネガティブな議論の多くに対しては、この種の議論を支持するような明確な証拠は見つからなかった。問題ありという議論の多くは、対人行動の表層的な変化に眼を奪われすぎているのではないかと思われた。急速に進むＩＴ機器による交渉も、現在までのところは対面的交渉をもとにした人間関係に取って代わることはできないように思われる。

また、実証的資料が不足し、議論が充分に尽くされていないと思われるのは子どもの置かれている状況の変化についてである。乳幼児期から家庭の外で、母親以外の人々に、しかも、長時間にわたって保育されるのがあたりまえの時代になった。これは劇的な環境の変化であるといえよう。本章で検討した母親の就業は、いわば、もっぱらおとなの都合で進められてきた。母親の就業が女性の精神的解放や自己実現をもたらす変化であったことは事実であろう。だが、誤解を恐れずにいえば、この変動にいやおうなく巻き込まれている子どもの状況をしっかり把握する必要があると思う。前述のように、米国のＮＩＣＨＤのプロジェクトなどがこの問題に取り組んで、多くの要因が複雑に子どもの発達にかかわっていることを示している。また、子どもの状況が決して悲観するべきものではないことも示唆してはいる。しかし、このあたりで、子どもの成長にとって必要十分な環境とはなにか、それをどう保証するのか、という子どもの視点での研究・議論を急ぐ必要がある。おとなからの要請だけで子どもの環境の〝規制緩和〟が進まないように、理論的、実証的な用意をすることが差し迫った課題だと思う。

おわりに——人間関係の研究史と課題

本書は親しい人間関係の発達についての、一九六〇年代の後半から現在までの展開をまとめたものである。人は生涯にわたって、他者との関係を望みながら、一方では、他者に左右されずに自分らしく生きたいとも望む。この相矛盾する、他者との関係を同時に持つことをどのように説明すればいいか、という問題に私は取り組んできた。人間関係の発達心理学のまさに渦中にいて自分の研究を進めてきたが、それは、人間関係の発達心理学の半世紀を目撃してきたことでもある。そこで、最後に、人間関係の研究史を振り返り、本書の立場を明確にすることを試みる。さらに、本書では扱えなかった問題を指摘しておきたい。

●人間関係の研究小史

一九六〇年代——愛情の獲得動因説　一九六〇年代には、乳児が養育者に愛情を求める現象は、ジークムント・フロイトの精神分析とクラーク・ハルの学習理論とを組み合わせて説明するのが主流であった。つまり、乳児が生得的な生理的動因（たとえば、飢えや渇き）を低減してもらう時に抱っこされ、愛撫されたりしていると、いつしか生理的動因の低減にともなう満足感を、同時に起こっている

「抱っこされる」「愛撫される」ことに対しても感じるようになり、やがて「抱っこしてほしい」「かわいがってほしい」という新たな動因が獲得されると説明された。したがって、生理的動因を低減させる人、つまり、授乳する母親が初めの愛情の対象だとされることになったのである。そして、このような母親に愛情を求める要求は、依存要求であり、自立に向かうべき発達からすれば、乳児や幼い子どもには許容されても、いずれ低減させなければならない幼稚な要求だと見なされた。

このような一九六〇年代の発達心理学の主流を代表していた教官には、「依存要求は人間の持つ基本的な要求ではないか」「うまく依存することが自立をもたらすのではないか」という若い学生の素朴な提案を容易に受けとめるのは難しかったであろう。そのために、私はしっかり理論を作り、それをハードプルーフで確かに裏づけていくことに力を注ぐことになった。それが一九六〇年代半ばからの私の数本の論文である。(59)(265)〜(269)

一九六〇年代——人間関係理論の新しい展開　しかし、歴史を振り返って見れば、一九六〇年前後には、欧米では人への愛情についての理論がすでに新しい展開を始めていたのである。英国ではジョン・ボウルビィが、愛着理論を発表し始め、愛着は生物学的遺産であり、生涯にわたって人にとって必要だという提案をしていた。第6章で述べたように、ボウルビィはフロイトの影響を受けて母親偏重であったが、同時代の動物学者コンラート・ローレンツの刻印づけの理論も知りながら愛着理論を構築していた。そして、米国ではハリー・ハーローが、赤毛ザルの乳児の母親との結びつきは、飢えの動因の低減とは無関係であるという実験をして注目されていた。そして、ハーローはボウルビィの主催する会議（一九六一〜六八年）に招待されてもいた。このように、時代が確実に動き始めていたのである。これらの理論ではそれぞれニュアンスは異なるとはいえ、「乳児が母親に愛情を求める傾向は生得的であり」「愛情を求めることは、生涯にわたって精神的健康にとって不可欠であり」「愛情を求めるのは母親に対してだけではない」という主張がされていたのである。このような考え方を当時の私が勉強していれば、孤軍奮闘しなくてもよかったであろうに、と思う。もちろん、当時も少数ながらサポートしてくれた先輩たちがいた。第3章で述べたように、宗教学者の岸本英夫は、人にとっての人の意味を考えさせてくれたし、卒業論文のメンターでピアジェ理論に立つ波多野完治は、「依存が発達につれて変容していくと考えればよい」と支持してくれた。そして、パーソナリティの若手研究者であった星野命は、主流の研究者が前列を陣取っていた一九六四年の学会発表の会場で、「彼女のいうことは臨床的には正しいと思う」と支持を表明してくれた。

一九七〇〜八〇年代——ソーシャル・ネットワーク理論の台頭　愛着理論は一九七八年に測定法（ストレンジ・シチュエーション法、第6章参照）を一冊の本として発表し、その前後から欧米の多くの研究者の関心を惹きつけ、巨大なグループとなっていった。しかし、その一方で、一九七四年の児童発達学会のシンポジウムで、トニー・アントヌッチらが愛着概念を乳児期だけではなく高齢者までにも広げるべきであると提案し、この内容は一九七六年に心理学の理論誌 *"Human Development"* の特集としてまとめられている。(10) しかし、愛着理論は愛着は特殊な狭い人間関係であると定義して独自の展開をすることになり、愛着概念を拡大するという企てはうまくいかなかった。そこで、母子というような二者関係だけではなく、重要な複数の人によって構成されている人間関係は、ソーシャル・ネットワークとしてとらえるのがよいという理論が提案されることになる。それが、一九八〇年のロバート・カーンとアントヌッチのコンボイ・モデルであり、一九八二年のマイケル・ルイスのソーシャル・ネットワーク・モデル（いずれも第3章参照）である。

一九七〇年代の終わりから、私は国際学会で発表し議論に参加したり、英文での研究発表を始め、彼らとの直接の交流を始めた。アントヌッチや当時ミシガン大学の同じ研究室に所属していた秋山弘子との交流は、本書でも紹介した日米の比較研究に発展した。また、ルイスとの長年の交流はソーシャル・ネットワーク理論の特集を"*Human Development*"で組むことに結実した[172]。このような仕事をしていく過程で、自分の理論をどのように名づけるかは大いに迷ったところである。初めは私も依存概念の拡大、次には、愛着概念の拡大としてとらえよう、と考えたのであるが、学界でそれぞれの概念が明確にされてくると、自分なりの解釈は通用しない。そこで、愛情の要求の理論と名づけ、この理論のとらえる人間関係の集合を愛情のネットワークと呼ぶことにしたのである。

一九八〇年代――日本の愛着研究の始まり　一九八〇年前後に北海道大学の三宅和夫がジェローム・ケイガンと協力して愛着を中心に誕生時から子どもの発達を追跡する三宅プロジェクトを立ち上げ、私はこれに加わったことで、愛着の勉強とそれに照らして自分の理論を深める幸運を得た。ストレンジ・シチュエーション法の詳しい手続きや分析法を聞くために、幾度もミネソタ大学のアラン・スルーフの研究室に駆けつけた。この測定法を考案したメアリー・エィンズワースがスルーフに教えてもらうとよいと返事をくれたからである。スルーフは愛着理論のタフなリーダーであると思われているが、親切で気持ちの広い人で、自分たちのビデオを見せてくれたり、私たちのビデオを見て細かい手続きや分析のコツを教えてくれた。爾来、私たちはお互いに立場は異なるものの研究仲間としてのつき合いを続けている。愛着理論の研究グループのドアを開けて招き入れてくれたのは彼である。その
ことが私の愛着理論の理解や愛情のネットワーク理論の進展にとても役に立っている。本書で述べてきたように、両方をよく吟味した上での私の結論は、愛情のネットワークの中に愛着を位置づけることで、二つの理論の統合が図れるというものである。

人間関係の研究における日本の役割　日本の研究者は欧米の知識を論文や書籍から輸入することに傾きがちである。しかし、実際には、研究者との相互交流をせずに輸入するのはとても難しい。肝心の著者の真実の思いは書かれていないことが多いからである。特に、実験や調査の手続きは書いてあることだけではわからないことが多い。また、日本の研究者は日本語で仕事をしているので、どうしても世界の研究の流れから遊離しやすい。たとえば、批判をしても、間違った輸入をしても、まず原著者が読む心配はないので、どうしても緊張が欠けがちである。これは自戒の念をこめて指摘しておきたい。まして、誤った紹介の上に、半ば自己流の解釈をしながら日本の研究がされていくのは、なんとしても避けたいことである。

第9章で文化の問題を論じた。人間関係について見れば人間としての共通性は大きいが、確かに文化差もある。そして、日本の歴史・文化のもとでの方が見えやすい人間の本質的な特徴があるのも確

かである。土居健郎が指摘した甘えの感情はその典型であろう。(55) 実は、甘えの感情は人に普遍的な感情であっても、甘えることを「変だ」「未熟だ」としない日本文化でこそ、気づきやすい感情だといえるであろう。私の愛情の関係尺度（ＡＲＳ）も日本文化の中でこそ開発しやすい測定道具だといえると思う。しかし、実際に使ってみると、欧米人でも記入するのに抵抗がないものであった。「こういう気持ちはふだんはあまりたずねられないが、いわれてみればそうだ」というわけである。異文化間の交流は、こうして共同で智恵を出し合って人の本質に迫ることなので、アジアの資料が出ないことは、実は人の理解にとって問題なのである。そしてさらに、異文化間の交流はそれぞれの土着の文化を尊重することにもつながるはずである。

●扱わなかった問題

本書に入れていない大きな問題が少なくとも三つある。第一は、本書では人間関係の理論とそれにもとづく発達の様相を明らかにしたが、どのような要因が発達を規定しているかについてはほとんど触れていないという問題である。一冊の本では規定因までは扱えなかった。規定因を明らかにするには、多くの要因を考慮した縦断研究が有効であると考え、三歳からの縦断研究の資料の収集が終わったところである。この分析の結果は別の機会にまとめる予定である。第二は、本書では臨床的な事例を充分には扱っていないという問題である。人間関係の個人差までは扱っているが、多くは非臨床的な場合である。たとえば、ある障害で悩む女性が「自分と他人の親しさの程度がよくわからない」と訴えるのを知って、考えてみなくてはと思っているところである。そして、第三は、本書では主に親しいポジティブな関係を扱い、ネガティブな関係にはわずかにしか言及していないという問題である。実際には人は、同一人物に対して接近と回避という葛藤するような感情を持っているのであるが、日米、日中の比較研究などでのわずかな資料しかまだ持っていない。これからの課題である。

＊

最後に、本書の基礎になっている研究のために、多くの人々にお世話になったことを記して感謝したい。まず、多種多様なデータを集め、疑問をぶつけ、研究の進展を助けてくれた四〇余年間に出会ったたくさんの学生たちに感謝したい。一人ひとりの名前はここには挙げないが、各章で、興味深い研究内容を紹介させてもらった。文献リストで誰の貢献かを知ってもらえると思う。そして、内外の研究者にはたくさんのヒントや研究の機会をいただいた。特に、波多野完治、岸本英夫、星野命、三宅和夫、藤永保、柏木惠子、ポール・バルテス、マイケル・ルイス、秋山弘子、トニー・アントヌッチ、アラン・スルーフ、ジェローム・ケイガンの諸氏に感謝したい。

もっとも大きな感謝を波多野誼余夫氏に捧げたい。世界的な認知科学者として大活躍した波多野さんは、私が大学院に進学して以来の、師であり、文字通りの戦友でもあった。波多野さんとの白熱した議論や彼の的を射たコメントがなければ、研究はここまでまとまらなかったであろう。波多野さんが二〇〇六年に急逝され、本書にあの厳しい批評をもらえないのがなんとも残念である。

東京大学出版会編集部の後藤健介さんと小室まどかさんには、筋が明確になり、記述がわかりやすくなるためにと、有効な指摘を数々いただいた。有能な編集者に出会えたことは著者としては大変に幸運であった。記して、感謝申し上げる。

高橋恵子

二〇一〇年七月

人名索引

あ行

か行

さ行

た行

な行

は行

ま行

や・ら・わ行

事項索引

さ行

た行

な行

は行

ま行

や・ら・わ行

欧文

引用文献

1) Ahnert, L., & Lamb, M. E. (2003). Shared care: Establishing a balance between home and child care settings. *Child Development*, **74**, 1044–1049.

2) Ahnret, L., Pinquart, M., & Lamb, M. (2006). Security of children's relationships with nonparental care providers. *Child Development*, **77**, 664–679.

3) Ainsworth, M. D. S. (1967). *Infancy in Uganda: Infant care and the growth of love*. Johns Hopkins Press.

4) Ainsworth, M. D. S. (1978). Preface. In M. D. S. Ainsworth, M. C. Blehar, E. Waters, & S. Wall, *Patterns of attachment*; *A psychological study of the Strange Situation* (pp. vii-xviii). Erlbaum.

5) Ainsworth, M. D. S. (1989). Attachment beyond infancy. *American Psychologist*, **44**, 709–716.

6) Ainsworth, M. D. S., Bell, S. M., & Stayton, D. J. (1971). Individual differences in Strange Situation behavior of one-year-olds. In H. R. Schaffer (Ed.), *The origin of human social relations* (pp. 17–57). Academic Press.

7) Ainsworth, M. D. S., Blehar, M. C., Waters, E., & Wall, S. (1978). *Patterns of attachment*: *A psychological study of the Strange Situation*. Erlbaum.

8) Ainsworth, M. D. S., & Marvin, R. S. (1995). On the shaping of attachment theory and research: An interview with Mary D. S. Ainsworth (Fall, 1994). *Monographs of the Society for Research in Child Development*, **60** (**2–3**), 3–21.

9) Ainsworth, M. D. S., & Witting, B. A. (1969). Attachment and exploratory behavior of one-year-olds in a strange situation. In B. M. Foss (Ed.), *Determinants of infant behavior IV* (pp. 111–136). Methuen.

10) Antonucci, T. C. (1976). Attachment: A life-span concept. *Human Development*, **19**, 709–716.

11) Antonucci, T. C. (1985). Personal characteristics, social support, and social behavior. In R. H. Binstock & E. Shanas (Eds.), *Handbook of aging and the social sciences* (*2nd ed.*) (pp. 94–128). von Nostrand Reinhold.

12) Antonucci, T. C. (1986). Social support network: A hierarchical mapping technique. *Generations*, **X** (**4**), 10–12.

13) Antonucci, T. C., & Akiyama, H. (1987). An examination of sex differences in social support among older men and women. *Sex Roles*, **17**, 737–

749.
14) Antonucci, T. C., Akiyama, H., & Takahashi, K. (2004). Attachment and close relationships across the life span. *Attachment & Human Development*, **6**, 353–370.
15) Antonucci, T. C., & Jackson, J. (1987). Social support, interpersonal efficacy, and health: A life course perspective. In L. L. Carstensen & B. A. Edelstein (Eds.), *Handbook of clinical gerontology* (pp. 291–311). Pergamon Press.
16) Antonucci, T. C., Lansford, J. E., Schaberg, L., Smith, J., Akiyama, H., Takahashi, K., Fuhrer, R., & Dartigues, J. F. (2001). Widowhood and illness: A comparison of social network characteristics in France, Germany, Japan and the United States. *Psychology & Aging*, **16**, 655–665.
17) 青木保 (1990). 「日本文化論」の変容――戦後日本の文化とアイデンティティ 中央公論
18) 新井満 (2009). 自由訳　千の風になって 朝日新聞出版
19) 浅野智彦 (編) (2006). 検証・若者の変貌――失われた10年の後に　勁草書房
20) Bakan, D. (1966). *The duality of human existence: An essay on psychology and religion.* Rand McNally.
21) Bakermans-Kranenburg, M. J., & van IJzendoorn, M. H. (2009). The first 10,000 adult attachment interviews: Distributions of adult attachment representations in clinical and non-clinical groups. *Attachment & Human Development*, **11**, 223–264.
22) Baldwin, M. W. (1992). Relational schemas and the processing of social information. *Psychological Bulletin*, **112**, 461–484.
23) Baltes, P. B., & Mayer, K. U. (Eds.) (1999). *The Berlin Aging Study: Aging from 70 to 100.* Cambridge University Press.
24) Bassuk, S. S., Glass, T. A., & Berkman, L. F. (1999). Social disengagement and incident cognitive decline in community-dwelling elderly persons. *Annals of Internal Medicine*, **131**, 165–173.
25) ベフ, H. (1987). イデオロギーとしての日本文化論 思想の科学社
26) Berkman, L. F., & Bleslow, L. (1983). *Health and ways of living: The Alameda County Study.* Oxford Press. (森本兼曩 (監訳) (1989). 生活習慣と健康　HBJ出版局)
27) Bowlby, J. (1953). *Child care and growth of love: Based by permission of the World Health Organization on the report, Maternal care and mental health.* Penguin Books.

28) Bowlby, J. (1969/1982). *Attachment and loss. Vol.1. Attachment (2nd ed.)*. Basic Books.
29) Bowlby, J. (1973). *Attachment and loss. Vol.2. Separation: Anxiety and anger*. Basic Books.
30) Bowlby, J. (1980). *Attachment and loss. Vol.3. Loss: Sadness and depression*. Basic Books.
31) Bowlby, J. (1988). *A secure base: Parent-child attachment and healthy human development*. Basic Books.
32) Bretherton, I. (1985). Attachment theory: Retrospect and prospect. In I. Bretherton & E. Waters (Eds.), Growing points of attachment theory and research. *Monographs of the Society for Research in Child Development*, **50** (**1-2**), 3-35.
33) Bretherton, I. (1992). The origins of attachment theory: John Bowlby and Mary Ainsworth. *Developmental Psychology*, **28**, 759-775.
34) Bretherton, I. (1993). From dialogue to internal working models: The co-construction of self in relationships. In C. A. Nelson (Ed.), *Memory and affect in development. Vol. 26* (pp. 237-263). Erlbaum.
35) Bretherton, I. (2000). Emotional availability: An attachment perspective. *Attachment & Human Development*, **2**, 233-241.
36) Bretherton, I., & Beeghly, M. (1982). Talking about internal states: The acquisition of an explicit theory of mind. *Developmental Psychology*, **18**, 906-921.
37) Bretherton, I., & Munholland, K. (2008). Internal working models in attachment relationships. In J. Cassidy & P. R. Shaver (Eds.), *Handbook of attachment: Theory, research, and clinical applications (2nd ed.)* (pp. 102-127). Guilford.
38) Carpenter, M., Nagell, K., & Tomasello, M. (1998). Social cognition, joint attention, and communicative competence from 9 to 15 months of age. *Monographs for the Society for Research in Child Development*, **21** (**2**), 315-330.
39) Carstensen, L. L. (1992). Social and emotional patterns in adulthood: Support for socioemotional selectivity theory. *Psychology & Aging*, **7**, 331-338.
40) Cassidy, J. (2008). The nature of the child's ties. In J. Cassidy & P. R. Shaver (Eds.), *Handbook of attachment: Theory, research, and clinical applications (2nd ed.)* (pp. 3-22). Guilford.
41) Cassidy, J., & Shaver, P. R. (Eds.) (1999/2008). *Handbook of attach-*

ment: Theory, research, and clinical applications (*2nd ed.*). Guilford.

42) Caudill, W., & Plath, D. W. (1966). Who sleeps by whom? Parent-child involvement in urban Japanese families. *Psychiatry*, **29**, 344–366.

43) Cheng, S. (2002). *Different voices from two Asian nations: A cross-cultural comparison on social relationships between Taiwanese and Japanese college students*. 聖心女子大学卒業論文.

44) Cicirelli, V. G. (2004). God as the ultimate attachment figure for older adults. *Attachment & Human Development*, **6**, 371–388.

45) Clarks-Stewart, A. (1989). Infant day care: Malignant or maligned? *American Psychologist*, **44**, 266–273.

46) Coan, J. A. (2008). Toward a neuroscience of attachment. In J. Cassidy, & P. R. Shaver (Eds.), *Handbook of Attachment: Theory, research, and clinical applications* (*2nd ed.*) (pp. 241–265). Guilford.

47) Cole, M. (1996). *Cultural psychology: A once and future discipline*. Harvard University Press. (天野清（訳）(2002). 文化心理学——発達・認知・活動への文化——歴史的アプローチ 新曜社)

48) Cowan, P. A., & Cowan, C. P. (2009). Special issue: Couple relationships: A missing link between adult attachment and children's outcomes. *Attachment & Human Development*, **11**, 1–117.

49) Cross, S., & Markus, H. (1991). Possible selves across the life span. *Human Development*, **34**, 230–255.

50) Damasio, A. R. (1994). *Descartes' error: Emotion, reason, and the human brain*. Grosset. (田中三彦（訳）(2000). 生存する脳——心と脳の神秘 講談社)

51) De Wolff, M. S., & van IJzendoorn, M. H. (1997). Sensitivity and attachment: A meta-analysis on parental antecedents of infant attachment. *Child Development*, **68**, 571–591.

52) Delius, A., Bovenschen, I., & Spnbler, G. (2008). The inner working as a "theory of attachment": Development during the preschool years. *Attachment & Human Development*, **10**, 398–414.

53) Depp, C. A., & Jeste, D. V. (2006). Definitions and predictors of successful aging: A comprehensive review of larger quantitative studies. *American Journal of Geriatric Psychiatry*, **14**, 6–20.

54) Doi, L. T. (1962). "Amae": A key concept for understanding Japanese personality structure. In T. S. Lebra & W. P. Lebra (Eds.), *Japanese culture and behavior: Selected readings* (*revised ed.*) (pp. 121–129). Aldine Publishing.

55） 土居健郎（1971/2007）．甘えの構造（増補普及版）弘文堂
56） Dunbar, R. I. M.（1998）. The social brain hypothesis. *Evolutionary anthropology*, **6**, 178–190.
57） Dunn, J., Creps, C., & Brown, J.（1996）. Children's family relationships between two and five: Developmental changes and individual difference. *Social Development*, **5**, 230–250.
58） Easterbrooks, M. A., & Biringen, Z.（Eds.）（2000）. Special issue: Mapping the terrain of emotional availability and attachment. *Attachment & Human Development*, **2**, 123–270.
59） 江口惠子（1966）．文献総覧――依存性とは何か 教育心理学研究，**14**, 45–58.
60） Eich, E., Macaulay, D., & Ryan, L.（1994）. Mood dependent memory for events of the personal past. *Journal of Experimental Psychology: General*, **123**, 201–215.
61） Ekman, P.（1973）. *Emotion in the human faces*. Cambridge University Press.
62） Elder, G. H.（1974/1999）. *Children of the great depression: Social change in life experience*（*25th anniversary ed.*）. Westview.（本田時雄ほか（訳）（1986）．新装版 大恐慌の子どもたち――社会変動と人間発達　明石書店）
63） Elder, G. H.（1979）. Historical changes in life patterns and personality. In P. B. Baltes & O. G. Brim（Eds.）, *Life span development and behavior. Vol. 2*（pp. 117–159）. Academic Press.
64） エルダー，G. H.，モデル，J.，パーク，R. D.（編）本田時雄（監訳）（1997）．変動している世界の中の子どもの研究．時間と空間の中の子どもたち――社会変動と発達への学際的アプローチ（pp. 3–25）金子書房
65） Erikson, E., Erikson, J. M., & Kivnick, H. Q.（1986）. *Vital involvement in old age*. Norton.（朝長正徳・朝長梨枝子（訳）（1990）．老年期――生き生きしたかかわりあい　みすず書房）
66） Evans, G. W.（2004）. The environment of childhood poverty. *American Psychologist*, **59**, 77–79.
67） Fantz, R. I.（1961）. The origins of form perception. *Scientific American*, **204**（**5**）, 66–72.
68） Fivush, R., Haden, C., & Reese, E.（1996）. Remembering, recounting, and reminiscing: The development of autobiographical memory in social context. In D. C. Rubin（Ed.）, *Remembering our past: Studies in autobiographical memory*（pp. 341–359）. Cambridge University Press.
69） Fogel, A., Diamond, G. R., Longhorst, B. H., & Demos, V.（1982）. Affec-

tive and cognitive aspects of 2-month-olds' participation in face-to-face interaction with the mother. In E. Z. Tronick (Ed.), *Social interchange in infancy: Affective, cognition and communication* (pp. 37–57). University Park Press.

70) Fonagy, P. (2001). *Attachment theory and psychoanalysis.* Other Press. (遠藤利彦・北山修 (監訳) (2008). 愛着理論と精神分析 誠心書房)

71) Fonagy, P., Steele, M., Steele, H., Leigh, T., Kennedy, R., Mattoon, G., & Target, M. (1995). Attachment, the reflective self, and borderline states: The predictive specificity of the Adult Attachment Interview and pathological emotional development. In S. Goldberg, R. Muir, & J. Kerr (Eds.), *Attachment theory* (pp. 233–278). Analytic Press.

72) Fordor, J. (1983). *The modularity of mind.* MIT Press. (伊藤笏康・信原幸弘 (訳) (1985). 精神のモジュール形成——人工知能と心の哲学 産業図書)

73) Friedan, B. (1963). *The feminine mystique.* Norton. (三浦冨美子 (訳) (1965). 新しい女性の創造 大和書房)

74) 藤井直敬 (2009). つながる脳 NTT 出版

75) 藤岡孝志 (2008). 愛着臨床と子どもの虐待 ミネルヴァ書房

76) 福井里美 (2008). がん患者のソーシャル・サポートとクオリティ・オブ・ライフ——サポート内容とコーピング・スタイルの個人差. 聖心女子大学博士学位論文.

77) 福岡伸一 (2008). 生物と無生物のあいだ 講談社

78) Gelman, R. (1990). First principles organize attention to and learning about relevant data: Number and the animate-inanimate distinction as examples. *Cognitive Science*, **14**, 79–106.

79) George, C., Kaplan, N., & Main, M. (1984–96). *Adult attachment interview protocol* (*3rd ed.*). Unpublished manuscript, University of California, Berkeley.

80) George, C., & Solomon, J. (1990–2000). *Six-year attachment doll play classification system.* Mills College.

81) George, C., West, M., & Pettem, O. (2001). *Adult attachment projective: Protocol and classification scoring system.* Mills College.

82) Gilligan, C. (1982/1993). *In a different voice: Psychological theory and women's development.* (岩男寿美子 (監訳) (1986). もうひとつの声——男女の道徳観のちがいと女性のアイデンティティ 川島書店)

83) Gjerde, P. F., & Cardilla, K. (2005). Social network research in the era of globalization: Moving beyond the local. *Human Development*, **48**, 95–

101.（グローバル化時代のソーシャル・ネットワーク研究――地域性をいかに超えるか．高橋惠子（監訳）（2007）．愛着からソーシャル・ネットワークへ（pp. 155–167）新曜社）
84） Glass, T. A., Leon, C. M., Marottoli, R. A., & Berkman, L. F.（1999）. Population based study of social and productive activities as predictors of survival among elderly Americans. *British Medical Journal*, **319**, 478–483.
85） Granqvist, P., & Kirkpatrick, L. A.（2008）. Attachment and religious representations and behavior. In J. Cassidy & P. R. Shaver（Eds.）. *Handbook of attachment: Theory, research, and clinical applications*（*2nd ed.*）（pp. 906–933）. Guilford Press.
86） Grossmann, K. E., Grossmann, K., Huber, F., & Wartner, U.（1981）. German children's behavior toward their mothers at 12 months and their fathers at 18 months in Ainsworth's Strange Situation. *International Journal of Behavioral Development*, **4**, 157–181.
87） Grossmann, K. E., Grossmann, K., & Waters, E.（2005）. *Attachment from infancy to adulthood: The major longitudinal studies*. Guilford.
88） Gruenewald, T. L., Karlmangla, A. S., Greendale, G. A., Singer, B. H., & Seeman, T. E.（2009）. Increased mortality risk in older adults with persistently low or declining feelings of usefulness to other. *Journal of Aging & Health*, **21**, 398–425.
89） Gurung, R. A., Taylor, S. E., & Seeman, T. E.（2003）. Accounting for changes in social support among married older adults: Insights from the MacArthur Studies of successful aging. *Psychology & Aging*, **18**, 487–496.
90） 濱之上薫（1997）．成人のソーシャル・ネットワークの構造――島に住む成人の場合．聖心女子大学修士論文．
91） Hamilton, C. E.（2000）. Continuity and discontinuity of attachment from through adolescence. *Child Development*, **71**, 690–694.
92） 羽根文（2006）．介護殺人・心中事件にみる家族介護の困難とジェンダー要因――介護者が夫・息子の事例から．家族社会学研究，**18**，27–39.
93） 長谷川麻衣（2010）．幼児期の母親の育児ストレスと母と子――その関連要因と規定要因の検討．聖心女子大学博士学位論文．
94） 長谷川寿一・長谷川眞理子（2000）．進化と人間行動　東京大学出版会
95） 波多野誼余夫・高橋惠子（1997）．文化心理学入門　岩波書店
96） 林安紀子（2006）．乳児期における母語音声の聴覚的学習．心理学評論，**49**，64–74.
97） 林知己夫（1996）．日本らしさの構造――こころと文化をはかる　東洋経済新報社

98) Hesse, E. (2008). The Adult Attachment Interview: Protocol, method of analysis, and empirical studies. In J. Cassidy & P. R. Shaver (Eds.), *Handbook of attachment: Theory, research, and clinical applications (2nd ed.)* (pp. 552–598). Guilford.
99) Hinde, R. A. (2005). Ethology and attachment theory. In K. E. Grossmann, K. Grossmann, & E. Waters (Eds.), *Attachment from infancy to adulthood* (pp. 1–11). Guilford.
100) 平井美佳 (2000). 問題解決場面における自己と他者の調整. 教育心理学研究, **48**, 462–472.
101) 平井美佳 (2006). 自己–他者間の葛藤における調整——“個人主義・集団主義”概念の再検討. 風間書房.
102) Hirai, M., Hou, J., Takahashi, K., & Shimizu, H. (under review). Growing up with the Confucian tradition in the era of globalization: Affective social networks of Chinese and Japanese college students.
103) Hirai, M., & Takahashi, K. (2000). When your benefit and mine clash: Mental negotiations between selves and others. In G. Hatano, N. Okada, & H. Tanabe (Eds.), *Affective mind* (pp. 153–156). Elsevier.
104) 平井美佳・高橋惠子 (2003). 友だち関係における文化——ジレンマ課題と友情概念の検討. 心理学研究, **74**, 327–335.
105) 平井美佳・高橋惠子 (2008). 中学生, 高校生, 大学生の人間関係——「複数の他者関係」を記述する試み. 日本心理学会第72回大会.
106) 平井美佳・高橋惠子・候静 (2010). 中国と日本の大学生における人間関係——愛情のネットワークにおける差異と共通性. 日本教育心理学会第52回総会.
107) 開一夫・長谷川寿一 (編) (2009). ソーシャルブレインズ——自己と他者を認知する脳 東京大学出版会
108) Hirasawa, A. (2006). Infant care among the sedentarized Baka hunter-gatherers in southeastern Cameroon. In B. S. Hewlett & M. E. Lamb (Eds.), *Hunter-gatherer childhoods* (pp. 365–384). Aldine Transaction.
109) 北條文緒 (2008). 文学に見る男の友情・女の友情——変わる女性・変わらぬ男性. 柏木惠子・高橋惠子 (編著) 日本の男性の心理学 (pp. 41–44) 有斐閣
110) Holmes, J. (1993). *John Bowlby & attachment theory*. Routledge.
111) Hrdy, S. B. (1999). *Mother nature: A history of mothers, infants, and natural selection*. Pantheon Books. (塩原通緒 (訳) (2005). マザー・ネイチャー——「母親」はいかにヒトを進化させたか. 早川書房)
112) Humphrey, N. (1986). *The inner eye*. Faber & Faber. (垂水雄二 (訳)

(1993). 内なる目　紀伊国屋書店)
113) 市川朝美・碓田貴子・金子敦子・斉藤香恵子・鈴木貴和野・廣田妙子・山口夏来 (2008). 女子大生の交友関係の調査. 未発表資料
114) 飯沼牧子 (1992). 幼児の自己概念と自己主張. 聖心女子大学卒業論文.
115) van IJzendoorn, M., & Bakermans-Kranenburg, M. J. (2008). The distribution of adult attachment representations in clinical groups: Meta-analytic search for pattern of attachment. In H. Steele & M. Steele (Eds.) (2008). *Clinical applications of the Adult Attachment Interview* (pp. 69–96). Guilford.
116) van IJzendoorn, M., Sagi, A., & Lambermon, M. W. E. (1992). The multiple care taker paradox: Some data from Holland and Israel. In R. C. Pianta (Ed.), Beyond the parents: The role of other adults in children's lives. *New directions in child development*. **57**, 5–24. Jossey-Bass.
117) 池田謙一 (編) (2005). インターネット・コミュニティと日常世界　誠信書房
118) 井上まり子・高橋惠子 (1999). 大学生における愛情の関係の類型と適応. 日本心理学会第 63 回大会
119) 井上まり子・高橋惠子 (2000). 小学生の対人関係の類型と適応——絵画愛情の関係テスト (PART) による検討. 教育心理学研究, **48**, 75–84.
120) Izard, C. E., Dougherty, L. M., & Hembree, E. A. (1983). *A system for identifying affect expressions by holistic judgments*. Instruction Resources Center. University of Delaware.
121) Jin, M. K., Jacobvitz, D., & Hazen, N. (2005). A cross-cultural study of attachment in Korea and the United States: Infant and maternal behavior during the Strange Situation. In P. Erdman & K.-M. Ng (Eds.), *Attachment: Expanding the cultural connections* (pp. 143–156). Routledge / Taylor & Francis.
122) Kahn,R. L., & Antonucci, T. C. (1980). Convoys over the life course: Attachment, roles, and social support. In P. B. Baltes & O. G. Brim (Eds.), *Life-span development and behavior. Vol. 3* (pp. 253–286). Academic Press. (遠藤利彦 (訳) (1993). 生涯にわたる「コンボイ」——愛着・役割・社会的ささえ. 東洋・柏木惠子・高橋惠子 (編集・監訳) 生涯発達の心理学 2　気質・自己・パーソナリティ (pp. 33–70) 新曜社)
123) 金子兜太・鶴見和子 (2006). 米寿快談——俳句・短歌・いのち　藤原書店
124) Karen, R. (1994). *Becoming attached: Unfolding the mystery of the infant-mother bond and its impact on later life*. Warner Books.

125） 柏木惠子（2008）．子どもが育つ条件――家族心理学から考える　岩波書店
126） 柏木惠子・蓮香園（2000）．母子分離〈保育園に子どもを預ける〉についての母親の感情・認知．家族心理学研究，**14**，61–74．
127） 柏木惠子・高橋惠子（編著）（2008）．日本の男性の心理学――もう一つのジェンダー問題　有斐閣
128） 柏木惠子・若松素子（2003）．「子どもとの一体感」は母親のものか．柏木惠子・高橋惠子（編著）心理学とジェンダー――学習と研究のために（pp. 38–43）有斐閣
129） 片桐あすか（2003）．高齢女性における配偶者との死別からの回復――夫婦独立型 vs. 早期適応型 vs. 長期回復型．聖心女子大学大学院論集，**25**，137–159．
130） 片桐あすか（2004）．高齢女性の配偶者喪失からの回復．聖心女子大学大学院論集，**26**，97–114．
131） 片桐恵子・菅原育子（2007）．定年退職者の社会参加活動と夫婦関係――夫の社会参加が妻の主観的幸福感に与える効果．老年社会科学，**29**，392–402．
132） Katsurada, E. (2007). Attachment representation of institutionalized children in Japan. *School Psychology International*, **28**, 331–345.
133） 河合千恵子（1984）．配偶者との死別後における老年期女性の人生――そのストレスと適応．社会老年学，**20**，35–45．
134） 河合千恵子・佐々木正宏（2006）．悲しみを支える本 学習研究社
135） 数井みゆき・遠藤利彦（編著）（2007）．アタッチメントと臨床領域　ミネルヴァ書房
136） Keller, M., & Edelstein, W. (1989). *The development of socio-moral meaning making: Domains, categories, and perspective-taking*. Max-Planck Institute for Human Development and Education.
137） Keller, M., Edelstein, W., Schmidt, C., Fang, F., & Fang, G. (1998). Reasoning about responsibilities and obligations in close relationships: A comparison across two cultures. *Developmental Psychology*, **34**, 731–741.
138） 菊地ふみ（2008）．父親の子育て――育児休暇をとった父親たち．柏木惠子・高橋惠子（編著）日本の男性の心理学（pp. 196–202）有斐閣
139） Kirkpatrick, L. A. (2005). *Attachment, evolution, and the psychology of religion*. Guilford.
140） 岸本英夫（1964）．死を見つめる心――ガンとたたかった十年間　講談社
141） Kobak, R. (2008). Disruption in attachment bonds: Implications of the-

ory, research, and clinical intervention. In J. Cassidy & P. R. Shaver (Eds.) (2008). *Handbook of attachment: Theory, research, and clinical applications* (*2nd ed.*) (pp. 23–47). Guilford.

142) Kobak, R., Rothenthal, N., & Serwik, A. (2005). The attachment hierarchy in middle childhood: Conceptual and methodological issues. In K. A. Kerns & R. A. Richardson (Eds.), *Attachment in middle childhood* (pp. 71–88). Guilford.

143) Kobak, R., Rothenthal, N., Zajonc, K., & Madsen, S. (2007). Adolescent attachment hierarchies and the search for an adult pair bond. *New Directions in Child & Adolescent Development*, **117**, 57–72.

144) 小林彩（2009）．在宅高齢者介護をする男性たち——女性介護者との比較による検討．臨床発達心理学研究，**8**，27–44.

145) 小林江里香・矢冨直美（2003）．なぜことぶきの家に行かないの？　都市部における老人福祉センターの非利用要因の分析．老年社会科学，**25**，302–314.

146) 小林香穂里（1992）．大学生の将来のライフ・イベントへの態度——特に対人関係の枠組みの役割について．聖心女子大学卒業論文.

147) Kohlberg, L. (1969). Stage and sequence: The cognitive developmental approach to socialization. In D. A. Goslin (Ed.), *Handbook of socialization: Theory and research* (pp. 347–480). Rand McNally.（永野重史（監訳）（1987）．道徳性の形成——認知発達的アプローチ　新曜社）

148) 厚生労働省（2009）．平成 21 年版厚生労働白書

149) 古谷野亘（1993）．老後の幸福感の関連要因——構造方程式モデルによる全国データの解析．理論と方法，**8**，111–125.

150) 神前裕子（2007）．高齢者の在宅介護——家族介護者にとっての介護満足感の検討．聖心女子大学博士学位論文.

151) Krappmann, L., Oswald, H., & Uhlendroff, H. (1994). *The emergence of intimacy in peer relationships during preadolescence*. Max-Planck Institute for Human Development and Education.

152) Krause, S. (1987). Life stress, social support, and self-esteem in an elderly population. *Psychology & Aging*, **2**, 349–356.

153) Krueger, C., Holditch-Davis, D., Quint, S., & DeCasper, A. (2004). Recurring auditory experiences in the 28- to 34-week-old fetus. *Infant Behavior & Development*, **27**, 537–543.

154) キューブラー - ロス , E., & ケスラー , D. 上野圭一（訳）（2005/2007）．永遠の別れ——悲しみを癒す智恵の書　日本教文社

155) 熊野道子（2008）．大学生・中年層・高齢者における生きがい——生き

がい要素と対人関係の観点から　教育福祉研究，**34**，7–16.
156) Lamb, M. E., & Ahnert, L. (2006). Nonparental child care: Context, concepts, correlates, and consequences. In K. A. Renninger & I. E. Sigel (Eds.), *Handbook of child psychology. Vol.4. Child psychology in practice* (*6th ed.*) (pp. 950–1016). Wiley.
157) Lamborn, S. D., & Steinberg, L. (1993). Emotional autonomy redux: Revisiting Ryan and Lynch. *Child Development*, **64**, 483–499.
158) Lang, F. R. (2000). Endings and continuity of social relationships: Maximizing intrinsic benefits within personal networks when feeling near to death. *Journal of Social & Personal Relationships*, **17**, 155–182.
159) Lang, F. R. (2004). Social motivation across the life span. In F. R. Lang & K. L. Fingerman (Eds.), *Growing together: Personal relationships across the life span* (pp. 341–367). Cambridge University Press.
160) Lang, F. R., & Carstensen, L. L. (1994). Close emotional relationships in later life: Further support for proactive aging in the social domain. *Psychology & Aging*, **9**, 315–324.
161) Lang, F. R., & Carstensen, L. L. (2002). Time counts: Future time perspective, goals, and social relationships. *Psychology & Aging*, **17**, 125–139.
162) Lang, F. R., Featherman, D. L., & Nesselroade, J. R. (1997). Social self-efficacy and short-term variability in social relationships: The MacArthur Successful Aging Studies. *Psychology & Aging*, **12**, 657–666.
163) Lang, F. R., Staudinger, U. M., & Carstensen, L. L. (1998). Perspectives on socioemotional selectivity in late life: How personality and social context do (and do not) make a difference. *Journal of Gerontology*, **53B**, 21–30.
164) Lerner, J. V., Baker, N., & Lerner, R. M. (1985). A person-context goodness of fit model of adjustment. In P. C. Kendall (Ed.), *Advances in cognitive-behavioral research and therapy. Vol. 4* (pp. 111–136). Academic Press.
165) Levitt, M. J. (2005). Social relations in childhood and adolescence: The Convoy Model perspective. *Human Development*, **48**, 8–47.（児童・青年期の人間関係——コンボイ・モデルによる検討．高橋惠子（監訳）(2007). 愛着からソーシャル・ネットワークへ（pp. 39–71）新曜社）
166) Levitt, M. J., Guacci-Franco, N., & Levitt, J. L. (1993). Convoys of social support in childhood and early adolescence: Structure and function. *Developmental Psychology*, **29**, 811–818.
167) Levy, K. N., Meehan, K. B., Kelly, K. M., Reynoso, J. S., Weber, M., Clar-

kin, J. F., & Kernberg, O. F. (2006). Change in attachment patterns and reflective function in a randomized control trial of transference-focused psychotherapy for borderline personality disorder. *Journal of Consulting & Clinical Psychology*, **74**, 1027–1040.
168) Lewis, M. (1982). The social network model. In T. M. Field, A. Huston, H. C. Quary, L. Troll, & G. E. Finley (Eds.), *Review of human development* (pp. 180–214). Wiley.
169) Lewis, M. (2005). The child and its family: The social network model. *Human Development*, **48**, 8–27.（子どもと家族――ソーシャル・ネットワーク・モデル．高橋惠子（監訳）(2007)．愛着からソーシャル・ネットワークへ（pp. 7–38）新曜社）
170) Lewis, M. & Brooks-Gunn, J. (1979). *Social cognition and the acquisition of self.* Plenum Press.
171) Lewis, M., Feiring, C., & Rosenthal, S. (2000). Attachment over time. *Child Development*, **71**, 707–720.
172) Lewis, M.& Takahashi, K. (2005). Beyond the dyad: Conceptualization of social networks. *Human Development*, **48**, 1–112.
173) Maas, I., Borchelt, M., & Mayer, U. (1999). Generational experiences of old people in Berlin. In P. B. Baltes, & K. U. Mayer (Eds.), *The Berlin Aging Study: Aging from 70 to 100* (pp. 83–110). Cambridge University Press.
174) Mahler, M. S. (1968). *On human symbiosis and the vicissitudes of individuation. Vol. 1. Infantile psychosis.* International University Press.
175) Main, M. (1999). Epilogue. Attachment theory: Eighteen points with suggestions for future studies. In J. Cassidy & P. R. Shaver (Eds.), *Handbook of attachment: Theory, research, and clinical applications* (pp. 845–887). Guilford Press.
176) Main, M. & Kaplan, N. & Cassidy, J. (1985). Security in infancy, childhood, and adulthood: A move to the level of representation. In I. Bretherton & E. Waters (Eds.), Growing points of attachment theory and research. *Monographs of the Society for Research in Child Development*, **50** (**1–2**), 66–104.
177) 馬島尚美（1989）．新入寮生の大学生活への適応過程――入学から6か月間の変化．聖心女子大学卒業論文．
178) Markus, H., & Kitayama, S. (1991). Culture and self: Implications for cognition, emotion, and motivation. *Psychological Review*, **98**, 224–253.
179) Markus, H., & Nurius, P. (1986). Possible selves. *American Psycholo-*

gist, **41**, 954–969.
180) Marvin, R., Cooper, G., Hoffman, K., & Powell, B. (2002). The circle of security project: Attachment-based intervention with caregiver-preschool child dyads. *Attachment & Human Development*, **4**, 107–124.
181) 松井澄子 (1989). 対人関係が物語理解に及ぼす影響. 聖心女子大学卒業論文.
182) 松田晋哉・筒井由香・高島洋子 (2001). 地域高齢者の生きがい形成に関連する要因の重要度の分析. 日本公衆衛生雑誌, **45**, 704–712.
183) 松成恵 (2003). 高齢者の人間関係――独居後期高齢者の事例研究. 山口県立大学生活科学部研究報告, **29**, 49–59.
184) McCartney, K., Burchinal, M., Clarke-Stewart, A., Bub, K. L., Owen, M. T., Belsky, J., & the NICHD Early Child Care Research Network (2010). Testing a series of causal propositions relating time in child care to children's externalizing behavior. *Developmental Psychology*, **46**, 1–17.
185) McKenna, J. J. (1993). Co-sleeping. In M.A. Carskadon (Ed.), *Encyclopedia of sleep and dreaming* (pp. 143–148). Macmillan.
186) Mehler, J., & Dupoux, E. (1994). *What infants know: The new cognitive science of early development*. Blackwell. (加藤晴久・増茂和男 (訳) (1997). 赤ちゃんは知っている　藤原書店)
187) Mehler, J., Jusczyk, P., Lambertz, G., Halsted, N., Bertoncini, J., & Amiel-Tison, C. (1988). A precursor of language acquisition in young infants. *Cognition*, **29**, 143–178.
188) Meltzoff, A. N., & Moore, M. K. (1977). Imitation of facial and manual gestures by human neonates. *Science*, **198**, 75–78.
189) Meltzoff, A. N., & Moore, M. K. (1983). Newborn infants imitate adult facial gestures. *Child Development*, **54**, 702–709.
190) Millet, K. (1970). *Sexual politics*. Doubleday. (藤枝澪子 (1985). 性の政治学　ドメス出版)
191) 三宅和夫 (編著) (1991). 乳幼児期の人格形成と母子関係　東京大学出版会.
192) 三宅和夫・高橋惠子 (編著) (2009). 縦断研究の挑戦――発達を理解するために　金子書房
193) 三宅和夫・臼井博・小島康次 (2009). 三宅グループの先駆的縦断研究. 三宅和夫・高橋惠子 (編著) 縦断研究の挑戦 (pp. 23–52) 金子書房
194) 宮田加久子 (2005). きずなをつなぐメディア――ネット時代の社会関係資本 NTT 出版
195) Mizukami, K., Kobayashi, M., Ishi'i, T, & Iwata, H. (1990). First selec-

tive attachment beings in early infancy: A study using telethermography. *Infant Behavior & Development*, **13**, 257–271.

196) Montross, L. P., Depp, C., Daly, J., Reicbstadt, J., Golsban, S., Moore, D., Stizer, D., & Jeste, D. V. (2006). Correlates of self-rated successful aging among community-dwelling older adults. *The American Journal of Geriatric Psychiatry*, **14**, 43–51.

197) Moon, C., Cooper, R. P., & Fifer, W. P. (1993). The two day olds prefer their native language. *Infant Behavior & Development*, **16**, 495–500.

198) Muller, E. (1989). Toddlers' peer relations: Shared meaning and semantics. In W. Damon (Ed.), *Child development today and tomorrow* (pp. 313–331). Jossey-Bass.

199) Nadel, J., Carchon, I., Kervella, C., Marcelli, D., & Reserbat-Plantey, D. (1999). Expectancies for social contingency in 2-month-olds. *Developmental Science*, **2**, 164–173.

200) 内閣府 (2003). 平成 15 年度高齢者の地域社会への参加に関する意識調査

201) 内閣府 (2005). 第 6 回高齢者の生活と意識に関する国際比較調査 (2005 年調査)

202) 内閣府 (2009a). 平成 21 年度高齢社会白書

203) 内閣府 (2009b). 平成 21 年版男女共同参画白書

204) 中村桂子 (1993). 自己創出する生命――普遍と個の物語　哲学書房

205) National Institute of Child Health and Human Development Early Child Care Research Network (1997). The effect of infant child care on infant-mother attachment security: Results of the NICHD study of early child care. *Child Development*, **68**, 860–879.

206) National Institute of Child Health and Human Development Early Child Care Research Network (1998). Early child care and self-control, compliance, and problem behavior at 24 and 36 months. *Child Development*, **69**, 1145–1170.

207) National Institute of Child Health and Human Development Early Child Care Research Network (2001). Early child care and children's peer relationships at 24 and 36 months: The NICHD Study of Early Child Care. *Child Development*, **72**, 1478–1500.

208) National Institute of Child Health and Human Development Early Child Care Research Network (Ed.) (2005). *Child care and child development: Results from the NICHD study of early child care and youth development*. Guilford.

209) Nazzi, T., Bertoncini, J., & Mehler, J. (1998). Language discrimination by newborns: Toward an understanding of role of rhythm. *Journal of Experimental Psychology: Human perception & Performance*, **24**, 756–767.

210) Neisser, U. (1988). Five kinds of self-knowledge. *Philosophical Psychology*, **1**, 35–59.

211) Nelson, K. (Ed.) (1989). *Narratives from the crib*. Harvard University Press.

212) Nelson, K. (1993). Events, narratives, memory: What develops? In C. A. Nelson (Ed.). Memory and affect in development. *The Minnesota Symposia on Child Development. Vol. 26* (pp. 1–24). Erlbaum.

213) Nelson, K., & Fivush, R. (2004). The emergence of autobiographical memory: A social cultural developmental theory. *Psychological Review*, **111**, 486–511.

214) Newcomb, N. S. (2003). Some controls control too much. *Child Development*, **74**, 1050–1052.

215) Ochs, E. & Capps, L. (1996). Narrating the self. *Annual Review of Anthropology*, **25**, 19–43.

216) 小倉千加子 (1995). セックス神話解体新書　筑摩書房

217) 岡林秀樹・杉澤秀博・矢富直美・中谷陽明・高梨薫・深谷太郎・柴田博 (1997). 配偶者との死別が高齢者の健康に及ぼす影響と社会的支援の緩衝効果. 心理学研究, **68**, 147–154.

218) Okamoto, K., & Tanaka, Y. (2004). Subjective usefulness and 6-year mortality risks among elderly persons in Japan. *Journal of Gerontology*, **59B**, 246–249.

219) Oppenheim, D., & Goldsmith, D. F. (2007). *Attachment theory in clinical work with children: Bridging the gap between research and practice*. Guilford.

220) Ortony, A., Clore, G. L., & Collins, A. (1988). *The cognitive structure of emotions*. Cambridge University Press.

221) Parkes, C. M., & Weiss, R. S. (1983). *Recovery from bereavement*. Basic Books.

222) Pausch, R. (2008). *The last lecture*. Hyperion. (矢羽野薫 (訳) (2008). 最後の授業――ぼくの命があるうちに　ランダムハウス講談社)

223) Phelan, E. A., Anderson L. A., LaCroix, A. Z., Larson, E. B. (2004). Older adults' views of "Successful aging": How do they compare with researchers' definition? *Journal of the American Geriatrics Society*, **52**, 211–216.

224） Piaget, J.（1952）. *La psychologie de l'intelligence.* A. Colin.（波多野完治・滝沢武久（訳）（1998）. 知能の心理学（新装版）みすず書房）

225） Piaget, J.（1962）. *Play, Dream and imitation.* Norton.

226） Portman, A.（1951）. *Biologische fragmente zu einer leher vom menschen.*（高木正孝（訳）（1961）. 人間はどこまで動物か——新しい人間像のために　岩波新書）

227） Rempel, J. K., Holmes, J. G., & Zanna, M. P.（1985）. Trust in close relationships. *Journal of Personality & Social Psychology,* **49**, 95–112.

228） Robertson, J.（1965）. Mother-infant interaction from birth to twelve months: Two case studies. In B. M. Foss（Ed.）, *Determinants of infant behavior III*（pp. 111–127）. Wiley.

229） Rochat, P., Neisser, U., & Marian, V.（1998）. Are young infants sensitive to interpersonal contingency? *Infant Behavior & Development,* **21**, 355–366.

230） Rogoff, B.（2003）. *The cultural nature of human development.* Oxford University Press.（當眞千賀子（訳）（2006）. 文化的営みとしての発達——個人，世代，コミュニティ　新曜社）

231） Roisman. G. I., Fortuna, K., & Holand, A.（2006）. An experimental manipulation of retrospectively defined earned and continuous attachment security. *Child Development,* **77**, 59–71.

232） Roisman, G. I., Padron, E., Sroufe, L. A., & Egeland, B.（2002）. Earned-secure attachment status in retrospect and prospect. *Child Development,* **73**, 1204–1219.

233） Rothbaum, F., Pott, M., Azuma, H., Miyake, K., & Weisz, J.（2000a）. The development of close relationships in Japan and the United States: Paths of symbolic harmony and generative tension. *Child Development,* **71**, 1121–1142.

234） Rothbaum, F., Weisz, J., Pott, M., Miyake, K., & Morelli, G.（2000b）. Attachment and culture: Security in the United States and Japan. *American Psychologist,* **55**, 1093–1104.

235） Rowe, W., & Kahn, R. L.（1998）. *Successful aging: The MacArthur Foundation Study.* Dell Publishing.（関根一彦（訳）（2000）. 年齢の嘘——医学が覆した6つの常識 日経BP社）

236） Ryan, R. M., & Lynch, J. H.（1989）. Emotional autonomy versus detachment. Revisiting the vicissitudes of adolescence and youth adulthood. *Child Development,* **60**, 340–356.

237） Sagi, A., Lamb, M., Lewkowicz, K. S., Shoham, R., Dvir, R., & Estes,

D.（1985）. Security of infant-mother, -father, and -metapelet attachments among Kibbutz-reared Israeli children. *Monographs of the Society for Research in Child Development*, **50**（**1-2**）, 257-275.

238） 酒井邦嘉（2002）. 言語の脳科学——脳はどのようにことばを生みだすか 中央公論新社

239） 佐倉統（2003）. 進化論の挑戦 角川書店

240） Scarr, S., Phillips, D., & McCartney, K.（1989）. Working mothers and their families. *American Psychologist*, **44**, 1402-1409.

241） Schaffer, H. R. & Emerson, P. E.（1964）. The development of social attachment in infancy. *Monographs of the Society for Research in Child Development*, **29**（**3**）.

242） Schank, R. C., & Abelson, R. P.（1977）. *Scripts, plans, goals and understanding*. Erlbaum.

243） Schuengel, C., Suess, G. J., & Dozier, M.（2009）. *Supporting parents and children: The role of professionals' own attachments*. A paper presented at the meeting of the Society for Research in Child development.

244） Sheweder, R. A., Jensen, L. A., & Goldstein, W. M.（1995）. Who sleep by whom revisited: A method for extracting the moral goods implicit in practice. In J. J. Goodnow, P. J. Miller, & F. Kessel（Eds.）, Cultural practices as contexts for development. *New Directions for Child Development*, **67**, 21-65.

245） 柴田玲子（2007）. 小学2年生時の適応とそれを規定する要因——縦断研究による検討. 聖心女子大学博士学位論文.

246） 下仲順子（1988）. 老人と人格——自己概念の生涯発達プロセス 川島書店

247） 志村誠・池田謙一（2009）. インターネットによる社会的ネットワークのひろがり. 児童心理学の進歩, **48**, 295-325.

248） ジンメル, G. 清水幾太郎（訳）（1979）. 社会学の根本問題 岩波書店

249） Snyder, M., & White, P.（1982）. Moods and memories: Elation, depression, and the remembering of the events of one's life. *Journal of Personality*, **50**, 149-167.

250） Solomon, J., & George, C.（1999）. *Attachment disorganization*. Guilford.

251） 総務省（2009）. 情報通信白書

252） Spence, M. J., & Freeman, M. S.（1996）. Newborn infants prefer the maternal low-pass filtered voice, but not the maternal whispered voice. *Infant Behavior & Development*, **19**, 199-212.

253） Sperber, D.（1996）. Explaining culture: A naturalistic approach. Black-

well.（菅野盾樹（訳）（2001）．表象は感染する——文化への自然主義的アプローチ　新曜社）

254） Sroufe, L. A., Egeland, B., Carlson, E. A., & Collins, W. A.（2005）. *The development of the person: The Minnesota study of risk and adaptation from birth to adulthood*. Guilford.

255） Sroufe, L. A., & Waters, E.（1977）. Attachment as an organizational construct. *Child Development*, **48**, 1184–1199.

256） Steele, H., & Steele, M.（Eds.）（2008）. *Clinical applications of the Adult Attachment Interview*. Guilford.

257） Steinberg, L., & Silverberg, S.（1986）. The vicissitudes of autonomy in early adolescence. *Child Development*, **57**, 841–851.

258） Strawbridge, W. J., Wallhagen, M. I., & Cohen, R. D.（2002）. Successful aging and well-being: Self-rated compared with Rowe and Kahn. *The Gerontologist*, **42**, 727–733.

259） 菅原ますみ（2003）．母親の就労は子どもの問題行動をうむか——3歳児神話の検証．柏木惠子・高橋惠子（編著）．心理学とジェンダー——学習と研究のために（pp. 11–16）有斐閣

260） 杉本良夫・マオア，R.（1982）．日本人は「日本的」か　東洋経済新報社

261） 鈴木ますみ・永田千春（1983）．幼稚園入園に伴う対人関係の変容．国立音楽大学卒業論文．

262） 鈴木美夏（1991）．幼児の対人関係の枠組みと問題解決場面での協働作業．聖心女子大学卒業論文．

263） 多田富雄（1993）．免疫の意味論　青土社

264） 高橋源一郎（2009）．大人にはわからない日本文学史——ことばのために　岩波書店

265） 高橋惠子（1968a）．依存性の発達的研究Ⅰ——大学生女子の依存性．教育心理学研究，**16**，7–16．

266） 高橋惠子（1968b）．依存性の発達的研究Ⅱ——大学生との比較における高校生女子の依存性．教育心理学研究，**16**，216–226．

267） 高橋惠子（1970）．依存性の発達的研究Ⅲ——大学・高校生との比較における中学生女子の依存性．教育心理学研究，**18**，65–75．

268） 高橋惠子（1973）．女子青年における依存の発達．児童心理学の進歩，**12**，255–275．

269） 高橋惠子（1974）．生活史にみる依存の発達．教育心理学研究，**22**，1–10．

270） 高橋惠子（1977）．男子大学生における愛着．国立音楽大学研究紀要，

14, 131–142.
271) 高橋惠子（1978-2000）．絵画愛情の関係テスト——手引き（http://www.keiko-takahashi.com）
272) Takahashi, K. (1986a). The role of the personal framework of social relationships in socialization studies. In H. Stevenson, H. Azuma, & K. Hakuta (Eds.), *Child development and education in Japan* (pp. 123–134). Freeman.
273) Takahashi, K. (1986b). Examining the Strange-Situation procedure with Japanese mothers and 12-month infants. *Developmental Psychology*, **23**, 265–270.
274) Takahashi, K. (1989). *Personal history differences between family pattern and age mate pattern affective relationships among female college students.* Paper presented at the meeting of the Society for Research in Child Development.
275) Takahashi, K. (1990a). Affective relationships and lifelong development. In P. B. Baltes, D. L. Featherman, & R. M. Lerner (Eds.), *Life-span development and behavior. Vol. 10* (pp. 1–27). Erlbaum.
276) Takahashi, K. (1990b). Are the key assumptions of the 'Strange Situation' procedure universal? A view from Japanese research. *Human Development*, **33**, 23–30.
277) Takahashi, K. (1997). *Friends vs. mothers: The role of preestablished relationships in children's joint problem solving.* Paper presented at the meeting of the Society for Research in Child Development.
278) 高橋惠子（2002）．生涯にわたる人間関係の測定—— ARS と PART について．聖心女子大学論叢，**98**，101–131.
279) Takahashi, K. (2004). Close relationships across the lifespan: Toward a theory of relationships types. In F. R. Lang, & K. L. Fingerman (Eds.), *Growing together: Personal relationships across the lifespan* (pp. 130–158). Cambridge University Press.
280) 高橋惠子（2007）．人間関係の生涯発達理論——愛情の関係モデル．高橋惠子（監訳）愛着からソーシャル・ネットワークへ（pp. 73–104）新曜社
281) 高橋惠子（2010）．愛着からソーシャル・ネットワークへ 根ケ山光一・柏木惠子（編）ヒトの子育ての進化と文化——アロマザリングの役割を考える（pp. 121–139）有斐閣
282) Takahashi, K., & Hatano, G. (2009). Toward a valid application of the adult attachment interview to the Japanese culture and language: The

need for ethnographic adaptation. 聖心女子大学論叢, **112**, 40–63.
283) 高橋惠子・平井美佳 (2008a). 愛情の対象としての亡き人——高齢者における母親型と配偶者型. 未発表資料
284) 高橋惠子・平井美佳 (2008b). 老人大学卒業生の生活と意識. 未発表資料
285) Takahashi, K., Iida, A., & Tokoro, M. (2007). *Weaving life stories: The role of personal framework of social relationships among Japanese elderly people*. Paper presented at the symposium at the Meeting of the Gerontological Society of America.
286) Takahashi, K., Inoue, M., Yamakawa, K., & Shibata, R. (2009). Development of social relationships with significant others from 3- to 8-year-old Japanese children: Nature and Nurture. In H. Hógh-Olesen, J. Tónnesvang, & P. Bertelsen (Eds.), *Human characteristics: Evolutionary perspectives on human mind and kind* (pp. 184–204). Cambridge Scholars Publishing.
287) 高橋惠子・石川江津子・三宅和夫 (2009). 愛着の質は変わらないか——18年後の追跡研究. 三宅和夫・高橋惠子 (編著) 縦断研究の挑戦 (pp. 135–148) 金子書房
288) Takahashi, K., & Lee, Y.-J. (1996). *Are Japanese students similar to or distinct from Korean students in constructions of their frameworks of social relationships?* Paper presented at the 6th Society for Research on Adolescence meeting.
289) Takahashi, K., & Majima, N. (1994). Transition from home to college dormitory: The role of preestablished affective relationships in adjustment to a new life. *Journal of Research on Adolescence*, **4**, 367–384.
290) Takahashi, K., & Miyamoto, A. (1998). How do Japanese children conceptualize "friend"? 高橋惠子 (研究代表者) 友情についての素人理論と友人関係 科学研究費研究成果報告書. pp. 7–15.
291) Takahashi, K., Ohara, N., Antonucci, T. C., & Akiyama, H. (2002). Commonalities and differences in close relationships among the Americans and Japanese: A comparison by the individualism/collectivism concept. *International Journal of Behavioral Development*, **26**, 453–465.
292) Takahashi, K., & Sakamoto, A. (2000). Assessing social relationships in adolescents and adults: Constructing and validating the affective relationships scale. *International Journal of Behavioral Development*, **24**, 451–463.
293) Takahashi, K., Tamura, J., & Tokoro, M. (1997). Patterns of social relationships and psychological well-being among the elderly. *International*

Journal of Behavioral Development, **21**, 417–430.
294) Takahashi, K., & Tokoro, M. (1999). *Assessing social relationships among elderly people*. Unpublished manuscript.
295) 高橋惠子・所真紀子（2009）．アマチュア写真家のサクセスフル・エイジング――「炬燵の番人にならずにすんだ！」柏木惠子・高橋惠子（編）日本の男性の心理学（pp. 241–246）有斐閣
296) 高橋惠子・所真紀子（印刷中）．定年後を生きる――アマチュア写真家のサクセスフル・エイジング　金子書房
297) Takahashi, K., Tokoro, M., & Hatano, G. (in press). Successful aging through participation in social activities among senior citizens: Becoming photographers. In Y. Matsumoto (Ed.), *Aging in Japan*. Stanford University Press.
298) Takahashi, K., Yokosuka, A., & Tokoro, M. (1999). *Assessing social relationships among elderly people*. Unpublished manuscript.
299) 高見順（1964）．詩集　死の淵より　講談社
300) 高野陽太郎（2008）．「集団主義」という錯覚――日本人論の思い違いとその由来　新曜社
301) 高野陽太郎・東洋・唐澤真弓・高井次郎・山口勧（2010）．書評シンポジウム．児童心理学の進歩，**49**，282–313.
302) 谷垣静子・黒沢洋一・細田武伸・仁科裕子（2005）．上手な老いかたと生活状況の関連．厚生の指標，**12**，26–30.
303) Tate, R. B., Lah, L., & Cuddy, T. E. (2003). Definition of successful aging by elderly Canadian males: The Manitoba follow-up study. *The Gerontologist*, **43**, 735–744.
304) 戸田正直（1982）．感情：人を動かしている適応プログラム　東京大学出版会
305) Tomasello, M. (1993). On the interpersonal origins of self concept. In U. Neisser (Ed.), *The perceived self: Ecological and interpersonal sources of self-knowledge* (pp. 174–184). Cambridge University Press.
306) Toth, S. L., Rogosch, F. A., & Cicchetti, D. (2008). Attachment-theory-informed intervention and reflective functioning in depressed mothers. In H. Steele & M. Steele (Eds.), *Clinical applications of the Adult Attachment Interview* (pp. 154–172). Guilford.
307) 東山薫（2007）．"心の理論"の多面性の発達―― Wellman & Liu 尺度と誤答の分析．教育心理学研究，**55**，359–369.
308) 外山義（1990）．クリッパンの老人たち――スウェーデンの高齢者ケア　ドメス出版.

309）外山義（2002）．建築環境とユニバーサルデザイン――ユーザー視点の施設づくり．梶本久夫（監修）ユニバーサルデザインの考え方（pp. 112–160）丸善株式会社
310）外山義（2003）．自宅でない在宅――高齢者の生活空間論　医学書院
311）Trevarthen, C.（1993）. The self born in intersubjectivity: The psychology of an infant communicating. In U. Neisser（Ed.）, *The perceived self: Ecological and interpersonal sources of self-knowledge*（pp. 121–173）. Cambridge University Press.
312）Triandis, H. C.（1995）. *Individualism & collectivism*. Westview.（神山貴弥・藤原武弘（編訳）（2002）．個人主義と集団主義――２つのレンズを通して読み解く文化　北大路書房）
313）津田大介（2009）．Twitter 社会論――新たなリアルタイム・ウェブの潮流　洋泉社
314）鶴田敦子（2004）．家庭科が狙われている――検定不合格の裏に　朝日新聞社
315）鶴田敦子（2006）．「国家とジェンダー」を問う．若桑みどり・加藤秀一・皆川満寿美・赤石千衣子（編著）「ジェンダー」の危機を超える！（pp. 270–276）青弓社
316）内田早織・岡本萌・斉藤彩子・田ノ上有希子・本山友衣・松下洋子・峰村映理子・森麻菜（2008）．大学生の友だち関係に関する調査．未発表資料
317）上野千鶴子（2007）．おひとりさまの老後　法研
318）Vouloumanos, A., & Werker, J. F.（2004）. Turned to the signal: The privileged status of speech for young infants. *Developmental Science*, **7**, 270–276.
319）Vouloumanos, A., & Werker, J. F.（2007）. Listening to language at birth: Evidence for a bias for speech in neonates. *Developmental Science*, **10**, 159–171.
320）若林一美（2000）．死別の悲しみを超えて　岩波書店
321）若桑みどり・加藤秀一・皆川満寿美・赤石千衣子（編著）（2006）．「ジェンダー」の危機を超える！――徹底討論！　バックラッシュ　青弓社
322）Waters, E., Corcoran, D., & Anafara, M.（2005）. Attachment, other relationships, and the theory that all good things go together. *Human Development*, **48**, 80–84.（愛着，人間関係，「よいことはすべて一緒に起こる」という理念．高橋惠子（監訳）（2007）．愛着からソーシャル・ネットワークへ（pp. 127–136）新曜社）
323）Waters, E., Merrick, S., Terboux, D., Crowell, J., & Albersheim, L.

(2000). Attachment security in infancy and early adulthood. *Child Development*, **71**, 684–689.

324) Weinfield, N. S., Sroufe, L. A., & Egeland, B. (2000). Attachment from infancy to early adulthood in a high-risk sample: Continuity, discontinuity, and their correlates. *Child Development*, **71**, 695–702.

325) Weiss, R. S. (1974). The provisions of social relationships. In Z. Rubin (Ed.), *Doing unto others* (pp. 17–26). Prentice-Hall.

326) Weiss, R. S. (1982). Attachment in adult life. In C. M. Parkes, & J. S. Stevenson-Hind (Eds.), *The place of attachment in human behavior* (pp. 171–184). Basic books.

327) Wellman, H. M., & Liu, D. (2004). Scaling of theory of mind tasks. *Child Development*, **75**, 523–581.

328) 山田洋子 (1982). 0〜2歳における要求——拒否と自己の発達. 教育心理学研究, **30**, 28–138.

329) 山鳥重・辻幸夫 (2006). 対談——心とことばの脳科学 大修館書店

330) 山川賀世子 (2006). 幼児の愛着の測定—— Attachment Doll Play の妥当性の検討. 教育心理学研究, **54**, 476–486.

331) 山川賀世子 (2010). 幼児・児童期の愛着. 児童心理学の進歩, **49**, 54–76.

332) Yee, P. L., Santoro, K. E., Paul, J. S., & Rosenbaum, L. B. (1996). Information processing approaches to the study of relationship and social support schemata. In G. R. Pierce, B. R. Sarason, & I. G. Sarason (Eds.), *Handbook of social support and the family* (pp. 25–42). Plenum Press.

333) Yeung, W. J., Linver, M. R., & Brooks-Gunn, J. (2002). How money matters for young children's development: Parental investment and family processes. *Child Development*, **73**, 1861–1879.

334) Youniss, J., & Smollar, J. (1985). *Adolescent relations with mothers, fathers, and friends*. University of Chicago Press.

335) 全国保育団体連絡会・保育研究所 (編) (2009). 保育白書 2009 ひとなる書房

著者紹介
東京大学大学院教育学研究科修了（1968 年），教育学博士（1972 年）．専門は生涯発達心理学．国立音楽大学，創価大学，聖心女子大学などを経て，現在は聖心女子大学名誉教授．
著書に『生涯発達の心理学』（共著，岩波新書，1990 年），『自立への旅だち〈新版〉』（岩波書店，1995 年），『文化心理学入門』（共著，岩波書店，1997 年），『愛着からソーシャル・ネットワークへ』（共編著，新曜社，2007 年），『日本の男性の心理学』（共編著，有斐閣，2008 年）などがある．

人間関係の心理学
——愛情のネットワークの生涯発達

2010 年 9 月 28 日　初　版

［検印廃止］

著　者　高橋恵子《たかはしけいこ》

発行所　財団法人　東京大学出版会
代 表 者　長谷川寿一
113-8654 東京都文京区本郷 7-3-1 東大構内
http://www.utp.or.jp/
電話　03-3811-8814　Fax 03-3812-6958
振替　00160-6-59964

印刷所　株式会社理想社
製本所　誠製本株式会社

ISBN 978-4-13-011129-4　Printed in Japan

生涯発達のダイナミクス——知の多様性 生きかたの可塑性

鈴木 忠 四六判・三四四頁・三二〇〇円

「誕生から死まで」と謳いつつも各時期の記述主義に陥りがちだった発達心理学を、「可塑性」という糸でつないでみたら——知能から実践知まで広く〈知〉を題材に、蓄積された実証研究を捉え直し、「生涯にわたる発達」の姿に迫るエキサイティングな試み。

赤ちゃんの視覚と心の発達

山口真美・金沢 創 A5判・二一二頁・二四〇〇円

日常生活ではごくあたりまえのように享受しているが、実は非常に複雑なしくみを持つ視知覚。その成立過程について、乳児を対象とした行動実験と脳科学からの知見をもとに、発達に沿って概観する新しいテキスト。

ソーシャルブレインズ——自己と他者を認知する脳

開 一夫・長谷川寿一【編】 A5判・三一二頁・三二〇〇円

自己を認識し、他者と出会い、その心を読んでかかわりあう——社会的なコミュニケーションの基盤となる能力は、いつ、どのように形成され、発達していくのか。その進化の道すじとは——。ソーシャルブレイン（社会脳）の謎に挑む最先端の研究の魅力をわかりやすく紹介。